쿤달리니와 명상

쿤달리니와 명상

김득주 지음

보문사

머리말

구도(求道)의 길을 길 없는 길이라 말한다. 도를 추구하는데 왜 길이 없다고 사람들은 말하는가. 그렇다면 도란 무엇인가. 쉽게 말하자면 석가모니나 성인들이 이룬 깨달음의 자리로 다가가는 방법이 바로 길이고 도이다.

그 경지로 가는데 거쳐야 할 단계가 무엇이고 어떻게 가야 하는지에 대한 분명하고 믿을 만한 답은 아무 것도 없다. 발자취가 있긴 한데 한참 따라가다 보면 홀연 흔적이 사라져 버린다.

육체의 한계를 초월해야 발자국을 따라 갈 수 있는데 오감의 영역을 벗어날 방법이 없기 때문이다. 사람으로서 가지고 있는 욕망과 인연들을 모두 버리고 게다가 모진 수행을 감내한다 하더라도 한 발짝도 장벽을 넘어서지 못한다. 그래서 길이 없다고 하였다.

이 육체의 한계를 극복하는 방편이 바로 쿤달리니이다. 문제는 쿤달리니를 장대 삼아 장벽을 훌쩍 뛰어넘은 선인(先人)들이 자신이 어떻게 장대(쿤달리니)를 얻게 되었는지, 그리고 어떻게 넘어가게 되었는지 설명할 수 없다는 점이다.

종교 행위의 정점에 자리한 것이 쿤달리니임은 요가나 티베트 불교의 상식이다. 인도와 티베트의 명상단체마다 제 나름의 각성법이 전승해 내려오고 있다. 그러나 그 방법대로는 각성이 되지 않는다. 수많은 수행자 중 운 좋은 몇몇 사람만이 혜택을 받다 보니 쿤달리니가 신비화하거나 전설이 되고 말았다. 따라서 대부분의 종교에서 그 자취가 사라지게 되었다.

다행히 내가 취한 방법이 수행자들이 애타게 바라던 쿤달리니를 각성하여 이를 효과적으로 활용할 수 있는 방법이라 확신한다. 이 길은 마음만 굳게 다잡으면 누구나 갈 수 있다는 사실이 여러 수행자들을 지도하면서 확인하였다.

그동안 천기누설이라든지, 아무나 가르쳐서는 천도에 어긋난다는 등의 만류도 없지 않았다. 또 너무 상세하게 저술하는 것은 세상을 현혹시킨다는 의견도 있었다. 옳은 말이다. 그러나 일단 쿤달리니가 각성하면 이원론적 가치관이 변화하므로 세상을 현혹시키고 폐해를 끼칠 염려는 없을 것 같다.

뿐만 아니라 요가에서 우려하듯이 술법으로 세상을 어지럽힐 가능성도 별로 없다. 차크라 각성을 위주로 할 경우 문제의 소지가 있을 수 있지만 쿤달리니의 각성에서는 우려할 요인을 거의 발견하지 못했다.

쿤달리니가 각성되면 공부가 끝난 것으로 생각하는 수행자를 여러 명 경험했다. 이 상태에서도 성인(聖人)이라거나 아라한이라 칭송할 정도이므로 그것으로 만족한다면 그 또한 나무랄 수는 없다.

쿤달리니가 각성된다는 것은 우선은 육체를 초월하는 단계에 접어들었다는 것을 의미하며 완성하면 이제부터 사람으로서는 접근할 수 없는 영체적 차원의 공부를 할 차례다.

쿤달리니가 각성되면 그때부터 공부가 시작된다. 일반 사람들의 발길이 거의 미치지 않은 깊은 명상차원에 다가섰으므로 생각이 일어나지 않으면서 성성한 자리지만 영적 차원 공부의 초입에 있다. 그 자리는 구경지가 아니다. 거기서도 갈 길은 까마아득하게 멀다.

명상편은 쿤달리니를 각성하고 완성한 수행자가 명상을 통해 무아(無我)를 넘어 구경지인 진아(眞我)의 경지에 이르는 과정을 설명하였다. 현재 전해지고 있는 명상의 구경점은 무심, 무상, 무념 등으로 일컬어지는 불교의 견성의 경지로 모아지고 있다. 이 경지가 쿤달리니를 각성하지 않은 수행자가 갈 수 있는 최종점이라는 데에는 이론이 없다. 이 시점에서 선택받은 수행자는 쿤달리니를 각성하게 된다. 따라서 각성된 수행자는 묘과를 얻은 것으로 인정하였고 성인으로 추앙받았다.

이 책에서는 쿤달리니를 각성하고 난 다음의 공부 방법과 방향에 대해 상세히 설명하였다. 이정표도 분명하게 세웠으므로 수행자가 주저하거나 당황하는 일이 없도록 하였다.

감각적 차원이나 육체를 초월하는 차원을 글로 표현하는 일은 쉽지 않았다. 직접 얼굴을 맞댄 자리에서는 제대로 이해한 듯하지만 돌아서면서 엉뚱하게 행하는 경우들을 자주 경험했다. 형이상학적 차원의 일들을 표현하기가 면전에서도 어려운데 글로써 나타내는 것이 얼마나 설득력을 가질지 의문이다.

나름대로 최선을 다 했지만 표현이 불가능한 부분이 많았고, 표현하고 보면 정확한 묘사가 아닌 경우도 없지 않았다. 더구나 글쓰기가 전문이 아닌데다 사고력이나 구도를 짜는 재주도 변변치 못해 초보 수행자가 수행으로 옮기기에 얼마나 도움이 될지 궁금하지 않을 수 없다.

　모르면 물어야 하고 막히면 귀찮을 정도로 반복해서 뚫어야한다. 노력하고 힘써서 어려움을 극복해야 한다. 그리하여 우리 모두 쿤달리니를 통해 아뇩다라삼먁삼보리를 성취하여 삼계를 훌쩍 넘어가도록 정진해야겠다.

寂玄齋에서

玄德　金得柱

수행자들의 말씀

김기백

　20여 년의 방황에도 길을 찾지 못해 벼랑 끝에 선 것 같은 암울한 때 우연한 인연으로 만난 이 책 「쿤달리니와 명상」은 내게 하늘에서 내려준 동아줄 같았다.

　지금도 읽으면 읽을수록 선명한 길이 보인다.

　훈장님 말씀 같은 문구들이 건조하게도 느껴질 만하나 진정 길을 찾아 헤매는 사람에게 횃불 같을 것이다.

박상준

　젊은 시절 육군 훈련소에서 반야심경을 처음 듣던 날 의미도 잘 모르면서 느낀 감동과 충격이 아직도 희미하게 기억에 남아 있다. 그 이후 겉으로는 남들과 다름없이 일상생활을 하였지만 내면은 항상 진리와 깨달음에 대한 갈증과 의문에 차 있었고 불교, 영성, 채널링 등 국내외 수많은 서적과 자료를 찾아 다녔지만 어디에서도 명쾌한 해답을 얻을 수 없었다. 나름대로 진리와 깨달음에 대한 개개의 견해는 있지만 그 구체적인 방법에 대해서는 모두 애매모호하였고 동양 철학에서 최고의 위치에 있다는 불교 또한 예외는 아니었다. 어느 날 우연히 도서관에서 김득주 선생님이 쓰신 「쿤달리니와 명상」이라는 책을 읽고 눈이 번쩍 뜨였고, 수십 년간 망망대해에서 헤매다가 길을 발견한 느낌이었다.

이 책은 단순히 학자나 이론가가 수행에 대한 관점이나 견해를 밝히는 세상의 수많은 서적과는 다르다. 쿤달리니 마스터이신 선생님께서 평생 동안 삶을 바쳐 홀로 구도하며 직접 체험하고 증득한 수행의 경지와 길을 밝히는 책이다.

쿤달리니 각성과 완성, 전의를 통한 삼매, 초월, 깨달음까지의 여정이 자세하고 친절하게 설명되어 있다.

쿤달리니 수행을 통한 깨달음은 결국 불교 반야경의 가르침과 일맥상통한다. 일반적으로 수행이라고 하면 출가하여 일평생을 바쳐도 될까 말까 하지만 이 수행은 쿤달리니라는 강력한 도구를 바탕으로 사회생활을 하면서도 의지만 있다면 충분히 할 수 있다. 자율신경조절법과 단전호흡을 하면서 자기 몸의 통제능력 확보를 통한 신체 건강은 이 수행의 작은 선물이다.

나는 쿤달리니 수행을 통해 바깥세상보다는 내면을 보게 되었고, 내가 진정으로 가고자 했던 길을 찾음으로써 더 없는 행복감을 느낀다.

진실한 구도자에게 올바른 길을 가르쳐 주는 스승이 있다는 것이 얼마나 큰 행운이고 복인가! 만약 나와 같은 생각을 하는 사람이 이 책을 본다면 일생에 단 한 번뿐인 기회를 놓치지 않길 바란다.

이인형

5년 전 일요일 아침 몸도 찌뿌둥, 생각도 복잡하고 해서 명상을 해 보고자 책상다리를 하고 호흡에 집중하였습니다(명상은 처음이었고 네이버 검색 후 따라서 해 보았어요).

호흡이 잦아들 즈음 등줄기에서 조금은 찌릿한 느낌이 들었어요. 그러다 몇 분 후 꼬리뼈 쪽에서 불안한 느낌과 함께 이상한 기운이 온몸을 휘몰아치기 시작했어요(지금도 그때 그 느낌을 생생히 기억합니다).

금방 괜찮아지겠지라고 생각했는데 시간이 지날수록 그 기운은 제 온몸을 휘덮고 내 정신까지 장악하고 있었어요

약국, 병원에서도 모두 정상이라고 말하는데 저 자신은 그렇지 않았죠.

그러다 문득 이건 귀신 들린 건 아니고 내 몸에서 일어나는 현상이란 걸 깨닫게 되었어요. 유명한 곳을 찾아 손빛 기 치료도 받아 보았지만 하루 정도 지났을까 되레 더 큰 것이 몰려왔어요. 정상적인 생활을 할 수 있을까. 이러다 죽는 건 아닐까 별의별 생각이 다 들었어요.

그렇게 한 달 정도 지났을까. 우연히 쿤달리니 자연각성이라는 문구를 접하게 되었고 네이버 검색 후 전 세계에서 유일무이한 쿤달리니협회에 찾아가 선생님을 뵙게 되었어요. 선생님을 처음 뵈었을 땐 뭔가 알 수 없는 느낌이 들었고 선생님의 잔잔한 목소리엔 편안함이 있었어요. 대화 중 선생님께서는 평생 올까 말까 하는 기회를 얻었다고 저에게 축하말씀을 전해 주셨죠. '자연각성'이라고 (저는 죽을 지경인데요 ㅎㅎ).

그 후 선생님이 창안하신 방법대로 쿤달리니를 공부하였고 온몸과 정신을 휘어잡던 그 기운과 조금씩 친해지기 시작하면서 조금씩 제어도 하고 있습니다. 아직 쿤달리니 완성에는 이르지 못하였지만 쿤달리니 공부에 대한 마음, 생각, 관점 같은 것이 많이 달라졌고 일상생활에 조금씩 접목해 가고 있습니다.

그리고 저에게 '선생님과의 만남은 쿤달리니' 자체였습니다

오재진

우연은 없다. 괴로운 삶의 경험을 했던 것도, 현덕 선생님을 찾아뵙게 된 것도 필연이었다.

불안, 괴로움, 두려움, 외로움 등 모든 감정들로 삶이 너무나 고통스러웠다. 배움을 얻으면 같은 고통을 겪지 않을 것이라고 생각했다. 한가지 괴로움을 끝내는 것만이 아닌, 모든 고통을 끝내는 배움을 구하고 싶었다. 그래서 영성책을 여러 권 읽게 되고, 나름대로 명상도 해 보았지만 큰 진전은 없었다. 그러한 초년의 경험은 영성 입문의 계기가 되었다.

약 6~7년 전 구로동 쿤달리니와 명상 사무실에서 선생님을 처음 만나뵙고 일체의 고통을 끝내는 방법에 대해 여쭈어보았다. 선생님께서는 고통은 생각에서, 분별에서, 집착에서 비롯된다고 하셨다. 고통의 근원인 생각, 분별, 집착을 끝내야 한다고 하셨다.

그러나 평범한 인간의 심신 상태로는 무념의 상태에 잠시라도

있을 수 없다며, 쿤달리니를 각성하고 완성(쿤달리니 수련의 종료)하게 되면 생각 사이의 틈을 인식할 수 있게 되고, 좌선을 통해 수행이 진전하게 되면 그 같은 무념 상태가 늘어나게 된다고 하셨다.(그것이 공부의 끝은 아니다) 그 이후에도 좌선을 통해 거쳐야 하는 전의, 무아, 진아 등 오감초월의 단계가 남아 있다고 하셨다.

내가 그토록 원했던 삶의 고통을 끝내는 방법은 끊임없이 발생하는 생각, 분별을 없앤다는 것. 그것을 들을 수 있었던 것만으로도 나는 소기의 목적을 달성할 수 있었다. 그러나 머리로 이해하는 것만으로는 삶에서 아무런 변화도 있을 수 없었다.
그렇기에 수행을 시작하게 되었다.

「쿤달리니와 명상」도 처음으로 읽게 되었다. 「쿤달리니와 명상」은 읽을 때마다 새로운 내용을 발견할 수 있다. 읽는 사람이 아는 바에 따라 새롭게 주목할 수 있는 내용이 나타난다.
「쿤달리니와 명상」은 쿤달리니에 관해서는 가장 실제적이고, 자세한 교본이다. 시중에 있는 쿤달리니와 관련한 대부분의 책들이 인도에서 전승되는 지식을 그대로 반복해 인용하거나, 쿤달리니 수행과 무관한 내용을 쿤달리니의 현상으로 왜곡한다. 그러나 「쿤달리니와 명상」은 현덕선생님의 실제 수행의 체험과 수행법이 한 치의 거짓 없이 담겨 있다.
자율훈련법부터 쿤달리니 각성, 마장의 경험, 쿤달리니 완성 이후 좌선을 통해 경험하는 초월의 경지들... 수행에 뜻을 둔 사람이라면 필히 읽어 보시길 권한다. 이 책을 통해 쿤달리니의 수행뿐 아니라 무엇이 바른 수행이며, 깨달음을 향한 공부인지 알 수 있을 것이다.

「쿤달리니와 명상」은 이 순간에도 고통을 끝내겠다는 비원을 가진 중생들을 위해 이 세상에서 사라져선 안 되는 책이다. 이 순간에도 수없이 많은 수행자들이 해탈을 바라며 정진하고 있다. 그들 모두에게 현덕 선생님의 「쿤달리니와 명상」이 큰 도움이 되기를 바란다.

「쿤달리니와 명상」 재출간을 축하드리며, 삼계의 모든 중생들이 모두 성불하기를 바랍니다.

오재용

현대인은 발달된 기술과 과학문명 속에서 사는데, 오로지 생각과 이성, 논리가 아니고는 모든 것을 이해하지 못한다. 예를 들어 외로움이나 고통이 생겨난다면 여러 가지 마음에 관한 책이나 심리적인 전문가를 찾는가 하면, 다른 것은 미신이 아닐까 의심하기도 한다. 그리고 피 튀기는 경쟁과 전쟁과도 같은 투쟁 속에서 발전과 개발을 끊임없이 해나가는 한편 인간적인 감정에 집착하여, 괴로움을 행복의 필요조건처럼 생각한다.

그 예로 고독사, 디지털 자살이나 사회속의 여러 가지 슬픔, 열등감, 좌절 그리고 방황, 노력을 무시하는 등의 사회현상이 있다. 대중가요 속에서도 모호하면서 몽롱한 느낌, 알 수 없는 것 같은 애매한 가사 등이 인기를 끄는 이유가 그것이다.

직장인은 직장 내에서의 스트레스, 영화 '버티고'에서도 알 수 있듯이 피와 땀을 흘리며, 버티면서 산다. 그리고 관계 속에서 고립감을 느끼거나, 페르소나와 자신 사이에서 갈등하기도 한다.

제각각 틀리거나 개성 있는 살아 있는 삶이 사라진다. 그런 때에는 30년 경력으로 긁어모아 놓은 재산이 아무 쓸모가 없다. 그렇지만 깨달음은 영원하다.

인간은 보잘것없고, 하찮은 것으로 일생을 산다. 무상을 깨달으면 마음이 평화롭다. 일찍 쿤달리니 방편으로 깨달음을 얻었다면, 덜 힘들게 살았을 텐데 후회할 수도 있다.

깨달은 자는 모든 것을 깨달음으로 바라보지만, 생각을 통해 보는 자는 모든 것을 생각으로 본다.

이도경

오래전 명상법을 찾아 헤매었다. 그 과정에서 현덕 선생님을 만났고 뵙는 순간 그냥 알아졌다. 이 분과 내가 만나야 하는 여정에 있음을. 그리고 방법을 찾아 헤매다니는 시간의 종지부를 찍었다.

처음 선생님을 뵈었을 즈음의 나의 욕구는 바라보고 마주하기 싫은 내 삶의 질곡들을 어떻게 회피할 것인지, 대면하지 않고 지나갈 수 있는지의 물음에 대한 정답으로 깨달음이라는 허울 좋은 옷을 두르기 위함이었다. 고상하게 실상을 피할 수 있을지에 대한 허영과 허당끼의 다른 이름이 그 당시 내가 원하는 깨달음이었다. 그래서 높아지기를 원했고 위에서 세상을 내려다보고 싶은 욕망에 몸달아 있었다. 스스로 높아져서 아무도 나를 알아보지 못하는 곳으로 향하고자 하는 무지한 에고의 이끌림이었다. 그 추진력으로 단전호흡을 하고 나를 극복하는 의지처로 삼아서 포기하지 않고 끝까지 가보고 말겠다는 어리석은 신념으로 뭉쳐져 있었다.

마침내 쿤달리니 완성을 하고 나니 비로소 보인다, 마주하고 허용하고 삶이 나를 통과해나가는 것을. 그리고 피하지 않고 바라볼 수 있는 힘이 생겨났다. 저절로 알아지고 거기에 가 있었다. 그래서 선생님은 빨리 완성할 것을 강조하시고 담금질을 하시고 그 힘에 의해 나는 지금 여기에 있는 것이다. 어리석은 신념이었든 무지한 욕망이었든 한 지점을 통과하고 나면 그것 또한 강을 건너는 뗏목이 되어 준다. 그래서 어떤 조건에 있든 어떤 생각을 가지고 있든 단전호흡을 통해서 쿤달리니를 각성하고 완성을 하면 누구나 그 길을 갈 수 있는 가능성이 열린다.

선생님과의 인연이 나의 과정 중에 있다는 것이 가장 큰 행운이었고, 책을 읽고 그냥 무심코 선생님께 전화한 손가락에 고마움을 전하며 붓다가 걸어간 길을 온몸으로 증명하며 현존하시는 선생님으로 인해 오늘도 한 걸음씩 발을 떼어 놓으며 지켜보고 마주하고 바라본다.

개정판으로 몸 단장을 다시 하는 「쿤달리니와 명상」, 이 책을 통해 선생님을 만날 수 있는 용기 한 스푼을 가진 분들이 많았으면 좋겠다는 소망 한 자락 펼친다.

쿤달리니와 명상

차례
■머리말 4
■수행자들의 말씀 8

1부 명상편

1. 명상과 쿤달리니와의 관계 20
2. 최상승 경지는 어디인가 30
3. 무심도인이란 39
4. 깨달음은 무엇인가 50
5. '참 나'란 있는가 67
6. 여자는 성불할 수 없는가 80

2부 명상 수련편

1. 명상의 개념 90
2. 인고의 세월—수행기 96
3. 삼매를 의지대로 120
4. 수행 단계 127

3부 쿤달리니편

1. 쿤달리니는 무엇인가 146
2. 우연하게 쿤달리니를 각성하다 161
3. 사람의 구조 171

4부 쿤달리니 수행편

1. 쿤달리니 각성의 요체 228
2. 자율신경 조절법 235
3. 자세와 제 요건 260
4. 호흡법 273
5. 쿤달리니 각성 요령 282
6. 각성에 따른 여러 현상들 293

■참고문헌 313

1부

명상편

1. 명상과 쿤달리니와의 관계

진아(眞我)를 추구하는 과정에서 명상과 쿤달리니는 과연 어떤 관계가 있을까. 인류의 역사가 시작한 이래 모든 종교의 명상 단체들은 '참 나'를 찾기 위해, 또는 신과의 합일을 위해 명상을 으뜸가는 수행 방법으로 여기며 이 믿음이 연면히 이어 내려오고 있다.

명상이란 사람들이 일반적이고 통상적인 방법으로는 접근하거나 체험할 수 없는 신(神)이나 '참 나' 등의 궁극적이고 근원적인 진리에 접근하기 위해 창안한 인류의 위대한 정신적 유산이다.

명상을 수행하는 방법을 간단히 요약하면 생각을 어떤 목표에 집중함으로써 다른 생각이 일어나지 않도록 하는 것이다. 그리고 집중이 고도로 정밀해져서 다른 생각이 일어나지 않으면 집중한 본래의 생각마저 버리면서 의식 활동을 완전히 멈추게 함으로써 존재의 근원, 또는 구경의 자리에 설 수 있도록 하는 것이다.

명상 방법에는 어떤 것들이 있는지 알아보자. 석가모니 재세(在世)시 직접 사용하였다는 비빠사나 명상법에는 아나파나사티 명상법과 사티파타나 명상법 등 두 가지가 있다. 아나파나사티 명상법은 호흡 즉 들숨과 날숨에 의식을 집중하여 수행하는 방법, 사티파타나 명상법은 생생하게 깨어 있는 의식으로 관찰하는 방법이다.

사티파타나 명상법은 사념처(四念處)를 관하는 명상법으로 첫째 신념처(身念處)는 부모에게서 받은 육신이 부정하다고 관(觀)하고, 둘째 수념처(受念處)는 자신 주변의 즐거움[樂]이 진정한 낙이 아니고 고통이라고 관한다.

셋째 심념처(心念處)는 우리의 마음은 늘 변화하고 생멸하는 무상한 것이라고 관하고, 넷째 법념처(法念處)는 자아의 실체가 없다고 하는 무아관(無我觀)을 수행하는 방법이다. 이 사티파타나 명상법은 아나파나사티 명상법과 함께 근본 불교의 정통 명상법이며 불교의 가장 중요한 명상법이다.

중국에 불교가 들어온 후 만들어진 명상법에는 묵조선(黙照禪)과 간화선(看話禪) 두 가지가 있다. 묵조선은 묵묵히 앉아 모든 생각을 끊고 좌선하는 것이며 간화선은 화두선이라고도 하는데 우리나라 불교에서는 간화선만을 채용하고 있다.

요가 명상법은 5천 년 전부터 전래되어 내려온 것으로 그 종류가 110여 가지에 이른다고 한다. 티베트 불교의 명상법도 세상에 널리 알려져 있다. 기독교에도 묵상(黙想), 관상(觀想)이란 명상법이 있고 그 외의 종교나 비밀 수행단체들도 나름대로의 명상법들을 가지고 있다.

그렇다면 쿤달리니란 무엇인가. 쿤달리니에 대해서는 인도의 요가에만 그 기록이 남아 있어 외부 세계에 알려진 것은 20세기 이후의 일이다. 쿤달리니는 꼬리뼈 부위에서 눈에 보이지 않는 형태로 뱀처럼 잠들어 있다고 하는 우주의 원초적인 기(氣) 또는 에너지인데 하타요가의 성전 프라디피카는 '누구나 이 샥티를 움직이게 하는 사람만이 진정한 해방을 얻을 것'이라 선언하고 있다.

인도의 성자 라마나 마하리시는 '수슘나는 하나의 곡선을 그리고 있다. 쿤달리니 샥티가 낮은 차크라(물라다라)에서 시발하여 척수를 따라 뇌로 들어가고 거기서 아래로 구부러져 심장에서 끝난다. 요기가 심장에 도달하면 그의 삼매는 영원해진다. 그러므로 우리는 심장을 최후의 중심으로 본다'라고 말했다.

이런 이유로 인도에서는 쿤달리니가 각성되면 바로 아라한이라 이름하는데 아라한이란 최고의 깨달음을 얻은 자 즉 성인(聖人)을 가리키는 말이다. 따라서 인도의 요가에서 쿤달리니가 차지하는 비중은 헤아리기 어려울 정도로 지대하다. 인도의 요가 명상법은 위에서도 지적하였지만 일백여 가지에 달하는 명상법 중 상당수가 쿤달리니의 각성에 초점이 모아져 있다.

그런데 문제는 쿤달리니가 수행자들의 열망과는 달리 일생을 바쳐 아무리 명상이나 기도, 주력을 비롯한 온갖 고행을 다하여도 각성되는 확률이 너무 희소하다는 데 있다.

각성자인 고피 크리슈나가 '인도 천지에 각성하는 사람이 한 세기에 한두 명 나오기 어렵다'라고 탄식을 할 정도였으니 그 실상을 이해할 만하다.

이처럼 각성하기 어렵고 성공 사례가 희귀하지만 요가는 현재까지 꾸준히 쿤달리니의 전통을 유지해 오고 있다. 이 때문에 대다수의 종교에서 쿤달리니의 종적을 찾아볼 수 없게 되었지만 단지 인도만의 독특한 수행체계는 아니었던 것 같다.

유대 신비주의인 카발라, 기독교의 그노시즘, 이슬람교의 수피즘 등 각 종교의 신비주의 수행단체들이 쿤달리니를 적극적으로 연구하고 갈망하였다는 근거가 있다 한다. 그리고 전 세계 곳곳의 이름 없는 고대 종교 또는 유사 종교에서도 그 흔적들이 발견되고 있으며 현대에는 뉴에이지 운동에서도 기성 종교에 대한 대안으로서 쿤달리니에 주목하고 있다 한다.

모든 종교의 신비 단체나 밀의 단체들이 쿤달리니의 보다 쉬운 각성법이 출현해 주기를 간절히 기대하고 있다 해도 과언이 아니다. 불교에서는 쿤달리니에 대한 직접적인 언급을 전혀 찾아볼 수 없다.

앞서 말한 많은 명상법들을 수행하는 이유는 참 나를 찾기 위해, 견성을 위해, 또는 신과의 합일을 위해라고 하였다. 최고의 경지를 위해서는 헌신이나 기도 명상 등 기존의 수행 방법으로도 드물게는 가능하지만 이를 보다 쉽고 성공적으로 수행하기 위해서는 쿤달리니의 각성이 반드시 필요하다. 현재까지는 이와 같은 명상법이나 갖가지 기도법을 수행해야 드물게나마 쿤달리니가 각성하는 것으로 전해왔다.

쿤달리니가 각성되면 비록 인도의 요가에 한정되기는 하지만 성자(聖者)라 한다. 각성만으로도 성자라고 일컫는 이유가 무엇일까. 이런 의문에 대한 답을 얻기 위해 쿤달리니의 개괄적인 작용에 대해 살펴볼 필요가 있다.

우선 육체적인 변화를 들 수 있다. 명상을 수행하는 데 가장 중요한 장애요인은 육체의 비정상적 상태다. 병(病)이 진행 중이라면 말할 나위 없고 병이 발생할 가능성만 있어도 명상수행은 불가능하다.

쿤달리니는 명상에 장애가 되는 질병과 잠재된 요소들을 완전히 제거해 준다. 우주의 원초적 에너지인 쿤달리니의 강력한 생명력이 육체의 막힌 곳과 취약한 부분을 치유시키는 역할을 하여 명상을 수행하는 데 적합한 건강을 갖추게 된다.

정신적인 면에서는 쿤달리니의 각성 과정에서 비전, 심령적 체험들을 두루 겪게 되어 영적 차원에 대한 두려움이 없어지고 긍정적인 시각을 갖게 된다. 정신이 육체의 속박으로부터 해방되어 초월의식 그리고 그 이상의 경지로까지 상승함을 가능하게 하는 것을 의미한다.

그리고 고차원의 의식에 적응할 수 있도록 심신이 개조된다. 쿤달리니가 완성되고 나면 명상 중 별로 어렵지 않게 고도의 삼매에 진입할 수 있다. 또한 명상의 경지가 발전해 가는 과정에 따라 마음이 바뀌고 영성진화를 촉진하는 요소인 취미나 기호, 집착 등이 일반 사람들의 의식이나 행태와는 점점 멀어진다.

명상의 목적은 자기 자신의 존재에 대한 의문을 해결하기 위해, 또는 종교적 목표를 구현하기 위해 행하는 것으로 밖에서 찾는 것이 아닌 자신의 마음을 향해 성찰하는 것이다. 이는 의식, 사고, 또는 사유 등 정상적인 사람으로서의 두뇌 활동으로는 접근할 수 없는 영역이다. 왜냐하면 오감의 벽을 뛰어넘는 초인간적이고 초정신적인 차원이기 때문이다.

사람은 눈, 귀, 코, 혀, 피부 등 다섯 가지 감각에 어떤 자극을 받아 머리에서 이를 종합, 정리하고 대응 방법을 마련하여 이에 따라 행동하면서 살고 있다. 다시 말하면 사람이란 기껏 오감의 한계 안에서만 의식하고 사고하고 인식하면서 나와 너를 나누고 선악을 구분하며 자기라고 주장하면서 살아가는 존재이다.

종교적 수행이 지향하는 대상인 신(神)이나 피안(彼岸)은 오감의 경계 너머에 있다. 그러므로 수행을 하는 데에는 이 오감의 벽을 뛰어넘을 수 없는 육체적 한계 때문에 형언할 수 없는 고통과 인내를 감수해야 한다. 바로 이 한계를 뛰어넘을 수 있는 비법이 쿤달리니를 각성시키는 것이다.

쉽게 설명하자면 사람은 깊은 물속이나 우주공간에서 단 한순간도 버티지 못한다. 그러나 다이빙 훈련이나 우주비행 훈련과정을 마치고 충분한 장비를 갖춘다면 육체가 생존하는 한계를 벗어나는 환경이지만 적응할 수 있다.

사람은 물질로 이루어진 세계에서 물질의 모든 현상을 눈, 귀, 코 등의 오감으로 접촉하고 그 접촉한 내용을 비축하고 예습하고 복습하면서 살아가고 있다. 물질세계에 알맞게 조정된 감각과 의식이 초월세계에서 적응하기 어려운 것은 당연하다. 이 초월 세계에 적응하도록 육체와 정신을 변혁시켜 주어야 한다.

사람들은 명상이나 기도 또는 헌신 등의 경건한 행으로 영적세계에 진입할 수 있다고 생각하여 이를 실천하고 있지만 특수한 경우를 제외하면 마치 비행기를 탐으로써 우주유영도 하겠다는 생각과 마찬가지여서 가능한 일이 아니다.

사람의 육체에는 이 초월세계에 들어가 적응할 수 있는 장치가 마련되어 있다. 우선 이 장치는 강력한 발전기와 같아서 가동하여 제 기능을 다하면 오감의 한계를 돌파하고 영적세계로의 진입이 수월하고 이의 적응도 빠르다. 육체의 공간 속에 내재된 영적 진화 체계가 바로 쿤달리니이다.

지난 5월 초 지리산 자락 산골의 한 토굴에 기거한다는 40대 후반의 비구가 찾아 왔다. 20년 동안 한해도 빠짐없이 동안거, 하안거에 동참해 참선을 수행했다는 이 스님은 자신이 6개월 전 쿤달리니에 각성했고 현재 기가 머리에 집중되어 상당히 고통을 느낀다고 하였다. 자초지종을 들어보니 틀림없는 쿤달리니 각성이었다. 20년 동안 동안거, 하안거에 동참하면서 토굴생활을 계속했다는 사실로 볼 때 그동안 그가 겪은 고통이 이루 말로 형언하기 어려웠을 것이다. 오직 구도심 하나로 인내하고 꿋꿋하게 버텼을 그 스님에게는 그래도 부처의 최상의 가피력이 주어진 것이어서 최고의 축복이라 아니할 수 없다.

요가의 어느 성자가 쿤달리니를 종교의 어머니[母胎]라고 하였듯이 비구처럼 수행을 해서 모두가 각성했더라면 이 세상에 존재하는 종교의 모습은 현재보다 영적 진화가 현저히 상승하였을 것이다. 그리고 지금처럼 종교와 관련된 문제점들이 이처럼 복잡하고 어렵게 꼬이지는 않았을 터다. 뿐만 아니라 사람들이 세상이나 신을 바라보는 생각이나 태도가 지금과는 아주 다르지 않았을까.

인도에서는 요가를 수련하는 아쉬람이나 요기들이 흔하지만 고피 크리슈나가 지적했듯이 각성한 수행자를 찾아보기 어려운데 20년이란 오랜 시간 동안 수행했다고는 하지만 우리나라에서 현역 수행승(修行僧)이 각성했다는 것은 경하할 일이다. 이 스님은 쿤달리니가 이미 각성되었고 앞으로 완성된다면 명상하는 데 자신의 기대를 훨씬 초월하는 경지를 별로 힘들이지 않고 성취할 수 있기 때문이다.

그동안 쿤달리니를 저절로 각성하여 찾아온 사람은 모두 일곱 명이다. 우연일 수도 있지만 이들 가운데 여섯 명이 여자였다. 여자는 몸을 바꾸지 않고는 결코 견성할 수 없다고 여기는 불교나 이와 비슷한 관점인 다른 종교들의 주장이 너무 공허하고 맹랑하게 여겨진다. 이 스님이 일곱 번째면서 남자로서는 처음이었다.

쿤달리니 각성만으로도 성자라고 하는데 각성한 뒤 샥티가 등뼈를 타고 머리의 사하스라라 차크라로 올랐다가 가슴으로 내려가 쿤달리니가 완성되면 어떤 효과가 있을까. 각성만으로도 여러 가지 초월적인 체험을 하므로 영성의 차원이 각성하지 않은 사람과 비교할 바가 아니다.

첫째 쿤달리니가 완성되면 육체조건이 명상하는 데 최상의 상태가 된다. 각성하여 완성할 때까지 몸이 부실하거나 병적 요인이 있으면 쿤달리니 샥티[氣]가 이를 철저히 검색해서 치료하게 된다. 자율신경계를 정비하고 병적 요인을 제거한다.

세상에서는 쿤달리니가 각성되면 참을 수 없는 고통 때문에 위험하다고 우려한다. 그러나 이는 명상하는 데 가장 적절한 토대를 만들기 위한 치료 행위인 명현현상이다.

둘째 각성부터 완성까지 엄청난 육체적, 정신적 변화가 일어난다. 이 체험만으로도 이 몸이 바로 나 자신이 아니라는 사실을 알게 된다. 내가 이 몸 자체가 아니라는 사실을 깨닫는 사람은 이미 사람의 경지를 벗어났다고 간주해야 할 것이다.

이로 인한 정신적 변화도 커서 오감의 차원을 넘어선 세계에서도 당연히 적응력을 갖게 된다. 따라서 명상 수행 도중 일어나는 영적 현상에 대해 우려할 필요가 없다. 불교에서 말하는 마장(魔障)이 이 경우에 해당하는데 처음에는 당황하겠지만 전혀 걱정할 필요 없다.

셋째 명상을 하는 데 많은 시간이 필요하지 않다. 선방이나 요가 등 명상수행에는 많은 시간이 필요하다. 수행자들은 하루 10여 시간씩 한두 달, 아니 일이 년이 아닌 한 생애를 통틀어 매진해도 성공을 기약하기 어렵다.

다시 말하면 사람의 육체와 정신의 조건으로는 생각이 일어나지 않는 삼매의 상태를 구현하는 것이 거의 불가능한데도 사람들은 그 상태에 도달하겠다며 장좌불와(長坐不臥) 등의 고행을 마다지 않는다. 물론 드물게 이룬 사례가 있다고는 한다.

그러나 쿤달리니를 완성하면 하루 30분 내지 한 시간의 명상으로 족하다. 그 시간 동안 깊은 삼매에 드는 것이 얼마든지 가능하며 그나마 매일 계속할 필요도 없다. 따라서 견성이나 초월, 명상을 하기 위해 가정을 떠날 이유가 없으며 가족과 더불어 생업에 종사하면서도 고도의 수행이 얼마든지 가능하다.

넷째 완성 후 명상을 할 때에는 지관법(止觀法) 사용만으로 충분하다. 집중법은 쿤달리니 완성 전에 사용하는 방법이지만 완성 후 생각이 끊긴 채 쳐다보는 방법이 지관법이다.

생각을 쳐다보는 것으로 명상을 시작하면 생각을 끊는 방법을 곧바로 터득하게 되고 얼마 안 가 초월의 경지 맛을 볼 수 있을 뿐만 아니라 진아를 체현할 수도 있다.

다섯째 언제든지 전신 이완이 가능하고 생각의 흐름 억제가 가능하며 병이 없다는 사실을 스스로 알게 된다. 설령 무리하여 이상이 생기거나 소소한 병일 경우 단전호흡법이나 관법을 사용하는 것만으로 스스로 치료가 가능하다.

여섯째 명상을 시작할 때에는 단전호흡을 두세 번하여 쿤달리니 샥티를 머리에 올려두면 명상 효과가 더욱 좋다. 쿤달리니는 일회성이나 일시적인 현상이 아니어서 일단 각성하면 숨을 거둘 때까지 계속 움직이므로 필요한 순간 항상 느낄 수 있다.

일곱째 완성된 쿤달리니는 마치 바다 위 뗏목 같아서 항상 주인공을 태운 채 언젠가 구경의 경지, 또는 피안까지 안내해 줄 것이고 명상은 뗏목 위에 설치한 돛과 같아서 속도와 방향을 조정한다. 일단 쿤달리니라는 뗏목에 올라 탄 수행자는 내릴 수 없고 다시 각성 전의 세속적 의식으로 돌아갈 수도 없다.

여덟째 사람이 물속을 헤엄쳐 내려간다면 기껏 수심 10m 정도

잠수할 수 있지만 테크니컬다이빙의 장비를 갖춘다면 150m까지 내려갈 수 있다는데 쿤달리니가 각성, 완성되면 텍다이빙 장비를 갖춘 것과 같다. 사람들은 어떤 노력을 해도 우리가 살고 있는 세계의 벽, 다시 말하면 오감의 차원을 넘지 못하지만 완성하면 바로 벽을 뛰어넘어 깊은 삼매에 이를 수 있다.

이 정도의 설명이면 장부의 일대사로 마음을 철벽같이 굳히고 정진해 보지만 인간 육체의 한계를 벗어나지 못하여 고뇌에 빠진 수행자들에겐 재도전의 촉발제가 되리라 믿는다.

2. 최상승 경지는 어디인가

명상이 인류사에서 언제부터 시작하였는지 알 수 있는 방법은 없다. 아득한 옛날 사람이 세상에 처음 발을 딛고 살면서 자연과 환경으로부터 안전하게 생존하기 위해 연구를 거듭한 결과가 명상이므로 그 시작점을 찾는다는 것은 별 의미가 없는 일이기도 하다.

명상은 역사가 시작하면서 종교로 발전하였고 그 속에서 일부는 속박으로부터 해탈을 희구하였고 또 한편에서는 신과의 합일을 목표로 하여 현재까지 연면히 이어져 왔다.

인류 최고의 지성들이 대를 이어 이루어 놓은 명상의 성과를, 다시 말하면 그들이 심혈을 기울여 이룩해 놓은 최상승 경지가 어떤 경지인지를 살펴보는 것은 남다른 의미가 있을 것이다.

명상의 최고 경지를 신을 믿는 종교는 자신들을 창조한 전지전능한 신과의 합일(合一)로, 불교는 견성(見性)으로, 요가에서는 진아(眞我)의 구현으로 본다.

견성은 '불성(佛性)을 본다'라는 의미로 열반경이 중국에 들어오면서 사용하기 시작하였다 한다. 열반경은 '진실한 나[我]인 여래의 성품은 일체 중생이 모두 지니고 있음을 알아야 한다. 다만 무량한 번뇌에 휩싸여 있어서 드러나지 않을 뿐이다'라고 부처와 중생의 차이를 번뇌의 유무에 따라 구분하였다.

즉 현재의 나는 내 안에 부처와 똑같은 품성이 있지만 마음을 번거롭게, 어지럽게, 괴롭게, 미혹하게 하는 정신작용 때문에 부처의 모습이 숨겨져 드러나지 않는다는 것이다. 다시 말해 '일체 중생이 선지식(禪知識)을 만나지 못해 비록 불성을 갖추고 있지만 드러내지 못한다'라고 하였다.

열반경은 또한 '마땅히 알아라. 일체 중생은 모두 여래가 상주하는 성품을 지니고 있다. 그러니 모든 결박과 번뇌를 영원히 떠나게 되면 여래장이 상주(常住)하는 성품을 드러내게 되어 일심(一心)을 일으켜 묘과(妙果)를 얻는다'라고 하였다. 즉 번뇌를 끊으면 일심을 이루게 되어 불성이 드러난다고 설명하였다. 이와 같이 불성은 중생 누구든지 모두 갖추고 있다는 명제 아래 불성을 구현하는 방법으로 견성이 불교 명상의 최고 목표가 되었다.

이와 같이 번뇌가 사라지고 생각이 끊어지면 한 마음[一心]을 이루게 되고 숨겨진 불성이 드러나면 부처가 된다는데 그동안 조사(祖師)들과 선사(禪師)들은 어떤 경지를 체험했고 무엇이라고 밝혔는지 살펴보기로 하자. 우선 육조단경을 통해 선불교(禪佛敎)의 종지(宗旨)를 대종사인 6조 혜능(惠能)으로부터 들어본다.

"여러분, 내가 여기서 해설하는 법문은 선대 조사님들 이래 첫째로 무념(無念)을 들어 종지(宗旨)로 삼고, 무상(無相)으로 본체(本體)를 삼고, 무주(無住)로써 근본으로 삼는다. 무상이란 것은 모습이나 형체를 인정하면서도 그 모습에 사로잡히지 않음을 말한다. 무념이란 것은 사물을 생각하면서도 그 생각에 얽매이지 않음을 말한다. 무주란 것은 사람의 본성이기 때문에, 세상의 선악이나 미추(美醜) 또는 원망이나 친밀, 말의 자극성이나 속임수, 이 모두는 가짜 모습으로서 실체가 아니라고 생각하고, 원수를 보복할 생각을 말고 순간순간의 의식 속에서 지나간 일을 회상하지 않음을 말한다.”

이 내용은 선불교의 신조(信條)와 교의(敎義)를 밝히는 것으로 견성을 목표로 삼고 있음을 나타낸다. 여기서 말하는 무념, 무상, 무주는 견성 경지에 도달하면 세 가지 의미를 한꺼번에 알아차리게 될 뿐만 아니라 그 내용이 저절로 몸에 배어 실천하는 자리이다.

성철(性徹)스님이 ‘선문의 정안종사(正眼宗師) 중에 숙면일여를 뚫고 지나가지 않고서 견성했다고 말한 사람은 없으니 그들은 구경각을 성취했기 때문’이라고 지칭한 최고의 선지식들이 말하는 최상의 경지를 들어보자.

5조 홍인(弘忍)은 “최고의 깨달음이란 반드시 당장에 자기의 본래의 마음을 꿰뚫어볼 수 있음으로써 자기 본성이 불생불멸임을 알아야 하며 그 언제라도 일념(一念)으로 스스로 만사에 막힘이 없고 하나의 진실이 일체의 진실이 되고 모든 대상[境]은 스스로 있는 그대로이며 이 있는 그대로의 마음이라야 진실임을 알아야 한다. 이와 같이 꿰뚫어볼 줄 안다면 이것이 바로 다름 아닌 최고 깨달음의 본체[自性]가 된다’라 하여 일념 즉 한 생각을 말한다.

6조 혜능은 “이 법을 깨친 자는 생각이 없다. 기억과 집착이 없어서 망념이 일어나지 않고 자기의 진여 본성을 사용하여 지혜로 관조하므로 일체법을 취하지도 버리지도 않으니 이것이 견성이며 성불하는 길이다’라고 하여 무념을 말하고 있다. 이어서 ‘다만 자기 마음에 항상 바른 견해가 일어나 번뇌 망상이 물들이지 못하는 것이 곧 견성이다”라 하였다.

대승불교의 시조(始祖)인 마명(馬鳴)은 기신론에서 “중생이 착실하게 무념을 관찰할 때 곧 부처님 나라로 가는 지혜로 본다"라면서 "무념을 이룩하면 곧 마음의 생주이멸(生住異滅)을 터득한다", 또 "깨닫는다고 하는 것은 마음에서 생각이 떠나 마치 빈 하늘과 같이 된 것이니 이것을 여래의 평등한 법신이라 한다"라고 무념을 말한다.

신회는 "만약 심심(甚深)법계에 들어서려는 자는 곧바로 일행삼매로 들어가라. 반야바라밀은 곧 일행삼매이다"라고 말하고 이어 "이 무념은 일체의 경계가 없다. 만일 일체의 경계가 있다면 그것은 곧 무념과 상응하지 않기 때문이다. 여러분! 여실히 터득하는 자는 심심법계에 들어 설 수 있다. 이것이 곧 일행삼매다"라고 하여 무념을 말하고 있다.

또 "유무(有無)를 다 버리고 중도마저 없어야만 무념이 된다. 무념은 곧 일념이고 일념은 곧 일체지(一切智)이며 일체지는 곧 심심 반야바라밀이다"라고 하여 무념과 일심을 말하였다.

증관심요(證觀心要)는 '만약 한 생각도 나지 않으면 앞뒤가 끊어져서 비추는 바탕만이 홀로 서며 대상과 내가 하나로서 바로 마음의 근원에 도달하니 앎도 얻음도 없고 취하지도 버리지도 않으며 대치할 것도 닦을 것도 없다'라고 하여 무념을 말한다.

종경록(宗鏡錄)은 "눈의 티끌을 없애 헛꽃이 다 없어지듯 망념이 영영 없어져 참 성품을 증득한다. 천 가지 병이 나아서 만 가지 약을 물리치고 망념의 얼음덩이가 다 녹아서 참 성품의 맑은 물이 흐른다. 신령한 불사약을 아홉 차례 달구면 무쇠가 녹아 진금이 되듯이 지극히 묘한 이치는 한마디에 범인을 성인으로 바꾼다. 미쳐 날뛰는 망심을 쉬지 못하다가 쉬어 버리니 가장 높은 보리요 현묘한 거울이 깨끗하여 본심이 훤히 드러나니 본래 크게 깨친 세존이다"

라 하였다. '망심(妄心)을 쉰다'라는 표현이 무념을 뜻하는 것이다.

삼론학파의 대성자(大聖者)인 길장(吉藏)은 공(空)을 논하면서 "불성을 보아 필경에 청정하여 번뇌가 없는 것을 공이라 한다"라고 하여 무념을 공이라 하였다.

청량초(淸凉鈔)는 "마음이 나면 허망이요 마음이 나지 않으면 부처다. 마음이 난다함은 잡념만 나는 것이 아니라 비록 보리 열반과 마음을 관찰하여 성품을 보는 현묘한 마음이 나는 것도 마음이 나는 것으로서 모두 망상이 된다.

잡념과 망상이 영영 적멸해야 비로소 나지 않음[不生]이라 이름한다. 여기서 적멸과 관조가 눈앞에 그대로 나타나니 어찌 부처라 이름 하지 않겠는가. 그러므로 <달마비>에서 말하였다. 마음이 있으면 영겁토록 범부에 머물러 있고 마음이 없으면 찰나에 정각을 성취한다"라고 하여 역시 무념을 말한다.

원효소(元曉疏) 현수의기(賢首義記)는 '불지(佛地)는 무념이다'라 하고 "견성이란 곧 무심이며 구경각이며 대열반이다"라고 무념과 무심을 말하였다.

유가론(瑜伽論)은 "오직 무여열반의 경계에서만 모든 망심이 없어지므로 무심의 지위라 부른다. 나머지 지위는 전식(轉識)이 전혀 없기 때문에 임시로 무심이라 부르기는 하지만 제8아뢰야식이 아직 다 없어지지 않았으므로 유심(有心)의 지위라 이름 한다" 하여 무심을 말한다.

원오(圜悟)의 "안팎이 비어 고요하고 엉긴 듯 밝게 비추어 한 생각도 나지 않는 깊은 곳에 도달하여 근원을 철저히 뚫어서 당장에 스스로 깨치면, 그 자체가 허공과 같아서 범위와 크기를 다 헤아리지 못한다. 고금에 뻗쳐서 온갖 모양이 가두지 못하고 범인과 성인이 얽매이지 못하여 아무 걸림이 없으니 이를 본래면목이나 본지풍광이라 한다. 한번 깨치면 영원히 깨쳐서 미래가 다하도록 잃지 않으니 여기에 무슨 걸리고 막힐 생사가 있겠는가. 이 무심한 경계와 무념의 참된 종취는 몹시 날카로운 사람이라야 실제로 깨칠 수 있다"라는 설파 내용은 복잡하지만 한 생각도 나지 않는, 무념의 경지가 되면 본래면목 또는 본지풍광이라 하여 곧 무념을 말한다.

원오는 이어 "마음자리에 털끝만큼도 새나감(번뇌)이 없어 한번 깨침에 영원히 깨쳐 한결같이 움직이지 않는다. 이 오묘한 마음은 변하거나 달라짐이 전혀 없으니 이것을 두고 사람 마음을 곧바로 가리켜 견성 성불케 한다고 한다"고 무심을 이야기한다.

열반경은 "열반이란 아무것도 없는 진멸(盡滅)이 아니라 모든 생사번뇌의 원가(寃家)를 벗어난 것이다"라 하였다. 즉 번뇌를 없애려 노력하는 것이 아니라 번뇌가 아예 떠오르지 않는다는 의미이다. 위의 글들은 경전이나 조사, 대 선지식들이 밝힌 견성, 열반, 성불, 무생, 돈오, 묘각, 아뇩다라삼먁삼보리 등 표현은 다르지만 뜻은 한 가지인 최고의 경지를 설명한 내용들이다. 이들 모두 무념과 무심, 일심 등 마음이 이와 같은 상태에 이르면 최상의 경지가 이루어진다 하였다.

인도의 요가 명상가들은 최고의 경지를 어떻게 표현했는지 살펴보자. 마하리시 마헤시는 "존재는 초월의 성격이므로 일상적 오관의 감각으로는 느낄 수 없다. 감각적 지각이 끝났을 때에만 존재의 초월 자리에 다다른다. 오관을 통해서 사물을 느끼는 동안 우리는 상대적 세계에 머물고 있는 것이다.

따라서 오관의 감각을 통해서는 존재가 느껴지지 않는다. 그러므로 어떤 감각을 이용하든지 먼저 오관을 통한 경험의 끝까지 가야 한다. 그리고 그 끝을 초월하면 아무것도 느끼지 않는 의식 상태에 이른다"라고 무심을 말한다.

이어서 무심의 자리에서의 상태를 다음과 같이 설명하였다. "우리가 가장 안쪽의 미세한 부분의 경험까지 초월할 때 경험하는 대상, 경험의 과정 자체까지 포함하여 일체가 느껴지지 않고 경험자만이 홀로 남는 상태에 이른다.

경험의 주체가 대상의 가장 미세한 상태를 넘어가 그 대상을 잊고 홀로 남게 될 때 경험의 세계에서 빠져나와 존재의 자리에 닿는 것이다. 그때의 마음은 상대계(相對界)를 초월한 존재의 상태에 들어 있는 것이다."

라마나 마하리시는 진아를 깨닫게 되면 무엇을 보게 되는가라는 질문에 "…보는 것도 보이는 것도 없이 그냥 존재할 뿐이다. 깨달음의 상태란 뭔가 새로운 것을 얻거나 멀리 떨어져 있는 어떤 목표에 도달하는 것이 아니다. 그대가 지금 존재하고 또 항상 존재해 왔던 그 상태로 그냥 존재하는 것이다.

그대는 다만 진실이 아닌 것을 진실로 고집하지 않으면 된다. 그때 그대는 진아를 진아로서 깨닫게 될 것이다. 어느 단계에 이르면 그대는 그토록 분명한 진아를 발견하려고 애썼던 그대 자신에 대해서 웃음을 터뜨릴 것이다. 깨달음의 상태는 보는 자와 보이는 대상을 초월해 있다. 지금 이 모든 것을 보고 있는 그 보는 자가 사라지면 진아만이 남게 된다"라고 대답했다.

마하리시는 최고의 경지로 진아 즉 '참다운 나'라는 개념을 설파했지만 보는 자와 보이는 대상을 초월한다고 하여 역시 무심을 말하고 있다.

마하리시는 또한 "감각적으로 또는 생각을 통해서 체험하는 나는 진정한 나가 아니며, 스스로 나라고 생각하는 것들을 모두 부정한 다음 남는 순수한 각성이 진정한 나 즉 진아이다. 이 진아를 개체적인 존재와 혼동하여서는 안 된다. 개체적 자아는 본질적으로 존재하지 않으며, 마음이 거짓되게 만든 것이고 진아를 체험하지 못하도록 오히려 방해하는 것이다.

진아는 항상 실재하지만 있는 그대로를 분명히 알 수 있을 때는 오직 스스로를 한계 짓는 마음이 사라졌을 때뿐이다. 마음이 사라져서 진아가 그 모습을 드러낸 상태가 바로 깨달음이다"라고 말하여 무심이 즉 진아임을 밝히고 있다.

불교 선종의 입장이나 요가의 관점에 대해서 살펴보았다. 이로써 과거에서 현재까지 세상에 존재하는 최고 명상집단의 구경점(究竟點)이 무념, 무심, 일념 등 오감을 초월하는 자리라는 것을 확인하였다.

수천 년 동안 헤아릴 수 없이 많은 수행자들이 그토록 추구했던 명상의 종점이 생각이 일어나지 않는 자리였다. 이 자리는 생각의 기능이 정지됨으로써 일어나는 오감(五感)의 감각을 초월하는 자리이다. 물론 인간의 모든 기능은 오감의 촉감과 이 때문에 일어나는 생각과 행위들이 전부여서 그 한계 안에서 살아갈 수밖에 없다.

이 다섯 가지 감각이 바로 인간의 전부이고 이 감각을 뛰어 넘는다는 것은 인간 차원의 초월을 의미한다. 차원의 벽은 높고 아득하여 인간으로서는 혼신의 노력을 기울인다 해도 자신을 뛰어넘는 것이 매우 어렵다.

적지 않은 수행자들이 오감을 넘어 무념의 경지에 들어 선 것을 나는 알고 있다. 그런데 구경점이 과연 무념이나 무심 등 불교나 요가에서 말하는 생각이 일어나지 않는 자리일까. 이 자리마저 인간에게는 하늘같이 높아 피를 말리는 수행에도 다가서기 지극히 어렵다.

그렇지만 무심이나 일심의 자리는 최고 경지의 자리가 아니다. 이 자리는 이제 겨우 인간의 차원을 뛰어넘은 초월의 초입에 들어섰을 뿐임을 밝히지 않을 수 없다. 인간의 육체와 정신은 상대세계인 물질세계에 알맞도록 구성되어 있을 뿐 비물질 세계에는 부적절하므로 최고 경지의 자리는 한계가 있을 수밖에 없다.

명상을 수행하는 진정한 의미는 물질세계에 적합한 어떤 것을 이루는 것이 아니다. 영적차원, 더 나아가 상대세계를 뛰어넘기 위한 탐구 행위이므로 차원에 적합한 방편을 모색하지 않으면 목적 달성은 사실상 불가능하다 하지 않을 수 없다.

3. 무심도인(無心道人)이란

앞에서 선종(禪宗)과 요가의 최고 경지에 대해 살펴보았다. 이 같은 최고의 경지 즉 견성에 도달하면 세상 사람들은 무심도인, 무애인(無礙人), 진인(眞人), 또는 대자유인이라 부른다. 이 도인들이 깨달음을 성취한 후 일반 사람들과 어떻게 달라질까. 선가 서적에서는 깨달은 자에 대한 직접적 표현을 찾기 어려워 우선 요가 쪽 사례를 살펴보도록 하자.

라마나 마하리시는 "인간은 육체가 나라는 생각을 넘어섰을 때 깨닫게 된다. 생각이 없으면 행위라든가 행위자라는 생각이 있을 수 없다. 따라서 깨달은 사람에게는 카르마[業]가 없다. 바꿔 말하면 그는 아무런 행위도 하지 않는다. 이는 깨달은 사람이 체험하는 바이며 이런 체험이 없다면 그는 깨달은 사람이 아니다"고 말한다.

마하리시는 또한 "살아가며 행위 하는 데는 마음을 사용해야 함에도 불구하고 진인이 어떻게 마음 없이도 살아가며 행위 할 수 있는가는 진인은 자신이 행위자라는 관념이 없이 행위 하기 때문이다. …그는 자신이 육신이 아니라는 사실을 알고 있으며 비록 육신이 어떤 행위를 하더라도 그 자신은 아무 행위도 하지 않는다는 것을 알고 있다"라고 설명하였다.

라마나 마하리시는 육체의식을 초월했을 때 깨닫게 되고 이 깨달음으로 생각이 일어나지 않은 경지에 도달한다고 본다. 생각에 의해서 이루어지는 행위는 카르마를 축적시키지만 생각이 일어나지 않은 공의 상태를 성취하면 카르마가 모두 녹아 버린다고 여긴다.

어떤 행위를 하기 위해서는 하고자 하는 의식이 있어야 한다. 그런데 생각이 없으면 *나*라는 자아의식이 없고 자아의식이 없는 행위는 그 행위를 하는 주체인 *나*가 없는 것이 된다. 따라서 생각이 없는 상태에서 한 행위는 행위자가 없으므로 행위가 있다 하더라도 행위가 아니라는 의미이다.

유지 크리슈나무르티는 자신의 깨달음에 대해 다음과 같이 설명하고 있다. "내 몸에서 기능하고 있는 것은 생각에 때 묻지 않은 원초의 의식이다. 중재자가 없으면 감각은 서로 연결되지 않는다. 감각을 해석하는 번역이 이루어지질 않고 감각은 그저 감각으로 남는다. 그것이 감각이라는 것조차 모른다. 나는 누군가 이야기하는 것을 본다. 나의 눈은 말하는 사람의 입을 본다. 귀는 소리의 울림을 받아들인다.

이 두 가지의 사실을 연계시켜서 그 사람이 이야기를 하고 있다고 하는 판단을 내리는 프로그램이 내 안에는 없다. 샘이 솟으며 물소리를 내는 것을 보아도 그 두 가지는 연결되지 않는다. 나의 발을 내려다보아도 나의 발이라는 판단이 들지 않는다. 나는 움직이고 있는 것이 무엇인지 모른다. …자신이 무엇을 바라보고 있는지 모른다. 나는 벽에 걸린 시계를 바라보고 있어도 몇 시인지 모른다. 그것이 시계라는 것도 모르고 이것이 무엇인가 하고 의문이 떠오르는 것도 아니다. 이는 자신이 무엇을 보고 있는지 모르기 때문이다"라며 자신의 현상을 설명한다.

유지는 그러나 "내가 배운 모든 지식은 필요하지 않으면 배후에 남아 있다. 누군가 나에게 무엇인가 물으면 지식은 쏜살같이 되돌아온다. 그래서 대답을 하게 되고 그리고 대답이 끝나면 다시 비지식의 상태로 되돌아가게 된다"라고 말한다.

유지 크리슈나무르티는 생각이 일어나지 않는 상태에서 일어나는 현상들을 설명하였다. 생각이 이루어지려면 감각기관이 외부의 정보를 머리 부분의 아스트랄체에 보내고 이 정보를 두고 아스트랄체와 코자르체가 서로 정보를 교환하고 협조하여야 한다.

감각기관이 어떤 사물이나 현상을 감지하여 대뇌의 아스트랄체에 전달하고 대뇌는 이 정보를 가슴 부위에 있는 코자르체에 보내면 코자르체는 저장하고 있던, 과거에 그 현상들과 관계된 정보들을 대뇌로 보낸다. 대뇌는 감각이 보내온 새로운 정보와 가슴이 보내준 과거에 겪은 관련된 정보들을 분석하고 취사선택하여 결론을 도출하게 된다. 이 결론이 바로 생각이다.

유지 크리슈나무르티는 깨달음을 이루면 감각기관과 아스트랄체와 코자르체의 삼각 축으로 이루어져야 할 의식 생성 구조에 변동이 일어나 생각이 일어나지 않아서 벌어지는 현상을 설명하고 있다. 즉 초월의 경지를 넘어가면 감각기관이 사물이나 움직임을 포착하지만 이 정보를 경우에 따라 대뇌의 아스트랄체에 보낼 수 없게 된다.

눈은 사물을 보고 귀는 소리를 들었지만 이 듣고 보았다는 정보를 두뇌로 보낼 수 없는 상황이 벌어진다. 그래서 '눈은 보지만, 귀는 듣지만' 하는 감각 기능은 있지만 정보가 두뇌로 전달되지 않아 의식하지 못하는 경우가 많아진다. 산은 산이고 물은 물이라고 이름 없는 도인이 말한 경지이다.

그렇지만 정보와 분석체계가 항상 분리되어 있는 것은 아니다. 사람들이 질문하거나 행동을 취할 필요가 있을 때는 의식을 형성하는 삼각체계가 다시 정상적으로 가동하게 된다. 과거의 지식이나 기억이 소멸한 것이 아니라 떠오르지 않을 뿐 필요하면 얼마든지 다시 사용 가능하다는 점을 유지는 설명하고 있다.

선종의 관점은 견성하면 무심, 무념에 통달하였다 하여 무심도인이라 한다. 다시 말하면 무심도인이란 무심경지에 도달한 사람을 일컫는 말이고 무심경지는 생각이 일어나지 않은 자리 즉 선가(禪家)의 표현을 빌리면 견성의 경지이다.

단경(壇經)에 "무념 법을 깨친 자는 생각이 없다. 기억과 집착이 없어서 망념이 일어나지 않고 자기의 진여본성(眞如本性)을 사용하여 지혜로 관조하므로 일체법을 취하지도, 버리지도 않으니 이것이 견성이며 성불하는 길이다"라고 기록하고 있다.

대주혜해(大珠慧海)와 한 수행자와의 문답을 보면 "무엇이 바른 견해[正見]인가?" "보되 보는 바가 없음을 바른 견해라 한다" "무엇을 가리켜 보되 보는 바가 없다 하는가?" "일체의 색(色)을 보고도 싫음과 집착을 일으키지 않는다. 싫음과 집착이 없다는 것은 사랑과 증오의 마음을 일으키지 않는 것이다. 이것이 바로 보되 보는 바가 없다고 한다"라 하였다.

대주혜해의 생각은 유지 크리슈나무르티의 입장과 다름이 없다. 보되 보는 바가 없다는 것은 유지 크리슈나무르티의 경우처럼 오감이 채집한 정보가 두뇌와 연결이 안 되어 생각을 일으키지 않음을 말한다. 그리고 옳고 그름[正邪], 좋고 나쁨[好惡], 사랑과 미움[愛憎] 등에 집착을 일으키지 않는다 함은 보되 보는 바가 없는 경지까지 오는 동안 얻게 되는 일종의 부산물이다.

사람이 인간의 속성인 탐착(貪着)을 버리는 것은 불가능하다. "놓아라" 한다고 해서 놓을 수 있는 것이 아니다. 그러나 육근(六根)의 대상이 탐착할 만한 가치가 없음을 알게 되면 더 이상 그것에 집착하지 않게 된다.

쿤달리니를 각성하고 완성하면서, 그리고 초월의 경지를 지나고 무상삼매의 경지를 거치면서 영성이 진화되고 가치판단 기준이 바뀌면서 조금씩 천천히 내려놓게 돼 이내 마음을 일으키지 않는 지경에 이르게 된다.

내가 체험한 바에 의하면 세상에서 말하는 무심이라는 특이한 체험은 유상삼매(有相三昧)중 초월의 경지 전후에서 시작한다. 초월의 경지는 쿤달리니 완성 후 머릿속에서 끊임없이 일어나는 생각들을 꾸준히 쳐다보면서 시작하는데 이는 쿤달리니를 각성하고 완성한 수행자에게 해당하는 경우이다.

생각을 쳐다보면 보는 즉시 그 생각은 사라진다. 곧 다른 생각이 일어나고 쳐다보면 다시 사라지는 일들이 반복된다. 물론 쿤달리니를 각성하지 않은 수행자도 쳐다보면 생각이 사라지긴 한다.

각성하지 않은 수행자는 아무리 쳐다봐도 생각이 없어짐과 동시에 즉시 다시 일어나지만 쿤달리니를 완성하면 신기하게도 생각이 뚝뚝 끊어지는 것이 차이점이다. 그래서 생각과 생각 사이에 공간이 있음을 느끼게 된다. 이와 같이 생각을 계속 쳐다보면 생각 사이의 공간이 점점 넓어지는 것을 알게 된다.

여기서 다시 각성자와 비각성자의 차이가 생긴다. 비각성자는 일반적으로 명상에 진보가 없다고 말한다. 물론 동안거, 하안거를 하는 스님들에서부터 간헐적으로 하루에 한두 시간 앉아 있는 명상

애호가까지 많은 부류가 있지만, 발전하는 모습이 보이지 않아 고단하거나 지루하고 힘들다고 호소한다.

그러나 각성자들은 일단 한번 체험한 자리로 다시 되돌아가는 경우가 없으므로 고단하거나 지루하지 않다. 계속 발전해 가는 체험을 하는데다 시간도 30분에서 한 시간이면 목적을 달성하기에 충분하다. 그래서 완성한 수행자들은 매일 명상을 위해 밤을 기다리는 상황이 된다.

생각과 생각 사이의 공간이 어느 정도 확보됐을 때 생각은 생각인데 생각이라 할 수 없는 특이한 상황 즉 생각이라고 느끼기에는 미치지 못하지만 생각이 되다만 느낌이 볼록볼록 올라오다 사라지는 현상을 체험하게 된다. 마치 팥죽을 쑬 때 표면이 끓기 직전 볼록볼록 오르다가 꺼져 버리는 것과 같은 현상이다. 이것을 선가에서는 미세망념이라 하는 듯하다.

원효(元曉)의 기신론소(起信論疏)에 이에 대한 언급이 있다. "무명업상이 염(念)을 움직이는 것이 망념 가운데 가장 미세하므로 미세망념(微細妄念)이라 부른다. 이 미세망념이 전부 없어져서 영원히 그 흔적이 없으므로 영원히 떠났다라고 한다. 이 미세망념을 영영 여의었을 때만이 정확히 부처의 지위에 머물게 된다. …이 지위에 이르러서는 무명이 완전히 없어져 일심(一心) 본원으로 돌아가 다시 일고 꺼지는 움직임이 없으므로 성품을 본다[得見心性]라고 말한다" 하였다.

현수의기(賢首義記)도 "업식이 염을 움직이는 것이 가장 미세하므로 미세망념이라 부르니 생상(生相)을 말한다. 이 맨 처음 생각이 일어나는 현상[生相]이 *남김없이 다 없어 졌기 때문에 멀리 떠났다[遠離]*고 하며 허망한 헛된 모양을 멀리 여의었으므로 진여자성이 곧 나타나니 그런 까닭에 성품을 본다[見性]"라고 하였다.

생각은 생각인데 생각이 미처 되지 못하고 볼록볼록하는 현상이 한동안 계속되다 사라지면 의식 활동이 완전히 정지된 상태가 나타난다. 이때 정지된 의식의 상태는 아주 맑고 선명하다. 그야말로 의식 활동이 전혀 일어나지 않지만 일어나지 않는 가운데 선명한 의식은 남아 있으며 샛별처럼 아주 뚜렷하다.

바로 무념, 무심의 상태다. 이 무념, 무심의 경지는 곧 이어 여기에 도착했다는 인가를 받는다. 즉 육체의식을 초월했다는 증표를 받는데 *나*라고 느껴지는 둥근 빛의 광구(光球)를 보게 되는 것이다.

이 광구는 *나*라고 의식하지만 나와 하나[合一]가 되지는 않는다. 절벽에서 떨어지듯 부웅 가라앉는 느낌을 받으면서 삼매에 들어가고, 명상을 끝내면 내 몸이 내가 아닌 고목 등걸이나 바윗돌처럼 인식하면서 그 위에 얹혀 있는 것처럼 느껴진다.

이 지점이 수행자들이 간절히 희구해 왔던 오감의 벽을 뛰어넘은 초월의 경지이며 '부처의 성품을 본다[見性]'는 그 성품의 실마리를 찾게 되는 곳이다. 쿤달리니가 각성된 후 또는 완성 단계에서 이미 이 몸이 내가 아니라는 것을 인지하게 되지만 몸과 별도로 나는 존재하고 있다는 확신이 자리 잡는 순간이고 공(空)에 대한 신념이 생기는 자리이기도 하다.

이 자리는 물론 인간의 의식으로는 가늠할 수 없는 경지이다. 불교나 요가에서는 이 경지를 수행의 최고 목표점으로 단정하고 이 경지에 대해 부처를 이뤘다든지 구경열반지라는 등 최상의 찬사를 아끼지 않는다.

평범한 인간의 육체와 정신으로는 기적이 없는 한 이룰 수 없는 자리이다. 아무리 굳은 결심으로 무장한 수행자라 하더라도 다가갈 수 없는 곳이다. 수천 년을 두고 불과 몇 사람만이 다다를 수 있는 높고 깊은 경지이다. 그렇다고 이 자리가 끝이 아니다. 부처의 자리이기는커녕 사람이 오감의 한계를 겨우 벗어난 자리인 셈이다. 이제 물질세계의 육체감각을 뛰어넘어 비물질 세계의 초입에 들어선 것이다. 아직 갈 길은 멀다.

높은 데서 일하려면 사다리를 타고 올라가거나 비계를 설치해야 한다. 물속에서 일하려면 잠수복을 갖춰 입고 내려가야 한다. 무슨 일이든 그 일을 마치는 데 알맞은 준비와 도구가 필요하다는 뜻이다. 다시 말하면 달을 따고자 한다면 인공위성을 만들어 타고 달에 가야 월석이라도 주워올 수 있다. 장대 들고 망태 메고 뒷동산에 올라 허공에 간짓대를 아무리 휘둘러도 달이 따지지는 않는다.

명상으로써 신(神)이든 견성이든 진아(眞我)든 밝혀내야겠다면 그 도구로 쿤달리니를 사용하면 간단하다. 신도, 견성도, 그리고 진아도 스스로 볼 수 있고 찾을 수 있고 판단할 수 있다. 기껏 다섯 가지 감각 속에 움츠리고 앉아서 생각으로 꿰맞춘다고 이룰 수도, 확인할 수도 없다. 최소한 공부 과정을 파악해야 생각의 변화를 그나마 이해할 수 있다는 것이 내 견해다.

이제 다시 무심도인이 살아 있는 동안 어떤 모습인지 살펴보자. 깨우침이나 신과의 합일을 위한 모든 수행은 일단 무심의 경지로 모아진다. 무심이란 쉽게 말해 두뇌에서 생각이 일어나지 않아 생각이 없다. 생각하는 작용이 정지하였다는 개념이다. 처음에는 명상을 하는 동안 삼매에서 생각이 끊기고 이와 같은 체험을 여러 번 반복하면서 현실생활에서도 두뇌의 의식 활동이 상당한 시간 정지하게 된다.

끊임없이 계속되는 생각이 어느새 사라져 전혀 머릿속에 생각이 없다. 어떤 사물을 보았을 때 그 사물의 영상을 중추신경에 전달해야 의식하고 생각하는데 눈은 쳐다볼 뿐 전달 작용이 일어나지 않아 보이지만 보는 줄 모르므로 생각도 생기지 않는 것이 당연하다.

머리는 항상 맑고 투명하다. 우선 생각이 떠오르지 않으므로 좋아할 일도, 고민이나 번민할 일도 없다. 일을 할 경우 허리가 아프거나 불편한 곳을 의식할 때까지 계속 일을 하는데, 생각이 없어져 버린 현상을 본인은 까맣게 모르고 주위에서 지적해 준 후에야 비로소 깨닫게 된다.

누군가 말을 걸면 머리는 전혀 작용하지 않는 것처럼 느껴지는데 그에 대한 답을 한다. 약속한 시간이나 할 일이 있으면 머리가 움직이지 않는데도 알고 제대로 행한다. 과거의 기억이 없어지지도 않으므로 대화중 과거 기억이 나지 않아 어려움을 겪는 경우는 별로 없다.

일상사에서 책을 보든, 영화를 보든, 당면한 대부분의 일은 보아도, 들어도 특별한 것이 아니면 기억하는 일이 거의 없다. 그래서 새로운 공부를 하려면 쉽지 않지만 과거 난삽했던 철학이나 불교 관련 서적들이 신기하게도 쉽게 이해된다. 마치 대학생이 중학생 교과서를 보는 것처럼 수월하다.

혜능이 산문(山門)을 열면서 무념을 종지로 삼고 무상을 본체로 삼고 무주로 근본을 삼는다 선언하면서 무상이란 모습이나 형체를 인정하면서도 그 모습에 사로잡히지 않음을 말한다 하였다.

무념이란 사물을 생각하면서 그 생각에 얽매이지 않는 것이라 하였다. 무주란 사람의 본성이기 때문에 세상의 선악이나 미추 또는 원망이나 친밀, 말의 자극성이나 속임수 이 모두가 가짜 모습으로서 실체가 아니라 생각하고 원수에게 보복할 생각 않고 순간의 의식 속에서 지난 일을 회상하지 않음을 말한다고 설파하였다.

앞에서 요가의 성자들이나 경전들이 말하는 최고의 경지는 무심이나 무념 또는 일심으로 일컬어지는 생각 기능이 정지한 상태라고 했는데 혜능은 '인정하면서' '생각하면서' '실체가 아니라고 생각하고' '회상하지 않음'을 말하고 있다.

왜 이런 차이가 나는가. 앞에서 눈은 보아도, 귀는 들어도 거울처럼 비추기만 할 뿐 생각을 일으키는 작용이 이뤄지지 않는다고 하였다. 그러나 사물을 접했을 때의 단순한 느낌인 '저것이 무엇이다'라는 생각 이전의 인식 작용을 실생활에서 자주 체험한다.

그런데 혜능은 인식 작용을 넘어 분별 작용을 포함하는 생각이라는 개념으로 말하고 있다. 한마음의 경지에서 본 현상세계에 대한 가치가 환상이나 거품 정도로 의미가 없는 하찮은 것으로 의식체계가 해탈자의 것으로 완전히 바뀌어 있다면 대상에 얽매임이 있을 수 없음은 가능한 일이다. 어쨌든 일단 가치를 분별하면 속박되지 않을 수 없다.

선악, 미추, 애착, 욕망 등 세상을 살아가는 데 필요한 오욕칠정(五慾七情)이 저절로, 천천히 떨어져 나가므로 현재의 행위나 과거 기억 때문에 자랑스러워하거나 괴로워할 경우가 없다.

좋아할 사정도 없고 행복할 일도 없으며 괴롭거나 슬프거나 외로울 감정도 없을 뿐 아니라 누구에게 의지하고 싶은 허전함도, 불안함도 사라져 신(神)에 대한 의존은 물론 공경하거나 두려운 마음도 사라진다.

신으로부터 자유로워지고 자신의 마음으로부터도 자유스러워진다. 어떤 제약이나 거리낌도 없어지기 때문이다. 세상에서 가치 있다고 느껴지는 일이 없어지므로 추구해야 할 목표도 없다. 바로 무심도인이면서 걸림이 없는 무애인이고 대자유인이 되는 것이다.

선가에서는 깨달음을 일회성(一回性)의 특수한 경험이라 한다. 사람의 정상적인 육체에서 생각이 끊어진다는 것은 인간 차원의 벽을 넘는 것을 의미하므로 그 경험은 지극히 강렬하다. 사람의 몸으로 그 자리에 이른다는 것은 힘들지만 결코 불가능한 일이 아니다. 자주 갈 수 있는 곳이 아니지만 천우신조로 어쩌다 갈 수 있다는 점에서 일회성이라는 관점에 수긍이 간다.

그러나 나의 수행 경험이나 후학(後學) 교육을 통해 느낀 점은 견성 이후 무상삼매를 지나 상당한 기간 여러 차례 삼매를 오가며, 또 많은 시간이 흘러가면서 오욕칠정이 서서히 떨어져 나가는 실상으로 보아 한번 경험으로 과연 무심도인의 경지를 체득하게 되는 것인지 의문이 들지 않을 수 없다.

도인의 흔적들이 여기저기 단편적이지만 전해지는 것을 보면서 드물게나마 그 경지에 우뚝 선 고인들의 지나간 흔적에 감사하면서도 참으로 안타까운 마음이다. 한마디 간단한 언구나마 남김으로써 후학들에게 지침이 되는 큰 도움을 준 점은 감사하지만 좀 더 상세한 기록을 좀처럼 발견할 수 없다는 사실은 안타깝기 그지없다.

4. 깨달음은 무엇인가

　석가족의 왕자 싯달다는 생로병사(生老病死)의 고통을 보고 출가하여 6년 동안 고행을 하였으나 금욕(禁慾)만으로는 아무런 깨달음을 얻지 못하자 불타가야의 보리수나무 아래 앉아 사유(思惟)하여 35세에 깨달음을 얻으니 대오철저(大悟徹底)하여 불타가 되었다.

　세존은 깨달음이란 드러내 놓고 보이고 가르치고 증명할 현상이 아니어서 마음에서 마음으로 전한다[以心傳心]하여 가섭(迦葉)에게 인가하여 물려주었고 같은 방법에 따라 달마에 이르기까지 스승에서 제자에게로 전승되었다.

　이와 같이 사자전승(師資傳承)에 의해 깨달음의 정법은 인도에서 28대에 걸쳐 계승하였다고 신회(神會)와 보림전(寶林傳)은 주장하고 있다. 중국에서는 달마를 시작으로 6조 혜능까지 정법이 전해왔으며 혜능 이후에는 마조도일(馬祖道一)의 이름에서 조사(祖師)라는 명칭을 사용하면서 여러 분파의 수장들이 조사가 되어 부처의 반열에 오르게 되었다 한다.

　마음에서 마음으로, 스승이 제자에게 전하는 이 같은 깨달음이 많은 사람들에게 관심의 대상이 된 것은 당연한 일이다. 한 스승이 수많은 제자를 두었는데 전승자는 왜 한 사람뿐일까. 정작 깨우친 사람은 더 없었는가. 깨달으면 삼계육도의 모든 중생계를 꿰뚫어 모르는 일이 없다고 하는데 과연 정말일까. 모든 선서들이 깨달음을 말하는 반면 어떤 사람은 깨달음은 없다고 말하였다 하는데 왜 일까. 깨달음이 이뤄지면 육신통(六神通)을 얻게 돼 세상을 마음대로 휘저을 수 있을 텐데… 등의 의문이나 호기심이 생기는 것이 마땅할 것이다.

《쿤달리니 각성, 누구나 할 수 있다》를 펴낸 이후 상당수의 사람들이 신통을 바라고 나를 방문하였다. 쿤달리니를 각성하고 완성하는 과정에서 육신통이라 할 만한 현상이 없지는 않았지만 깜짝 놀랄 정도의 신통을 10여 명의 쿤달리니 각성자들을 지도하는 중 아직 경험하지 못하였다. 깨달음의 과정에서 얻어지는 부산물 가운데 하나가 신통임은 틀림없다. 신통은 수행과 별도로 강한 정신집중에서 나온다는 믿을 만한 설은 있지만 이 신통은 수행하는 데 장애가 될 뿐이므로 생각 자체를 금하고 있다.

도인들이 신통을 부렸다는 항간에 나도는 전설이나 소문은 있지만 이는 어떤 사람을 과대 포장하기 위해, 또는 그 시대의 소망을 담아 꾸며낸 잘못 전해진 이야기라 짐작한다. 바른 공부를 하여 도를 이룬 깨우친 자는 설령 신통력을 터득하였다 하더라도 사람들을 상대로 사용할 까닭이 없기 때문이다.

신통은 사람들을 끌어모으는 데는 좋은 방법이겠지만 신통을 방편으로 삼는다고 하더라도 중생들을 근원적이기는커녕 일시적으로도 구제할 수 없다. 사람들이 모이면 더 이상 공부할 수 없게 되고 게다가 십중팔구 화근이 되기 십상이다.

깨달음이 없다고 말하는 사람도 있다. 인도의 유지 크리슈나무르티는 그의 책에서 깨달음이란 없다고 주장하여 화제가 되었다. 이

같이 말한 사람은 중국에도 있다. 혜능이 왕의 사신인 설간에게 '도는 필경 얻을 것도 없고 깨칠 것도 없다' 하였고 묵조선의 종장인 굉지도 '수행과 깨달음이 따로 없다' 하였다.

이외에도 이같이 말한 사람은 여러 명 있다. 맞는 말이지만 그렇다고 옳은 것도 아니다. 깨달음을 수행의 최고 목표로 하면서 한편으로는 깨달음이 없다고 하는 것은 왜 일까. 깨달음에 대해 선사들은 한결같이 말로 표현할 수 없다 하여 그 진의를 찾아볼 수 없다.

내 나름대로 공부하면서 깨달은 과정을 간단히 기술하고자 한다. 진아의 구현을 최종 목표로 하는 과정은 크게 유상삼매(有相三昧)와 무상삼매(無相三昧) 두 과정으로 나뉜다. 유상삼매는 끊임없이 계속되는 생각의 연속에서부터 생각의 작용이 기능하지 않지만 의식이 존재하는, 한 생각[一心]으로 표현되는 견성 내지 초월 단계까지의 과정이다. 여기까지는 의식이 존재하는 자리이다.

무상삼매는 말 그대로 생각뿐 아니라 생각이 일어나기 전의 의식마저 완전히 소멸한 자리로 진아 구현까지의 과정이다. 유상삼매에는 쿤달리니 각성 과정과 완성, 견성을 나타내는 전의(轉依)와 초월까지 해당하며 무상삼매에는 초월 이후부터 생각이 진공(眞空) 상태인 무상삼매와 '참 나'의 구현까지 포함한다.

여기서 생각이 있다 없다 함은 초월단계 이전에는 삼매에 들었을 때의 경우를 뜻하나 초월 이후에는 명상시간은 물론 실생활에서도 자주 드러나는 현상은 아니지만 불현듯 아무 생각도 하지 않고 있는 상태를 체험하게 된다.

무상삼매의 경지를 체험하고 나면 생각하는 기능이 미세해지면서 어느 정도의 세월이 흐르면 특별한 경우가 아니면 머리의 기능이 완전히 정지된 것처럼 여겨진다. 머릿속 생각의 명령이 아니라 순간순간 생각 없이 말하고 대응하고 행위한다.

그러나 어떤 상황에서도 말과 행위들이 적절하게 구사된다. 이런 행위들은 머리나 마음 등의 역할 없이 어디서 연유하는지 알 길 없지만 구김살 없이 잘 수행해 낸다. 이 현상을 적절하게 표현한 내용이 응무소주(應無所住) 이생기심(以生其心)이라 생각한다.

사실 깨달음이 특별한 감응 같지만 사람들은 끊임없이 깨달으며 살아 간다. 깨달음은 생활 속에서 발견되어 생활양식에 적용하고 응용하기 때문에 생명의 활력소라 할 수 있다. 어느 날 우연히 '나는 무엇인가' 등 자신의 내면으로 향하는 의문이 들어 참선이나 명상을 하게 되었다면 그 순간 바로 수행자가 된 것이고 그때부터 얕고 깊은 차이는 있지만 영적이고 종교적인 깨달음을 접하게 된다.

명상 수행이 쉬운 일은 아니다. 다리가 저리고 지루하고 답답한 순간을 참고 견디면 서서히 내면의 진화가 이루어지면서 그에 비례하여 깨달음의 심도도 깊어진다. 불교에서 말하는 돈오와 점오이다.

초등학교를 졸업하고 원하면 누구나 중학교에 진학한다. 초등학교와 중학교는 연속된 교육이지만 작은 차원의 차이가 있어 비약적 발전을 이루듯이 명상하면서 관련 경전들을 참고하다 보면 해오가 쌓이고 깊어져 어느 날 오감의 한계를 훌쩍 뛰어넘어 돈오의 견성하는 순간이 오기 마련이다.

돈오다 점오다 하는 논쟁은 무의미하여 특별한 차이가 있는 것이 아니다. 해오의 바탕 없이 수행할 사람은 없을 테고 설령 있다 하더라도 자신이 무엇을 했는지 알 수 없게 된다. 왜냐하면 반야심경의 이무소득(以無所得)이나 세존의 '위 없는 바른 법은 마음이 본래 얻은 것이 없다'라는 말처럼 이 공부는 얻을 것이 없어서 견성을 하고 진아를 체득해도 당사자는 자신이 무엇을 이루었는지 알 수 없다는 것이다.

나도 내가 무슨 체험을 했는지 전혀 의미를 모르다가 관련 서적을 보고서야 인지했을 정도이다. 가지고 있던 오욕칠정이 언젠가 내 손에서 사라져 없어지고 세상에서 쓸모 있는 것은 모두 버린 셈이 되었고 어떤 것도 얻은 것이 없으니 깨달음이 없다 해도 틀린 말은 아니다.

사람이란 다섯 가지 감각으로 만들어진 가죽 주머니에 불과하다. 감각이 아무리 나름대로 민감하고 날카롭다 해도 가죽 부대의 벽을 뚫고 나올 수는 없다. 그래도 간혹 이 한계를 초월하는 사람이 있어 우리의 본질을 밝혀준다.

그런데 그 사람들의 말이 모두 옳은 것은 아닌 듯한 인상이 적당히 남의 말을 빌려 얼렁뚱땅 둘러대는 경우도 간혹 있는 듯하다. 정상적인 사람의 몸으로서 무심의 자리에 오르는 것이 그만큼 어렵다는 뜻이다. 그래서 전문적인 수행자들도 대부분 중도에서 포기하고 만다.

수행자가 호흡을 제대로 바라보거나 생각을 한군데 효과적으로 붙들어 맬 수 있다면 일단 성공적이다. 나아가 생각을 쳐다봄으로써 생각과 생각 사이의 빈 공간을 본다면 대단한 성공이다. 인간의 한계점에 거의 다다른 것이다. 상대세계 차원의 벽 밑에 서서 까마득하게 솟아 있는 벽을 쳐다보고 있는 셈이다. 이제 이 벽을 넘어야 한다. 이 벽을 넘어 초월의 자리에 들어서야 공의 의미를 알게 되고 자아의 실마리가 드러나기 시작한다. 이 시점에서 차원의 벽을 훌쩍 뛰어넘어야 하는데 사람의 육체와 정신 조건으로는 거의 불가능하다. 천우신조로 넘어간 사람이 있지만 그 사례가 극히 드물다. 그래서 필요한 것이 쿤달리니의 각성이다.

아예 공부를 시작하기 전에 각성하면 견성을 지나 진아까지의 종착지를 가는 데 비행기나 고속도로를 이용하듯이 편히 갈 수 있다. 수행으로 온갖 고통을 참고 이겨 오감의 벽 아래 와서 자신도 모르는 사이 돌발적으로 각성한다면 그래도 이 수행자는 참으로 운이 좋은 사람이다. 벽을 뚫고 넘어갈 사다리를 얻어 적어도 이번 생에서 공부를 끝내 멸도에 드는 길이 가능해지기 때문이다.

생각하는 작용이 정상적으로 움직이면서 명상하는 경우의 깨달음에 대해서는 그동안 수많은 수행자들을 통해 잘 알려져 있으므로 생략하고 쿤달리니를 각성하고 난 후의 느낌을 피력해 본다.

요컨대 깨달음이란 지고한 직감도 아니고 하늘이 무너지고 땅이 갈라지는 큰일도 아니며 세상을 송두리째 파악하는 요술방망이도 아니다. 쉽게 말해 생각이 바뀌는 정도로 간주하는 것이 타당하다.

생각이 바뀐다는 것도 간단히 생각하자. 영어단어 외우기가 어려워 쩔쩔매던 어린 학생이 자신만의 방법을 이용했더니 기억하기 아주 쉽게 느꼈다면 그것이 생각이 바뀐 것이고 바로 깨달음이다.

쿤달리니가 각성되면 미저골에 압박이 가해지면서 샥티가 등줄기를 타고 오르기 시작한다. 이 기는 자율신경이 잘 정돈된 사람은 목 부위의 비슈다 차크라가 있는 자리까지 순조롭게 올라간다.

그러나 자율신경이 정돈되지 않은 채 어느 날 갑자기 자연 각성한 경우에는 손상되거나 장애가 생긴 신경회로를 복원시키기 위해 쿤달리니 샥티는 치유작업에 돌입한다. 이때 기는 온몸을 회오리처럼 감돌면서 취약한 곳을 정비하는데 이 육체의 정비 작업으로 인해 엄청난 고통에 휩싸이게 된다. 이때 육체의 변화나 고통을 못

이겨 병원을 방문하지만 현대의 첨단 의술로도 원인을 찾지 못한다. 이 고통은 육체가 아닌 영적차원의 현상이므로 의사들도 이유를 알 수 없어 결국 정신질환으로 진단하고 신경과나 정신과로 이관된다. 자연 각성하여 나를 찾은 사람들이 이 같은 경로로 신경과를 거친 경험을 대부분 갖고 있었다. 고피 크리슈나가 기록한 자신의 각성 체험으로 인한 고통은 특히 유별난 경우에 속한 듯하다.

내가 만난 자연 각성자들은 대부분 수행다운 수행을 하지 않은 상태에서 각성한 경우여서 상당한 고통에 노출된 것으로 드러났다. 그러나 정상적이고 법에 따른 수행을 한 사람들은 의외로 큰 고통을 느끼지 않았다.

목까지 올라온 기는 양쪽 귀 뒤를 통해 두뇌 속으로 들어가 약전(弱電) 같은 형태로 지글거리며 고통을 느끼게 한다. 머리에서는 자연 각성이든 인위적인 각성이든 동시에 힘든 시간을 보내야 한다. 머릿속에서 광란을 부리던 기가 얼굴을 지나 목구멍을 통해 가슴 쪽으로 내려가면 이제까지 힘들게 지내왔던 시간이 언제였던가 싶게 머리는 구름 한 점 없는 가을 하늘같이 맑아진다. 이 시점을 쿤달리니의 완성이라 이름 하였다. 쿤달리니가 명상수행을 제대로 할 수 있도록 몸을 완전히 정화하고 정상화시킨 것이다. 이 자리에선 요기를 요가경전은 '영원한 삼매에 든 성자'라고 칭하고 있다.

쿤달리니 수행자나 관심이 있는 사람들은 쿤달리니의 각성을 두려워한다. 고피 크리슈나의 각성 체험처럼 극심한 고통을 주위에서 목격했거나 이를 경계한 요가 서적 때문일 것이다.

앞에서도 말했다시피 고피의 경우 특별히 어렵고 고통스럽게 각성한 사례일 뿐이다. 나를 비롯, 내가 만난 10여 명의 각성자들은 누구도 그처럼 어렵고 고통스러운 상황을 경험하지 않았다.

쿤달리니가 각성되고 완성되면 평생 건강에 대해 염려할 필요 없다. 특히 머리의 상태는 항상 맑음을 유지하므로 명상하는 데 최적이다. 여기까지 오는 동안 최신의 정밀한 의학도 밝히지 못한 특이한 현상이 자신의 몸에서 일어나고 있다는 경험을 통해 나와 몸이 하나가 아니고 별개의 것이라는 깨달음을 얻게 된다.

다음 완성단계에서 천인합일(天人合一)이란 찬란한 빛의 향연과 초능력을 체험할 뿐만 아니라 여러 종류의 영적 체험도 겸하게 된다. 이 시점을 지나면 몸이 나라고 생각하는 사람은 없어진다. 몸은 내가 타고 있는 자동차 정도로 간주해서 일체감보다 소속감으로 인식하게 된다. 특이한 일은 신(神)도 나와 다를 바 없다는 생각, 신과 달리 몸이라는 옷을 입고 있을 뿐이라는 의식이 자리잡게 된다.

쿤달리니를 각성하면 그때부터 진아를 현성하여 공부를 마칠 때까지 줄곧 빛과 함께한다. 이런 것들이 모두 깨달음이다.

완성하기 전에는 명상을 하면 인간의 차원을 넘는 약간의 영적, 또는 신통 등의 신비한 현상들을 체험할 수 있지만 엄청난 기의 흐름으로 명상의 집중도는 각성 전과 별다른 차이가 없다. 그러나 완성한 후의 명상에서는 집중도가 갑자기 높아져 명상단체들이 추구하는 신비한 수행법이나 목표점들을 쉽게 소화할 수 있게 된다. 생각을 관(觀)하면 생각과 생각 사이가 쉽게 단절되어 빈 공간이 생기는 것도 인식하게 된다.

이 시점에 오면 수행자는 기초적이긴 하지만 나름대로 영적차원이나 깨달음에 대해 자기 목소리를 낼 수 있게 된다. 자신이 죽고 태어나는 존재가 아님을 인지하고 자신은 신적(神的)인 존재이고 처음과 끝이 없이 존재하고 있다는 사실도 알게 되었기 때문이다.

생각과 생각 사이의 빈틈을 의식하면서 계속 정진하면 마치 고속 엘리베이터를 타고 밑으로 쑥 내려가는 듯한 감각을 느낀다. 이때부터 영적차원의 망상도 초능력의 허상도 점점 엷어져 오래지 않아 보지도 느끼지도 못하게 된다. 동시에 처음에는 별로 느끼지 못하지만 시간이 지나면서 점점 삼매가 깊어짐을 인식한다. 밑으로 가라앉는 듯한 감각이 빨라지고 깊어지는 느낌이 들면서 머리 상태가 맑음을 넘어 아주 초롱초롱할 정도로 성성해진다.

완성 이후의 명상은 오직 생각을 쳐다보는 방법으로만 행하는 것이 시간을 최대한 단축하는 길이다. 내가 처음 명상할 당시에는 스승도 없었고 명상에 관련된 책도 없었기 때문에 상당히 오랫동안 영안(靈眼) 개발법을 이용하였다. 그러나 후학에게는 생각을 관하도록 지도하였더니 예상대로 효과도 좋았고 속도도 훨씬 빨랐다.

생각과 생각 사이에 느끼는 공간이 어느 정도 벌어지면 생각이라 할 수 없지만 생각이 되다만 것 같은 의식의 움직임을 한동안 느끼게 된다. 앞에서 말했다시피 나는 이 같은 현상을 옛사람들이 말한 미세망념으로 인식하고 있다. 미세한 망념이라고 설명하는 내용들이 이 현상을 느끼는 감각과 매우 흡사하기 때문이다.

쿤달리니 각성 후의 명상은 빛과 함께하는 여행이라 하였다. 한 단계 한 단계 넘어갈 때마다 그 경지에 알맞은 빛이 감싸거나 비춘다. 마치 꽃비가 내리는 듯한 환상을 일으키기도 한다. 쿤달리니를 완성한 이후는 휘황찬란한 오색 빛이지만 점점 색깔의 숫자가 줄어들고 단순화되다가 무상삼매의 단계에 가까워지면서 흰색으로 변한다.

흰색이라 하지만 흰색에도 감도가 천차만별이듯 정묘하지 않은 흰색에서 시작하여 진아의 투명하고 싸늘한 감촉을 가진 무색투명

광까지를 이 차원에서 체험하게 된다.

미세망념이 사라지면 이제 불교에서 말하는 무심의 경지로 진입하는데 진입 첫머리에서 느끼는 감각이 바로 승묘(勝妙)경계이다. 이 경지에 대해 달마는 다음과 같이 말했다.

"바깥으로 온갖 반연을 쉬고 안으로 마음에 헐떡임이 없어서 마음이 담장 같아야만 큰 도에 바로 들어갈 수 있다. 한 생각도 나지 않고 앞뒤 경계가 끊어져서 번뇌가 단박 쉬고 혼침과 산란을 끊어 없애 종일토록 전혀 분별이 없어 진흙으로 만들거나 나무로 깎은 상과 흡사하니 그러므로 담장과 다름없다 하였다. 이런 경계가 나타나면 바른 깨달음의 고향에 도달하는 소식이 멀지 않았다."

옳은 말이다. 앞에서 설명한 바와 같이 이제 한 생각의 초입에 들어 선 것이다. 바른 깨달음의 고향에 도달한다는 소식이 멀지 않았음이 확실하다. 이 경지를 두고 대혜(大慧)는 이와 같이 말한다.

"쉬고 또 쉬며 한 생각이 만년이며 앞뒤 경계가 끊어진다 하니 제방총림에 몇 사람이나 이 깊고 깊은 경지에 도달하였겠는가. 진정은 이것을 승묘경계라 불렀으니 옛날 보봉(寶峯)의 광도자(廣道者)가 바로 이런 사람이다. 참으로 한 생각도 나지 않고 앞뒤 경계가 끊어진 승묘경계에 도달해서는 바로 큰 스님을 찾아뵙고 물어야 함을 알아야 한다."

승묘경계란 앞뒤가 끊어져 선문(禪門)에서는 '죽어버리고 살아나지 못한 것'이라 하여 극력 경계한다. 여기서 철저히 깨쳐 활연히 살아나야만 바른 안목[正眼宗師]이라 하여 깨달음을 인가하였다.

이 경계에서는 생각의 움직임도, 흔들림도 없고 나라는 인식도 없는 무심경계여서 앞뒤 경계가 끊어졌다고는 하지만 죽었다거나 살았다는 표현을 쓸 정도는 아니다. 다만 온전한 사람으로서 갈 수 있는 최극단 지점까지 왔으므로 그처럼 표현했으리라 짐작한다. 이 경지에 대해 원오(圜悟)의 설명을 치기로 보아야 할지 참으로 난감하다.

"크게 죽었다가 살아나는 이 깊은 곳은 옛 부처님도 도달하지 못하였으며 천하 큰스님들도 역시 도달하지 못하였으니 설사 석가와 달마라도 반드시 다시 참구하여야 한다. 그러므로 다만 달마가 알았다고는 인정하나 깨달았다고는 인정치 않는다."

쿤달리니를 완성하고 명상을 하면 이 경우처럼 의식을 제어하지 못하여 정체되거나 헤맨다는 의미의 어려움은 없다. 곧 이어 의식이 마치 컵 속의 물처럼 움직임이나 흔들림이 전혀 없는 평면(平面) 같은 의식의 광장(廣場)을 감지하게 된다. 바로 무심, 무념, 무상, 무주의 자리다. 선가의 견성의 자리며 요가의 진아의 자리다.

이 자리에 옴으로써 이를 증명하는 의식(儀式)이 거행된다. 즉 오감으로 형성되는 생각이 멎었으므로 오감을 초월했다는 의미로 드러나는 현상인데 깊이 가라앉은 명상에서 *나*라고 생각되는 빛 덩어리[光球]를 보게 된다.

그러나 이 경계는 석가모니가 새벽별을 보았다는 자리인데 바라보는 나와 보이는 내가 합일이 되지는 않는다. 명상에서 나오면 마치 고목의 그루터기나 돌덩이 위에 올려 놓은 것 같은 감각을 느낀다. 이 자리를 나는 초월의 경지라 이름 붙였다.

여기서 덧붙이고 싶은 것은 명상의 각 단계인 쿤달리니의 완성이나 초월의 경지, 무상삼매의 자리 등에서 일어나는 느낌들은 그 단계의 끝 지점에서 강렬하게 인식되는 느낌을 표현한 것이다.

불교에서는 특수한 한 번의 경험이라고 하였지만 쿤달리니를 동반한 수행자는 단계마다 처음에는 약하게, 마지막에는 선명하게 서서히 발전하여 가는 체험을 한다. 한 번이 아니라 셀 수 없이 많지만 분명 진화가 감지되는 체험들이다.

여기까지 오는 동안 느낀 감각이나 의식이 유상삼매 중 체험한 깨달음이라 할 수 있다. 요컨대 사람은 죽고 사는 존재가 아니라 신이면서 육체를 가진 신인(神人)임을 알게 될 뿐만 아니라 오욕락(五慾樂)을 상당 부분 자신도 모르게 내려놓았음을 깨닫게 된다.

"놓아라 놓아라" 하지만 사람이게 하는 오감의 작용을 내려놓겠다고 해서 놓아진다면 사람이라 할 수 없고 구태여 수행할 필요도 없을 것이다. 이 지점에서 볼 때 얻을 것이 없다고 하는 경전이나 선지식들의 말이 들어맞는다고 할 수 없을 것이다. 왜냐하면 오욕락이 상당히 감소했다 하지만 감각이나 의식으로 배운 부분이 적지 않기 때문이다.

이제 무상삼매에서의 깨달음에 대해 알아보자. 경전이나 선가에서는 무심, 무아, 무상 등 없을 무(無)자를 많이 쓰지만 생각 작용이 없는 선명한 의식은 존재해야 한다는 것이 대명제이다.

열반경 애탄품에 "여래가 불법에는 내가 없다고 하였으니 중생을 조복하기 위한 것이며 시기를 아는 까닭이니라. 그래서 나라고 할 것이 없다고 하다가 인연이 있어 또 내가 있다고 하였으니…"라는 구절이 보인다.

세존께서는 중생들을 제도하기 위해 우선 내가 없다는 무아법(無我法)을 가르쳤다는 설명이다. 이 무아의 자리 역시 오감의 벽을 뛰어넘어야 체험하는 경지이다.

이보다 훨씬 더 깊숙한 곳에 있는 절대 공의 자리인 무상삼매의 경지나 진아 구현의 자리는 사람들로서는 상상조차 할 수 없는 단계다. 그러나 열반을 앞두고 인연이 있는 자들이 올 것에 대비하여

'내가 있다'라고 하여 진아의 존재를 밝히고 있다. 이 진아의 존재를 설함으로써 세존이 쿤달리니를 각성하고 완성하였으며 그 힘을 빌려 무상삼매의 자리를 거쳐 진아를 구현했음을 알 수 있다. 인체의 구조로는 쿤달리니의 힘을 빌리지 않으면 이 자리에 오는 것이 불가능하기 때문이다.

유상삼매의 초월단계를 지나면 이미 생각 기능이 없는 명료한 의식만이 남아 있다. 이 시점부터는 의식은 물론 직감도 없고 오직 의식의 바탕만 비출 뿐 명상은 적정현(寂靜玄) 같은 기운에 감싸여 있다. 동시에 실생활에서도 서서히 생각 끊어짐의 현상이 잦아지고 사물을 보더라도 분별이 없는 비춤의 농도가 점점 깊어진다.

무엇을 갖겠다는 생각, 바라고 기대하는 생각, 예쁘고 밉다는 생각, 옳고 그르다는 생각, 불안하고 초조하다는 생각, 기쁘고 행복하다는 생각, 외롭고 고독하다는 생각, 의존하고 의지하고 싶다는 생각 등 사람이 사람과 더불어 살면서 기본적으로 갖추고 있는 욕망과 질서, 가치의식, 그리고 신에 대한 생각까지도 점점 희미해 엷어진다. 이제 울타리 안에서 서로 애증을 나누는 같은 사람이 아니라 울타리 밖에서 울타리 안의 사람들의 생활을 그냥 쳐다보는 국외자가 되면서 사람들이 더불어 사는 방법이 사람들에게는 가장 효과적인 방법임을 인지하게 된다.

그 생활 속에는 애증이 있고 투쟁도 있으며 온갖 선악과 미추(美醜)가 있지만 이런 모든 것들이 어우러져 사람들에게 가장 잘 어울리는 사회를 이루었음을 본다. 모든 사물들이 각각 제자리에 있음을 본다. 있는 그대로가 바로 너와 나의 상대세계의 모습이어서 무엇 하나 버릴 것 없고 더할 것 없다.

이러는 사이 명상 가운데 한 생각마저 뚝 끊어지는 자리가 나타난다. 이 자리에는 그나마 존재하던 한 생각이라는 기초적인 의식마저 사라진 공(空)의 세계가 펼쳐진다. 철저한 공의 세계이다. 이 경지에서는 명료하다든지 뚜렷하다는 등의 머리와 의식, 감각상태의 어떤 표현도 자리 잡을 틈이 없다. 완전히 모든 것이 정지된 자리이다. 이 자리를 나는 무상삼매(無相三昧)라 이름 지었다.

선가에서 견성은 일회성의 특수한 체험이라고 전해진다 하였다. 일반적인 사람의 육체로는 참담한 고통을 이겨낸 수행에도 불구하고 겨우 한 번 번쩍하고 초월과 같은 경지의 맛을 볼 수 있다. 그러나 쿤달리니를 통하면 초월의 체험보다 더 고차원의 체험을 한두 번이 아니라 계속하게 된다. 그 방법에 대해서는 공부하는 방법 편에서 다시 설명하겠다.

무상삼매의 끝을 지나 자리 잡고 명상에 들면 깊은 삼매 대신 가슴 깊숙한 내면에서 '나는 무엇인가' 하는 화두와 같은 울림이 들려온다. 이 울림에 따라 밖에서 가볍게 자신의 육체를 쳐다보면 무색투명한 빛의 광구(光球)가 출현한다. 이 빛은 너무나 찬란해 심안(心眼)으로도 눈이 부시며, 시리다 못해 써늘한 감촉을 온몸으로 느끼게 된다. 동시에 광구가 나라고 인식되며 광구에 빨려들듯 흡수되면서 하나[合一]가 된다. 그리고 다시 모든 것이 정지된다. 이것이 진아(眞我)이며 참 나이다. 세존께서 열반경에서 '내가 있다'고 교시한 그 참 나인 것이다.

이상 깨달음의 과정과 깨달음의 내용을 살펴보았다. 초월 이전의 깨달음은 현상 속에서 또는 명상 중의 삼매라 하더라도 의식이 있는 가운데 느낀 깨달음이라 얻음이 없다고 말하기 어렵다. 그러나 초월 이후의 깨달음은 의식 자체가 없기 때문에 의식이 받아들인 것이 아니다. 그러므로 얻을 것이 없고 배울 것도 없다는 말이 옳은 것으로 간주된다. 이때 수없이 많은 중생계에서 살면서 터득한 오욕칠정(五慾七情)의 상당 부분을 자신도 모르게 내려놓아 버린 그 시각으로 세상을 보는 자기 자신을 발견함도 큰 깨달음이다.

자료를 찾기 위해 책을 섭렵하면서 불성에 대한 개념이 불교 안에서도 종파에 따라 모두 다르고 학자들의 생각도 각각 다른 것을 확인하였다. 불성에 대해서 대체로 통설로 여겨지는 구절이 있어 인용한다.

"불성은 선악의 무엇이나 될 수 있는 잠재적 가능성을 감추고 있는 것으로서 소위 성품이 없고[無性] 모양이 없으며[無相] 주체가 없는[無我] 것이다. 이리하여 불성이란 번뇌에 상대한 대상으로서의 존재가 아니다.

불성이란 일체 만법의 성질이 정해져 있지 아니함[不定]을 의미하는 것으로서 우주 삼라만상[萬法]의 밖에 달리 불성이라는 별다른 존재가 있는 것이 아니다. 만법이 연을 만나 각가지로 변화해 가는 것이 불성이다.

따라서 불성은 무자성공(無自性空)으로 연에 따라 어떤 현상으로 나타나는 것이어서 고정된 성격으로 한정할 수 없다. 이리하여 일체만법의 실체인 무자성은 중생의 번뇌망상에 휘둘린 감정[妄情]을 만나면 어지러운 세상[迷界]이 되고 부처의 지혜를 만나면 깨우침[悟界]이 된다. 번뇌가 되기도 하고 보리가 되기도 하는 것은 불성이 무자성공이기 때문이다."

이 논거의 근거는 열반경의 "선남자야, 일체의 유위(有爲)는 모두 무상이다. 허공은 무위(無爲)이므로 상(常)이다. 허공은 불성이고 불성은 곧 여래다. 여래는 무위이고 무위는 곧 상이다. 상은 곧 법이고 법은 곧 승(僧)이다. 승은 곧 무위이며 무위는 곧 상이다"라는 구절에서 연유한 것이라 한다.

우선 열반경의 위 구절에 대한 내 의견은 다음과 같다. 유위(有爲)는 색이고 항상 일정하지 아니하므로 무상(無常)이다. 그러므로 색은 바로 공이다. 이 허공은 또 색이라는 의미로 사용하여야 하는데 생멸변화가 없는 상주절대의 법 즉 무위(無爲)라 하여 영원한 것[常]이라 하였다. 바로 공중무색(空中無色)의 의미로 사용하였다.

반야심경은 색이 공이고 공이 색이라 하면서 모든 법이 공한 모양을 설명한다. 그러다 갑자기 공 가운데 색이 없다[空中無色]고 하였다. 공 가운데 색이 없다는 이 어귀를 사람들은 단순히 색은 공이다 하는 연장선상의 내용으로 파악하는 것 같다. 불성을 색즉시공, 공즉시색의 기초단계의 공으로 보는 것이 오류가 발생한 원인이라 생각한다.

금강경의 '형상이 그 형상이 아님을 보면 즉시 여래를 본다'라는 내용은 분명 색즉공, 공즉색의 내용과 같아서 공 자체를 여래로 보는 것은 일견 타당하다고도 할 수 있다. 언제든지 색이 될 수 있는 가능성을 가진 기초적인 공을 무위로 단정하여 불성으로 판단함으로써 이 공을 무위나 상(常)과 동일시하였다는 것은 바른 해석이 아니라는 생각이다.

색이 공이란 것을 알아차리는 자리가 바로 일념의 자리이자 견성의 경지요 오감을 초월하는 자리다.

일념의 자리가 공으로서는 첫 지점에 불과하지만, 사람으로서 가기가 지극히 어려운 일이긴 하나 그래도 가는 것이 가능하다고 생각되는 이 지점에 여래를 놓고 사람들을 유혹한 것이다. 그래서 공중무색 즉 절대 공의 자리가 일념의 자리와 동일하다고 사람들은 오해한 것이다.

여기에 대한 해답이 열반경의 애탄품에서 설한 내용이다. "여래가 내가 없다[無我]고 말하였으니 중생을 조복하기 위한 것이며 시기를 아는 까닭이니라. 그래서 내가 없다고 하였다가 인연이 있어 또 내가 있다[有我·眞我]고 하였으니…"

세존은 *참 나*의 존재를 밝히고 싶었지만 사람의 육체 구조로는 도저히 접근이 불가능한 탓에 이해할 수 없는 경지였으므로 묻어둔 채 중간 단계인 무아설을 가르쳤다. 그러나 *참 나* 경지의 가능성을 반야심경과 열반경에 숨겨둔 것이다.

'색이 공이다'의 경지는 항상 변할 수 있는 자리여서 불성이나 여래라 지칭하기에 부적절하지만 아니라 할 수도 없다. 그러나 '색이 없는 공'의 자리는 무상삼매의 자리이고 절대 공의 자리이며 이 단계에서 무위를 체득하므로 무위이고 이는 변하지 않고 영원하므로 상(常)이라 하는 것이다.

따라서 저차원의 공의 의미로 보는 불성이 선악의 어느 쪽이나 될 수 있다는 말은 틀린 말은 아니지만 옳은 관점으로 볼 수도 없다. 만법의 틀에 구속되는 유한하고 한계가 있는 체성으로 보고, 이것도 되고 저것도 되는 식의 안목은 잘못된 이해라는 것이 내 견해다.

5. '참 나'란 있는가

견성의 경지에서도 아직 갈 길이 멀다 하였다. 불교의 경전이나 선가(禪家)가 남긴 책들에서 내가 접한 최고의 경지는 무념과 무심, 또 비사량으로 불리는 생각이 일어나지 않으면서도 뚜렷한 의식만이 존재하는 한 마음의 자리다. 이 자리가 견성이고 성불이며 무생(無生), 돈오, 무여열반, 묘각이라 하였다.

참으로 이 자리가 깨달음의 종착지인가. 후학들에 떠밀려 요가와 선에 관한 서적들을 읽으면서 회의를 느끼지 않을 수 없었다. 왜냐하면 내가 체험한 바로는 선가에서 견성이라고 주장하는 한 생각의 자리를 지나 그 또렷한 의식마저 소멸하는 자리가 있기 때문이다.

뿐만 아니라 그 다음 *나*라고 여겨지면서 의식이 빨려 들어가 하나가 되는 휘황하고 싸늘한 빛을 발하는 투명한 광체(光體) 즉 참 나를 발견하였다. 이와 같은 체험에 대해 비록 소수에 불과하지만 내가 읽은 경전에서는 찾을 수 없었고 참선이나 요가 서적에서도 발견할 수 없었다.

내가 쿤달리니의 힘을 빌려 명상을 한 까닭에 사람들이 전혀 가 보지 못한 곳까지 너무 멀리 왔을까. 아니면 선가에서 경계하는 무기공(無記空)에 빠져 엉뚱한 헛것을 본 것은 아닐까 하는 의문에 부덮쳤다.

쿤달리니를 통한 명상이긴 하지만 역시 요가의 경전을 통해 전해져 왔고 나 혼자만 각성한 것이 아님은 분명한 사실이다. 그렇다면 어딘가에는 견성의 자리라는 무심의 경지보다 더 깊은 경지에 대한 단서가 있지 않을까 하는 막연한 기대와 의구심을 금치 못했다.

따라서 쿤달리니에 관한 이 책의 저술이 참으로 망설여지지 않을 수 없었다. 그러던 중 2006년 5월초 국립도서관에 들러 무심코 들춰본 열반경에서 그 근거를 찾았다. 책을 펼쳐 보는 순간 다음과 같은 내용이 눈에 번쩍 띄었다.

"여래가 불법에는 내가 없다고 말하였으니 중생을 조복하기 위한 것이며, 시기를 아는 까닭이니라. 그래서 나랄 것이 없다[無我]고 하다가 인연이 있어서 또 내가 있다[有我]고 하였으니 저 명의가 우유의 약되는 일과 약되지 않는 일을 잘 아는 것과 같은 것이고, 범부들이 억측하는 나라는 것과는 같지 아니하니라.

범부나 어리석은 사람이 나라고 억측하는 이는 혹은 크기가 엄지손가락 같다 하고 혹은 겨자씨 같다 하고 혹은 티끌 같다고 하거니와 여래가 말하는 나란 것은 그런 것이 아니니라. 그러므로 모든 법이 내가 없다고 하지만 진실로 내가 없는 것도 아니니 어떤 것이 나인가.

만일 어떤 법이 진실하고 참되고 항상(恒常)하고 주재가 있고 의지가 있어서 성품이 변하지 아니하면 이것을 나라고 할 것이니, 저 명의가 우유약을 잘 아는 것 같으니라. 여래도 그와 같아서 중생을 위하는 까닭으로 모든 법 가운데 진실로 내가 있다고 말하는 것이니, 너희 사부 대중은 이렇게 이 법을 닦아 익힐지니라."

〈哀嘆品〉

여래가 내가 없다 하는 무아(無我)를 설한 것은 전부를 밝힌 것이 아니라 아직 때가 되지 않아 사정상 그 일부인 무아만을 방편으로 가르쳤다는 의미이다. 무아라 하였다가 다시 내가 있다고 *참 나*[眞我]를 말하면서 사람들이 혹 잘못 알까 염려하여 이는 세상에서 말하는 *나*란 개념이 아님을 분명히 하였다. (<4. 깨달음은 무엇인가>에서 일부 언급한 부분이다.)

모든 법에 무아라고 하였지만 그 뒤에는 진실하고 참되고 상주하여 불변하고 성품이 변하지 않는 *참 나*가 존재한다는 것을 설한 것이다. 시기를 아는 까닭이란 정상적인 사람의 정신과 육체로서는 무심의 경지조차 이르기 지극히 어려운데 보다 훨씬 깊은 경지인 진아의 경지를 어떻게 세상에 내놓고 말할 수 있겠는가.

무심의 경지를 넘어 진아의 경지까지 가기 위해서는 반드시 필요한 것이 쿤달리니인데, 이는 수행자가 혼신의 힘을 다해 노력한다 해서 누구나 이루는 것이 아니라 어쩌다 한둘 정도 극소수 사람들만이 각성할 뿐이다. 각성한 이들도 완성이 되어야 하고 게다가 명상과 결부시켜 수행하지 않으면 도달할 수 없는 곳이어서 이를 드러내 놓고 밝힐 수는 없었을 것이다. 다만 일정시기가 되어 쿤달리니 각성법이 누구에게나 어렵지 않게 적용되어 일반화한다면 가능할 텐데 하고 애석해하는 마음을 열반을 맞아 고백한 내용이라 짐작한다.

이로써 세존께서 쿤달리니를 각성하고 완성하였으며 쿤달리니를 바탕으로 명상을 하여 성도하였음을 증명한 셈이다. 진아의 자리는 온전한 사람의 육체적·정신적 조건으로는 접근이 전혀 불가능한 곳이다. 여래성품에는 다시 진아에 대한 부연 설명이 있다.

"선남자야! 여래도 그러하여 모든 중생을 제도하려고 내가 없는 법[無我]을 닦으라 하였으며 그렇게 닦고는 나라는 마음을 아주 끊어 버리고 열반에 들게 하는 것이니 세간의 허망한 소견을 덜려는 것이며, 세간보다 뛰어난 법을 보이려는 것이며, 세간에서 나라고 생각하는 것이 허망하고 참이 아님을 보이려는 것이며, 내가 없는 청정한 몸을 닦게 하려는 까닭이니라.

마치 여인이 아들을 위하여서 젖에 쓴 것을 바른 것처럼 여래도 그러하여 공한 법을 닦게 하기 위하여 모든 법이 나랄 것이 없다고 말하였으며, 어머니가 젖을 씻고 아들을 불러 젖을 빨게 하듯이 나도 그러하여 여래장을 말하는 것이므로 비구들은 공포심을 내지 말아야 하며, 저 아이가 어머니가 부르는 말을 듣고 다시 와서 젖을 빨듯이, 비구도 그와 같이 여래의 비밀한 법장이 없지 아니한 것을 분별하여야 하느니라."

이 구절에서 무아행(無我行)을 닦아 아상을 없애고 나면 열반에 든다고 한 것은 세상에서 *나*라는 소견을 없애 주기 위해서 무아법(無我法)을 방편으로 가르쳤다는 의미이다. 사람의 능력으로는 무아법을 닦는 것도 참으로 어렵다.

게다가 진아까지의 수행과정을 내 놓으면 중생들이 모두 겁을 먹고 두려워할 것을 우려하여 생전에는 차마 말하지 못하다가 열반에 임해서 밝힐 수밖에 없었을 간절한 마음을 그리고 있다. 무아법을 닦고 난 후 여래의 성품 즉 참 *나*가 분명히 있다고 설한 것이다. 마찬가지로 열반경의 여래성품에서 한 구절을 더 참조해 보기로 하자.

"중생들도 선지식을 친근히할 줄을 모르는 연고로 여래의 비밀한 보배 광을 알지 못하고 내가 없는 것을 배우며, 성인 아닌 이들이 비록 내가 있다고 말하나 나의 참 성품을 알지 못함과 같이 나의 제자도 그러하여 선지식을 친근하지 못하므로 내가 없는 것을 닦으면서도 내가 없는 데를 알지 못하나니, 내가 없다는 참 성품도 알지 못하거늘 하물며 내가 있다는 참 성품이야 어떻게 알겠는가.

선남자야. 여래가 이렇게 중생들에게 불성이 있다고 말하는 것은 저 의사가 장사에게 금강구슬을 보여주는 것과 같으니 중생들이 한량없는 번뇌에 덮여서 불성을 알지 못하다가 번뇌가 없어지면 그때에야 증득하게 됨이, 마치 저 장사가 거울 속에서 구슬을 보는 것과 같으니라.”

이 구절은 중생들이 무아법을 배우기는 하지만 무아의 참 성품도 모르는데 이보다 훨씬 깊은 경지인 진아의 참 성품을 어떻게 알겠는가 하고 탄식하는 내용이다. 내가 없는 참 성품을 모른다는 말은 무념이나 무심의 자리마저도 다가서기가 너무 어려워 이마저도 알아차리기 지극히 어려움을 뜻하는 것이다.

내가 없다는 무념이나 무심 등 한 생각으로 대변되는 견성 또는 초월의 자리는 그런대로 조사들과 대덕들에 의해 그 실상이 상당 부분 밝혀져 현재에 전해지고 있다. 그러나 열반경에서 세존께서 존재한다는 *참 나*에 대해서는 내가 과문한 탓일까. 어떤 책에서도 이 구절을 인용한다든가, 어떤 방법으로든 접근하려는 노력을 보지 못하였고 아예 언급조차 전무한 실정이다.

앞에서 언급했고 또한 다시 설명하겠지만 견성의 자리를 지나 성성한 의식마저 완전히 소멸하는 자리가 있는데 이곳은 온전한 사람의 몸으로는 도저히 갈 수 없는 자리이다. 일심(一心)의 견성 자리에도 사람으로서는 거의 갈 수 없는데 이 자리보다 훨씬 깊은 곳을 사람으로서 어떻게 이해나마 하겠는가.

나는 이 자리를 무상삼매라 부르는데 이 상태에서는 생각이 일어나지 않은 채 또렷한 의식만이 자리 한, 그런 개념도 완전히 소멸하여 적멸의 상태 즉 진공(眞空)을 체험하게 된다. 이 무상삼매를 체험하면 곧 이어 진아를 체험하게 된다.

이상 열반경의 내용으로 미루어 세존께서는 견성보다 훨씬 더 수승하고 깊은 경지인 진아를 설한 것임에 틀림없다. 언젠가 올 후학이 길을 잃고 헤맬 것을 걱정하실 뿐만 아니라 최종 종착점인 진아의 경지까지 이정표를 세워 흔들림 없이 정진하도록 이미 배려한 셈이다. 참으로 고마운 일이 아닐 수 없다. 세상에는 숱하게 많은 성자(聖者)들이 있어 중생들을 제도하며 설법을 하지만 이 경지를 이해하고 설한 대반열반경을 제외하고 진아에 대한 설법을 아직 발견하지 못했다.

이 맥락에서 보면 금강경과 반야심경은 세존께서 공부를 이루고 난 후 자신이 겪었던 육체적·정신적 진화과정을 술회한 내용임이 틀림없다. 이 같은 이유로 후학들에게 금강경과 반야심경을 공부의 지침으로 삼도록 권유한다.

불법을 이미 알고 시작한 수행자가 공부를 하면서 자신이 반야경이 제시한 행과 방향에 일치하여 제대로 나아가고 있다고 생각한다면 아주 올바르게 공부하고 있음을 확신해도 된다. 불법을 알지 못한 채 공부한 후학들은 자신의 지난 수행 과정이 이 경들이 말한 내용과 일치한다면, 다시 말해 이 경을 이해하기 쉽고 자연스럽게 공감한다면 제대로 옳은 길을 걸어왔음을 의미한다.

내 뒤를 따르는 사람들에게 간곡히 부탁하고자 한다. 사실 나도 금강경과 반야심경의 의미를 참으로 감사하게 받아들였다. 만약 이 경들이 지향하는 방향으로 가지 않은 공부 즉 이 경을 읽은 뒤에도 그 내용을 제대로 이해하지 못하거나 이 내용에 공감하지 못한다면 그것은 잘못된 길[邪道]을 걸어왔음이다. 이제까지 헛공부를 했다는 의미이다.

금강경과 반야심경은 바로 수행자가 무상정등정각을 이뤄 진인(眞人)이 된 다음 자신의 변화한 마음, 의식, 사고방법뿐만 아니라 세상에서 살면서 대응하는 모든 것을 기록한 내용이라 보아야 한다. 따라서 이 두 경은 수행자들이 공부하기 위해 간직하고 본받아야 할 스승이자 교과서로 여겨 마땅하다. 이런 의미에서 반야심경을 살펴보자.

'관자재보살 행심반야바라밀다시 조견오온개공 도일체고액'

관자재보살을 대부분의 사람들은 관세음보살이라 생각한다. 물론 틀렸다는 말은 아니다. 관자재보살이 고유명사라 해도 틀린 말이 아니고 보통명사라 해도 틀린 말이 아니다. 여기서 관자재보살은 인격화하여 고유명사격인 관세음보살을 지칭한 말이 아니라 수행을 하여 스스로 자재하며 관(觀)할 수 있다면 누구나 관자재보살이 될 수 있는 보통명사로 보는 것이 옳다는 생각이다.

내가 말하고자 하는 관자재보살은 쿤달리니를 각성, 완성하고 초월단계를 넘어 유상삼매를 마무리하고 무상삼매를 거쳐 스스로 어떤 제약에도 얽매이지 않고 자유롭게 실상을 관하는 자를 말한다. 고유명사가 아니고 일반 보통명사의 개념이다.

이 관자재보살이 깊은 삼매에 들어보니 이제까지 겪어 왔던 모든 현상들이 인연에 의해 생겨난 현상들로서 실존이 아닌 허망한 꿈같은 것이고 물 위에 뜬 거품에 불과하다는 것을 알게 됨으로써 현상 때문에 파생된 모든 괴로움과 재난으로부터 벗어났다는 의미이다.

　'색불이공 공불이색 색즉시공 공즉시색 수상행식 역부여시 사리
자 시제법공상 불생불멸 불구부정 부증불감'

　색(色)이란 세상 물질의 모든 형태와 그로 인해 이뤄지는 모든
움직임과 변화들, 표현을 달리 하면 사람의 감각으로 느낄 수 있는
모든 물질적 현상을 총칭하는 개념으로 본다. 세상의 모든 물질과
현상은 인연에 따라 생겨나므로 거기에 내가 있을 수 없고 실체나
본질이 없다고 해서 공이라 말한다.

　이 색과 공에 대해서 양자물리학에서 내린 정의를 소개한다. 모
든 물질을 형성하는 것은 분자이며 이 분자는 원자들이 모여 이루
어진다. 원자는 다시 딱딱한 물질인 핵과 그 주위를 도는 전자로
이루어진다. 핵을 쪼개면 소립자가 되는데 이것이 진동하고 있는
에너지 덩어리이다. 따라서 물질을 구성하는 최소 단위인 소립자가
진동하는 에너지 덩어리라면 물질과 에너지의 차이가 없다고 보는
것이다. 곧 에너지가 물질이고 물질이 에너지이다. 다만 하나의 물
질이 시간에 따라 어떤 때는 이런 형상을 하고 또 어떤 때는 다른
형상을 하여 계속 반복한다. 사람들이 물질이라고 인식하는 형태가
되었다가 인식할 수 없는 형태로도 변한다고 한다.

　이렇게 변전하는 현상을 발견해 낸 사람들이 양자역학자들이다.
이들은 고체, 액체, 기체로 된 물질의 세 가지 형태 외에 네 번째
형태인 프라즈마를 발견하였는데 이에 근거하여 스티븐 호킹 교수
는 소립자를 연구하는 물리학자들이 발견해 낸 것이 불교의 기본
개념을 증명하는 것이었다고 말했다.

존재하는 모든 물체는 성주괴공을 통해 있다 없다 하므로 보이는 것은 형체가 없는 것[色卽是空]과 같고 형체가 없다 해도 다시 물체로 변화[空卽是色]할 가능성이 있는 것이다.

이 때문에 색은 그 자체에 본질적인 주체가 없다 할 수 있다. 마찬가지로 사람은 색이므로 주체, 즉 나라고 할 것이 없으므로 오감으로 받아들인 삼라만상의 모든 감각과 느낌, 이로 해서 만들어진 생각과 행동, 의식도 결국 있는 것이 아니라는 뜻이다.

이 내용은 일반적으로 이해하기 매우 어렵다. 사람들은 현재 자신은 감각으로 느끼고 생각하고 행동하므로 자신이 분명히 존재한다고 믿는다. 그런데도 '내가 없다'라고 하는 것은 명상 가운데 무상삼매 경지에서 생각의 기능이 완전히 단절된 *나와 너*가 없을 뿐 아니라 *나*가 존재한다는 의식마저 단절된 원초적인 의식만 남게 되는 자리가 있기 때문이다.

이 자리에 서서 보면 나라는 의식이 없으므로 내가 없다는 무아설(無我說)에 공감하지 않을 수 없다. 이 자리는 내가 존재하는 자리가 아닌 공의 자리다. 따라서 이 차원에서 보면 색이 공이 아니고 공이 색이 아니며 색이 곧 공이고 공이 곧 색이다.

의식하는 기능이 완전히 정지된 선명한 원초적 의식이 곧 공이라고 하지만 이 공은 바로 색을 창조할 수 있는 원동력을 가진 공이기도 하다. 금강경의 '약견제상비상 즉견여래'도 색이 색이 아님을 보면 여래를 본다 하였는데 바로 공을 의미하고 있다. 이 자리에서 바로 여래를 본다고 하였으나 여래를 보는 것이 아니라 여래를 볼 수 있는 최소한의 여건이 마련된 것이다. 오감으로부터 벗어나, 육체를 가지고 있으면서 초월의 세계에 진입하게 되었음을 의미한다.

이 구절은 한 생각의 자리에 들어서면 있다 또는 없다라는 개념은 생각이 만들어 낸 산물이라는 이치를 알게 되고 생각이 일어나기 전의 원초적 의식은 생겨나는 것도 아니고 없어지는 것도 아니라는 것을 설명하고 있다.

색즉공, 공즉색의 차원에서의 깨달음은 생겨남도 아니고 없어짐도 아니며, 더러워지지도 않고 깨끗해지지도 않으며, 늘어나지도 줄어들지도 않는다는 초월세계에서 본 물질세계의 기본적인 가치체계의 구조를 이해하는 데 그치게 된다.

'시고 공중무색 무수상행식 무안이비설신의 무색성향미촉법 무안계 내지 무의식계'

앞의 문장은 색은 곧 공이고 공이 곧 색이라 하였는데 여기서는 공중무색 즉 공 가운데 색이 없다고 하였고 수상행식도 없다 하였다. 왜 이런 차이가 생겼을까. 앞의 색즉공, 공즉색은 유상삼매의 견성경지에서 체험하는 현상이고, 공중무색은 무상삼매에서 체험하는 일이기 때문이다. 바로 경지의 차원이 상당히 격상되었음을 의미한다.

무상삼매에서는 유상삼매의 원초적 의식, 즉 한 마음마저 사라지므로 마찬가지로 공이라 하지만 깨달음의 현상으로 보면 엄격하게 구분해야 할 것이다. 진공(眞空)이기 때문이다. 순수한 공이므로 육체적 기능이나 정신적 기능뿐 아니라 마지막 남은 원초적 의식까지도 있을 수 없다.

그러나 안타깝게도 이 자리는 사람의 일반적인 육체적·정신적 조건으로는 다가설 수 없는 자리다. 이 경지를 체험하면 곧 진아의 자리에 들게 된다. 이 때문에 세존은 열반경에서 '모든 법이 내가 없다고 하지만 진실로 내가 없는 것도 아니다'라고 설하였다.

색즉공 차원에서 계속 정진하면 공 가운데 색이 없는 경지인 무상삼매의 경지에 들게 된다. 그러므로 수상행식이라는 인간 활동의 어떤 형식도 없으며, 인식의 주체[六根]와 그 대상[六境]도 없다. 육근이 없으므로 육식(六識)도 없어서 의식계도 당연히 없다.

'무무명 역무무명진 내지 무노사 역무노사진 무고집멸도 무지역무득 이무소득고 보리살타 의반야바라밀다고 심무가애 무가애고 무유공포 원리전도몽상 구경열반 삼세제불 의반야바라밀다고 득아녹다라삼먁삼보리'

세상 사람들은 명상을 하면 스트레스가 해소되고 건전한 정신력이 길러진다고 믿는다. 옳은 믿음이다. 처음에는 마음을 바르고 굳건하게 만들어 준다. 계속 명상에 깊이 들어가면 참 나를 추구하는 욕망이 저절로 마음속에 자리 잡는다.

진아를 추구는 사람들의 숙명일지 모른다. 현상적으로는 명예다, 돈이다, 권력이다 하여 바삐 돌아간다. 그런 것들의 취득이나 성취가 사람들이 당연히 해야 할 일들로 보인다. 세속의 일들도 공부의 범주에 포함된다.

앞서거니 뒤서거니 하다가 어느 시점에 이르면 이런 일들이 시들하게 여겨져 손을 놓게 된다. 그리고 이 길로 들어서서 자신을 탐구할 수밖에 없는 것이 인간의 숙명이리라.

진아를 추구하는 욕구가 강해질수록 비례하여 세상일과 접촉하려는 욕구가 낮아진다. 세상일에 흥미가 감소하게 된다는 의미이다. 가족관계에서, 사회생활에서, 인간관계에서 파생하는 욕구와 욕망들이 초월의 경지에 들어서면서 그리고 무상삼매에 가까워지고 또 지나면서 경지에 비례하여 저절로 내려놓게 된다.

이 자리에서는 옳고 그름이 없고 예쁘고 미운 것이 없다. 간섭할 일이 없음을 알게 되어 세상을 있는 그대로 쳐다보게 된다. 여기서는 사물을 바로 보지 못한다는 무명이란 단어는 의미가 없다.

태어나서 늙고 죽는다는 세상의 섭리도 이미 뛰어넘어 시작도 없고 끝도 없는 영생(永生)의 존재임을 알게 된다. 이미 고집멸도 사제를 넘어왔으며 지혜의 범주를 떠났으므로 더 이상 얻을 것이 없고 얻는 것도 아니다.

여기에 이르면 마음에 걸릴 일이 없고 꺼릴 일도 없으므로 두려움도 없다. 세상의 가치를 떠나 사물을 있는 그대로 보므로 구경열반에 이르러 위 없는 바른 깨달음에 안주하게 된다. 이 구절은 의식이 완전히 소멸한 무상삼매에 이르면 이로 인해 터득하는 내용을 담고 있다.

터득해서 얻는 개념이 아니라 물질세계의 근본원리를 알게 되어, 이 세상에서 적응하기 위해 수없이 많은 생을 통해 배우고 경험해서 알게 된 모든 지식이나 습성, 여기서 파생한 오욕칠정 등의 감정들을 전부 내려놓는 현상을 설명한 것이다.

이상이 반야심경에 대한 내 소견이다. 반야심경이 밝힌 이상과 같은 상황이 되면 그 증표로 진아를 체험하게 된다. 반야심경은 유상삼매와 무상삼매에서의 수행 과정과 정도를 설명했고 그 경지에 상응하는 심리적 변화를 나열하고 있다.

수행하는 과정을 상세하게 안내하고 있어 더 이상 설명이 필요 없을 정도이다. 수행자들은 이를 본받고 이정표 삼아 정진해야 한다. 만약 이 경의 궤도에서 이탈하였다면 빨리 바로잡아야 하고 이해할 수 없다면 아직 이 경지에 미치지 못했거나 엉뚱한 곳에서 방황하고 있음을 의미한다.

6. 여자는 성불할 수 없는가

　10여 년 전 한 노비구니의 애달픈 사연을 신문에서 읽은 적이 있다. 80세가 넘은 이 비구니는 얼마 남지 않은 자신의 임종을 앞두고 그동안 모았던 모든 재산을 보시하면서 '내생에는 남자로 태어나 성불하는 것이 나의 간절한 서원이다'라고 토로하였다.

　후에 알게 된 사실이지만 여자의 몸으로는 어떤 수행으로도 성불할 수 없고 다음 생에서 남자의 몸을 타고나야 가능하다는 것이 불교의 전래된 관념이기 때문이라 한다. 남자는 부처가 될 수 있는데 여자는 불가능하다는 이유는 무엇일까. 여성 수행자들에 대한 이와 같은 왜곡된 관념을 알아보기 위해서 불교의 전통적 여성관에 대한 역사적 흐름을 살펴볼 필요가 있다.

　불교 태동기에 붓다는 '여성도 아라한이 될 수 있다'라고 선언하였다. 또 비구니 승단도 구성하도록 허용하였다 한다. 이는 당시 사회제도에서 여성의 지위를 고려할 때 획기적이어서 불교와 자이나교를 제외한 인도의 어느 전통에서도 볼 수 없던 일로 평가된다고 한다.

　석가의 여성 수행에 대한 긍정적 평가로 인하여 여성 수행자들은 초기 불교의 수행법들을 성공적으로 달성하여 최고 목표인 아라한을 성취한 예가 빈번하였다 한다. 그 대표적인 예가 뭇타, 수마나, 젠티, 웃타마, 마하파자파티 고타미, 굿타 등이다. 대애도반니원경에서 부처는 자신을 키워준 이모 대애도와 500비구니가 열반하는데 '이들은 모두 아라한이고 모두 큰 신통이 있으며 공덕이 이미 구족했다'라고 설명하였다. 붓다는 대애도 즉 마하파자파티 고타미의 사리를 들고 비구들에게 다음과 같이 말했다고 적고 있다.

"이것은 여인의 사리이다. 본래 악한 몸으로 급하고 악하고 사납고 가벼운 마음으로 자주 변하며 질투하였다. 그러나 마하파자파티 고타미는 여인의 몸을 버렸고 남자라야 얻을 수 있는 것을 이미 얻었다."

아라한을 성취한 여성 수행자들의 열반에 대해 찬탄하면서도 '남자라야 얻을 수 있다'라는 붓다의 여성에 대한 인식이 드러나 있다. 이러한 편견이 이후에 수행하는 여성에 대한 차별을 예고하였다.

당시 수행자들의 수행법에 사념처(四念處)라는 관법이 주로 행해지고 있었다 한다. 사념처란 신념처(身念處), 수념처(受念處), 심념처(心念處), 법념처(法念處) 네 가지인데 이중 신념처란 육신이 부정하다 즉 더럽다고 관하는 방법으로 자신의 몸을 관할 때는 남녀의 차이가 있을 수 없다. 그러나 젊은 남자 수행자들이 애욕을 떨치기 위한 방편으로 여성의 육체를 관하는 데 문제가 된다.

불본행집경에 싯달다 태자가 출가하기 전날 궁중 연회를 마친 뒤 여기저기 드러누워 잠에 곯아떨어진 궁녀들의 모습을 보면서 결심을 굳혔다는 이야기는 널리 알려진 일화이다. 이 경에는 대소변을 흘리면서 흐트러져 자고 있는 여인들의 추한 모습을 상세하게 묘사하고 있다.

여성의 육체에 대한 석존의 긍정적이지 못한 관념은 항마의 장면에서 다시 등장한다. 이와 같은 석존의 여성관은 비구들이 수행하는 데 지침이 되면서 여성 차별이 구체화되어 간다.

대반열반경에서 아난은 열반에 든 석존에게 공양을 올리기 위해 모인 인파 속에서 휩쓸려 다칠까봐 힘 약한 비구니와 우바세 등 여성들에게 먼저 공양을 올리게 한다.

그런데 다른 경에서는 여성들에게 붓다의 음장상을 보인 아난의 죄를 성토하는 상황이 전개되는데 아난이 여성에 대한 비하와 혐오감을 가진 것으로 그려지면서 다음과 같은 변명이 전해진다.

"여인들은 욕정이 치성하므로 세존의 음장상을 보여 '부처님과 같이 되어지이다'라고 서원하도록 만들고자 했다."

아난이 여성에게 베푼 배려는 여성들이 자신들의 몸이 가진 욕정을 스스로 혐오하는 마음을 갖고 욕정을 여읜 부처님과 같아지기를 서원하는 것으로 바뀌었다. 남성 중심의 이와 같은 수행론은 여성을 쾌락이나 욕망과 동일시하면서 남성의 애욕은 여성의 유혹에 의한 것이란 생각에서 연유하였다. 나아가 여성의 몸은 남성의 금욕수행의 방해물이라는 관념을 끌어내는 데까지 이르렀다.

한편 소마경(蘇摩經)에서 비구니 소마는 "깨달음의 경지는 매우 얻기 어려운 것으로 손가락 두 마디밖에 안 되는 여인의 지혜로는 능히 그곳에 도달할 수 없다"라는 말을 듣는다. 이것이 초기의 소박한 여성 장애설이다. 소마는 이 말을 마설로 단정하고 수행하여 번뇌를 끊고 아라한에 이르는 모습을 보여 준다.

이후 여성이 깨달음의 장애물이라는 설은 점점 체계화하여 다섯 가지 장애설로 발전한다. 오분율(五分律)은 '여인에게는 다섯 가지 장애가 있어 제석천, 마천왕, 범천왕, 전륜성왕, 삼계법왕이 될 수 없다'라고 주장한다.

중아함경에서는 '여성은 다섯 가지 일을 할 수 없어 다섯 가지가 된다고 하는 것은 옳지 않다. 남자는 할 수 있어 이 다섯 가지가 된다는 것은 옳다'라고 하였다. 여성에게 장애가 있다는 설은 오분율에서만 보이고 다섯 가지가 될 수 없다는 불가설은 공통적이다. 이 중 가장 문제가 되는 것은 성불(成佛)할 수 없다는 성불 불가설이다.

대승경전의 여성에 대한 문제는 초기 경전에서 제기된 여성 성불 불가설에 대한 견해에서부터 시작한다. 여러 대승경전들은 초기 불교가 정립한 여성 성불 불가설을 매우 의식하는 양상을 볼 수 있다. 이 설에 대한 관념은 수용에서부터 적극적인 비판과 여성 즉신 성불설까지 다양하게 나타난다.

대승경전 중 여성 성불 불가설을 수용하는 경우로 용시녀경을 들 수 있는데 용시는 불도를 얻겠다는 서원을 세우자 마(魔)가 아버지의 모습으로 나타나 '여인은 부처가 될 수 없다'라고 말한다. 용시는 '저도 그렇게 들었습니다. 정진하여 남자 몸을 받아 수행하겠습니다' 하고 죽기 위해 누각에서 떨어진다.

그러자 용시는 남자로 변하여 부처로부터 수기를 받는다. 여기서 용시가 남자로 태어나고자 죽음을 택했다는 점에 주목해야 한다. 이 경전은 여성의 몸으로 성불할 수 없다는 개념을 그대로 수용하는 관점을 보인다.

이 때문에 여성이 남자로 변하여 성불하는 유형의 모델이 되었다. 이 변성 성불론은 법화경, 반야경, 수마제경, 대보적경, 월상녀경 등이 계승, 주장하고 있으며 유마경은 변성을 통해 성불한다는 데 대해 비판하는 자세를 견지한다.

이와 같은 관념이 사실이든 아니면 가부장적 전통, 인습에서 필연적으로 변질되었든 100세의 비구니라도 새로 수계를 받은 비구를 보면 일어나서 맞아 정좌에 앉게 하고, 비구는 노비구니의 절을 앉아서 받아야 했다. 비구니는 비구에게 순종해야 한다는 팔경법(八敬法)에 눌리고 변성 성불론에 얽매인 비구니 수행자들의 가슴에 맺힌 한이 어떠하였는지 가히 짐작할 만하다.

과연 여자는 단순히 성 때문에 천대받아야 하고 남자로 다시 태어나야 불도를 이룰 수 있는 것인가. 남녀 성차별의 문제는 우리나라를 비롯한 선진 국가에서는 많이 개선되었지만 특히 종교계 내부에서는 크게 개선된 모습을 찾을 수 없다고 한다. 이는 내가 언급할 문제는 아니지만 수행하는 주체로서의 남녀 성차별은 적어도 이 시점부터는 시정되어야 한다는 생각이다. 왜냐하면 적어도 수행의 경우 여자가 남자보다 열등하기는커녕 오히려 우월하다는 사례가 현저하기 때문이다.

요가에서 모든 수행의 궁극적 목표점은 쿤달리니의 각성에 있다 하여도 과언이 아님을 다시 강조하고 싶다. 그래서 각성하면 아라한, 또는 성인이라 부르고 석가와 같은 성인들을 양성하는 모태라 하였다. 모든 종교가 교리의 핵심에 들어가면 이를 부정할 수 없겠지만 각성이 너무 어렵고 드물어 현재는 모두 잊혀지고 망실되었을 뿐이다.

쿤달리니를 각성해서 나를 찾은 사람들 10여 명 가운데 남자는 단 한 명이고 나머지는 모두 여자였다. 쿤달리니를 각성한 사람이 여성에 압도적으로 편중한 이유는 무엇일까. 이들은 모두 저절로 각성된 자연 각성자이지 나의 각성법에 따라 각성한 인위적인 각성자가 아니다.

고피 크리슈나는 "쿤달리니의 본고장인 인도에서 각성하는 예는

1세기에 한두 명이 있을까 말까하다"라고 하였는데 우리나라에서 이처럼 여성 각성자가 많이 나오는 이유는 무엇일까. 자연 각성한 남자의 경우 비구로서 20여 년을 한결같이 동안거, 하안거에 토굴 생활로 일관해 온 청정한 수행자이다. 이 같은 각고의 수행 끝에 쿤달리니를 각성할 수 있다고 하였으므로 각성이 당연하다 하겠지만 참으로 운이 좋았다고 할 수도 있다.

여자들의 경우 50대 후반의 두 사람은 10여 년 전 각성하였는데 각각 불교와 가톨릭 신자로 현재 자녀를 둔 가정주부들이다. 두 사람은 오랜 세월 기도생활을 하였다고 하지만 아이들 키우고 시부모 모시고 남편 시중들면서 기회가 생길 때 틈틈이 수행한 상황이어서 수행자라고 내세울 정도는 아닌 것 같다. 이 두 사람은 현재 초월의 경지를 향해 정진 중이다.

40대 초반의 어머니이자 교사인 K씨의 경우 불교를 믿기는 했지만 기도나 참선에 대해 특별한 흥미를 가지지 못했는데 30대 중반 갑자기 각성하여 현재 완성단계에 있다. 35세로 불교신자인 K씨의 경우 충실히 기도와 참선에 정진하다가 20대 후반 각성하였다. 34세의 교사인 Y씨의 경우 가톨릭교회에 다니던 29세에 방학 기간을 이용하여 참선을 하다 갑자기 각성하여 나를 찾았다. Y씨는 내 지도를 받고 6년 만에 쿤달리니의 완성과 초월 그리고 무상삼매를 급속도로 돌파한 뒤 현재 마지막 단계인 진아의 구현을 위해 정진 중이다.

내 지도를 받아 직접 각성하였거나 현재 각성 중인 여성이 두 명 있다. 45세인 가정주부로서 섬유디자인업계에서 일하는 K씨는 20년 동안 일본계 불교에 심취하여 매일 2~3시간씩 주력 기도를 하다 쿤달리니에 입문하여 얼마 전 각성하고 현재 완성단계를 향해 정진 중이다. 42세인 중학교 교사 P씨는 어느 날 *나*를 의식하게 되어 3년 동안 방학을 이용하여 선방을 찾아 참선을 수행하였다. 그러나 참선으로는 해결할 수 없어 대안을 찾아 방황하던중 나를 찾았다. 약 1개월 동안 자율신경 조절법을 익히고 단전호흡을 시작하여 20여 일 만에 각성하여 현재 샥티를 상승시키는 데 주력하고 있다.

다섯 가지 장애가 있어 여자의 몸으로는 성불할 수 없다는 설이나 남자의 몸으로 바뀌어야 성불할 수 있다는 설이 매우 공허하게 들린다. 여자는 '본래 악하고 급하고 사납고 가벼워서 자주 변하고 질투하기 때문'에 성불할 수 없다는 그럴 듯한 설명도 붓다가 생전에 한 말이라 확신할 수 없다.

남자들이 필요에 따라, 사회적 조류에 따라 그 같은 결론을 유도해 낸 것으로 짐작한다. 여자들의 항거는 힘에 부쳐 어쩔 수 없이 순종하면서 오랜 세월이 흐르고 쌓이다 보니 그것이 옳은 관념으로 고착된 듯하다. 그것이 옳다고 생각한다면 옳은 것일 수 있지만 의문을 품거나 저항하는 마음이 일어난다면 불평등이 존재하는 현상이 만들어지는 것이다. 그렇다면 개선해야 한다.

불교를 신봉하는 사람들은 대부분 사람이 윤회한다는 설을 믿는다. 쿤달리니가 완성만 되어도 윤회는 부정할 수 없는 현실임을 저절로 터득하게 된다. 현재 남자라고 하여 항상 남자의 몸으로 세상에 나오는 것은 아니다.

현재 보이는 현상은 자신이 선택한 역할과 배역일 뿐이다. 이 역할과 배역은 항상 인연 따라 업 따라 뒤바뀐다. 현생에는 여자지만 내생에는 남자일 수 있고 과거 생에는 남자였지만 현생에는 여자일 수 있으며 내생에는 다시 성이 바뀔 수 있다. 여자 또는 남자가 되는 것이 세상 가치로는 큰 차이일 수 있지만 일관된 삶에서 보는 성의 차이는 마치 길거리의 어느 식당에서 밥 먹을 때마다 바뀌는 숟가락과 같다. 성별에 집착하는 것은 그만큼 이원적인 이 세계의 가치에 충실하게 집착 또는 밀착하고 있음을 의미한다. 그래서 심령진화를 위한 수행에서까지 성차별이 엄연히 존재했던 듯하다. 이를 시정하는 것은 여자들의 몫이다. 물론 남성의 도움이 있다면 다행이지만 도와 줄 남성은 현실적으로 많지 않을 듯하다. 그렇다면 스스로 마음을 다져 노력해야 한다.

현생에서 공부에 크게 정진하지 않았는데도 쿤달리니를 각성하는 것은 무슨 까닭일까. 윤회란 육체적인 관점에서 보면 태어나고 죽는 단절이 있지만 진아나 아뢰야식의 관점에서 보면 처음과 끝이 없는 일관된 삶이다. 매일 아침 출근 때마다 이 옷 저 옷 바꿔 입지만 주인공은 변함없는 것과 같다. 기억은 할 수 없지만 현생이 바로 전생의 연장선상이다. 바로 지난 생에서, 아니 수없이 오랜 생 동안 수행에 전념해 온 과보가 현재 수행하지 않고도 쿤달리니를 각성하게 된 결과를 낳은 것이다. 앞에서 언급한 자연 각성한 일곱 명의 여성과 인위적으로 각성한 두 명의 여성들은 요가의 주장을 빌리면 모두 아라한이고 성인이다.

쿤달리니를 각성시키는 행법이 있다는 인도에서도 각성자를 찾아보기 어려운데 한국에서는 내가 확인한 여성 각성자만 약 열 명에 달한다. 자연 각성자가 여성 쪽에 월등히 많은 이유는 무엇일까.

세상이 바뀌어 여성으로 사는 삶이 남성의 삶보다 질이 나아진 것인가. 대체로 20세기 말까지 하루 종일 잡다한 집안일들에 갇혀 있던 사회상에서 여성들이 해방되었다. 대가족제도는 해체되었고 최근에는 소가족제도마저 붕괴 조짐을 보이고 있다. 여자가 집안의 경제권을 쥐게 되었으며 집밖에서의 활동도 남자들을 위협할 정도에서 나아가 오히려 추월하는 추세다. 사회 각계의 고급 일자리를 여성들이 과점하는 추세로 세상이 바뀌었다. 물론 임신과 출산, 그리고 수유로부터도 제한적이지만 훨씬 자유로워졌다.

여성들이 나를 의식하면서 자신의 주장을 내세우고 사회를 이끄는 세계의 주역이 되는 추이에 따라 성차별도 역할의 차이도 희미해졌다. 그래서 옷을 바꿔 입는 수행자들은 남자보다 여자 옷 입기를 즐겨하는가 보다. 뿐만 아니라 쿤달리니 각성을 자원하는 사람 중 여자가 상당수인 점도 한 원인일 것이다.

2부
명상 수련편

1. 명상의 개념

　명상은 *참 나*를 추구하기 위한 수단이라 할 수 있다. 명상이 지향하는 목표인 진아(眞我)라는 명칭은 요가 서적이나 심리학, 철학 등의 형이상학 차원의 서적에서는 흔하게 볼 수 있는 용어이다. 그러나 진아의 실체나 유추할 만한 내용은 어디에서도 찾아볼 수 없다.

　열반경에서 진아의 존재를 인정한 것과 같이 진아는 실체가 있지만 물질세계의 차원과는 다른 세계의 존재이므로 물질차원의 표현 방법으로는 묘사하는 데 한계가 있다. 그러나 다음의 설명으로 진아에 대한 개요를 유추할 수 있으리라 생각한다.

　불교에 방하착(放下着)이라 하여 '내려놓으라' '그만 잊어버려라' 하는 화두가 있다. 석가모니 재세 시 흑씨범지라는 사람이 오동나무 두 그루를 뿌리째 뽑아들고 세존에게 공양하였다.

　세존이 "놓아라" 하시므로 흑씨범지는 왼손에 들고 있던 나무를 땅에 내려놓았다. 세존께서 다시 "놓아라" 하시니 이번에는 오른손에 들고 있던 나무를 내려놓았다. 세존이 또다시 "놓아라" 하시므로 흑씨범지는 말씀드렸다.

　"세존이시여, 제가 이제 가진 것이 아무것도 없는데 무엇을 놓으라는 말씀입니까?" 세존께서 "착한이여, 그대에게 나무를 내려놓으라 함이 아니다. 마땅히 밖으로 육진(六塵)과 안으로 육근(六根), 육식(六識)을 놓아 다시 더 버릴 것이 없으면 이곳이 네가 생사에서 벗어나는 곳이니라"라고 말씀하신 고사에서 유래된 화두이다.

육진은 색성향미촉법, 즉 육근의 대상인 육경(六境)이다. 육식이 육근을 통해 육경을 인식하면 이것이 바로 판별하는 작용이고 의식이다. 이 생각들을 등에 진 짐으로 보고 내려놓으라 하였다. 짐으로 형상화된 생각은 사람이 세상에서 사람이기 위해 갖추어진 의식구조 등을 나타내고 있다. 욕망, 기대, 신념, 갈등, 사랑, 증오, 불안, 공포, 희망, 행복 등 정신작용의 모든 현상들이 바로 짐이라는 것이다.

버려야 할 짐이라는 정신작용은 바로 *나*라는 주체이고 이 주체가 대상물에 드러내는 작용이다. 따라서 이 짐을 벗어버린다는 것은 *나*를 버리는 것이므로 바로 현재의 *나*이기를 거부하는 행위이기도 하다. 달리 표현하면 현상 속에서의 *나*로부터 탈피함을 의미하고 *나*로부터 벗어남은 생각이 일어나지 않음을 의미한다. 명상 과정에서 보면 초월단계에서 생각이 일어나지 않기 시작한다.

쿤달리니 완성 이후부터 생각이 잠깐잠깐 끊기는 현상은 있지만 초월단계에 가까워지면서 분명히 생각이 일어나지 않는 현상을 느낄 수 있다. 동시에 초월단계에서는 육체가 내가 아닌 나와 별개의 것이라는 의식을 갖게 된다. 경우에 따라서는 완성 후 얼마 되지 않아, 즉 유상삼매 초기부터도 느낄 수 있다. 생각이 일어나지 않으면서 명료한 의식만이 존재하다가 명상이 끝나면 나와 육체가 분리됨을 느끼거나 내가 마치 바위 위에 얹혀 있음을 느껴 육체와 이질감을 갖게 된다. 이를 가리켜 육체의식을 탈피했다 한다.

생각이 일어나지 않음은 불교에서는 염두(念頭)에 머물러 있는 상태로 보며, 생각이 없으므로 육체뿐만 아니라 물질세계의 어떤 것도 알거나 느끼지 못한다. 이처럼 생각이 일어나지 않는 상태가 삼매이다.

삼매에 몰입한 이후에야 짐을 벗어버리는 현상이 나타나면서 당연히 생각도 이전과 서서히 바뀌게 된다. 놓아 버리기 위해 감각이나 의식을 조절하고 제어하도록 노력하는 것이 아니라 삼매가 거듭하면서 저절로 또한 자연스럽게 짐을 벗어버리게 된다.

이 과정을 반복하면서 인연으로 얽혀진 현재의 실상들을 깨닫게 되고 이원론적인 현상에 맞춰진 정신작용에 우선 큰 변혁이 이뤄지면서 가치관이 뒤바뀌므로 짐을 벗게 된다. 짐을 벗음으로써 과거, 현재, 미래의 행위에 대해 선악이나 귀천 등 물질세계의 가치관에 영향을 받지 않으므로 자유를 얻게 된다.

이로 미루어 명상이라는 것은 무시(無始) 이래 법계를 전전하며 쌓아온 모든 행위와 기억 등 업들에 대한 평가, 판별하는 가치가 소멸함으로써 궁극적으로는 상대세계를 벗어나 해탈에 이르게 하는 묘법(妙法)이라 생각한다.

명상의 원조라 할 인도의 명상에 대해 살펴보자. 기원전 3천 년 전부터 요가라는 이름으로 계승하고 있는 인도의 명상은 육체 속에 영적체계를 확립하였으며 생각의 흐름을 차단시켜 무상삼매에 도달하는 과정까지 확립하여 설명한다.

우파니샤드는 요가를 가리켜 정신을 한곳에 집중시키는 것이라고 주장한다. 요가수트라는 마음이 하나의 대상에 집중하여 주관과 객관이 하나가 되는 경지 또는 주관인 마음이 완전히 없어져서 객관적 대상으로 통일한 경지라 하였다.

이로 미뤄 요가명상은 정신을 통일하여 하나에 집중하면 생각이 끊어지고 그러면 *나*라는 자아의식을 잊어버리게 된다. 자아의식을 잊게 되면 그 자리에 진아가 현성한다고 하였다.

라마나 마하리시의 명상에 대한 견해를 들어보자.

"감각적으로 또는 생각을 통해서 체험하는 나는 진정한 내가 아니며 스스로 나라고 생각하는 것들을 모두 부정한 다음에 남는 순수한 각성이 진정한 나 즉 진아이다. 이 진아를 개체적인 자아와 혼동해서는 안 된다.

개체적 자아는 본질적으로 존재하지 않으며, 마음이 거짓되게 만든 것이고 진아를 체험하지 못하도록 오히려 방해하는 것이다. 진아는 항상 실재하지만 우리가 있는 그대로를 분명히 알 수 있을 때는 오직 스스로를 한계 짓는 마음이 사라졌을 때뿐이다. 마음이 사라져서 진아가 그 모습을 드러낸 상태가 바로 깨달음이다."

안타카라나에서 설명하겠지만 코자르체에서 *나*라고 하는 자아의식이 일어난다. 자아는 과거·현재의 모든 기억과 인상 등이 축적하여 만들어 낸 허구에 불과하다는 요가철학의 주장에 나 역시 동감이다. 이 허구의 자아 작용인 생각이 끊어졌을 때만이 진아는 발현한다.

명상에서 생각하는 작용인 마음이 사라지면 진아가 발현한다 함은 요가뿐 아니라 불교의 참선도 같은 관점을 취한다. 진아에 대한 개념도 요가나 선가 모두 생각이 일어나지 않는 자리를 진아가 발현하는 자리라는 데 동일하게 맞춰져 있다. 이는 생각이 일어나지 않지만 명료한 의식이 존재하는 곳이다. 언제든지 색이 발현할 수 있고 공이 전이할 수 있는 자리다. 오감을 초월하는 문턱에 선 자리여서 항상 색과 공이 공존하는 곳이다.

이 자리만 하더라도 정상적인 이목구비를 갖춘 사람으로서는 희귀하지만 도달할 수 있는 경지일 것이다. 선가나 요가의 서적들에서도 이 자리에 대한 설명이 상당수 있는 것으로 보아 사실로 여겨진다.

그런데 공 가운데 색이 없다는 공중무색(空中無色)의 자리에 대한 설명은 반야심경이나 열반경을 제외하고 선지식들의 언설(言說)에서는 발견할 수 없다. 쿤달리니의 힘을 빌리지 않으면 사람의 육체와 정신의 조건으로는 접근할 수 없기 때문이다.

인도나 티베트에서는 쿤달리니만 각성해도 아라한과를 증득하였다하여 성인으로 받든다 하였다. 석가여래 이후 2천여 년 동안 쿤달리니를 각성한 수행자는 드물긴 하지만 많은 세월이 쌓였으므로 상당수 배출되었음에 틀림없다. 그럼에도 불구하고 영적차원이나 신비차원의 설명 이외에 공중무색 이후의 자리에 대한 내용은 발견할 수가 없다. 어떤 이유일까.

요가 서적에서 쿤달리니 각성으로 인한 후유증을 경고하는 내용은 쉽게 눈에 띈다. 그러나 쿤달리니의 샥티가 사하스라라 차크라까지 상승하고 가슴까지 내려가면 영원한 삼매에 든다는 간단한 언급만 있을 뿐 그 과정에 대한 내용은 어디에도 없다. 뿐만 아니라 가슴까지 내려간 이후에 대해서도 전혀 언급이 없다. 한동안 시중에서 성가를 올린 《쿤달리니》라는 서적에서도 인도에서 아나하타 차크라 이상의 단계에 진입한 실례가 없다고 기술하고 있다.

이런 상황은 쿤달리니가 각성하더라도 각성한 채 방치하였음을 짐작케 한다. 각성하여 완성하겠다는 의지가 전혀 발견되지 않음은 물론 그 방법도 보이지 않는다. 앞서 각성한 수행자가 노력을 하지 않았으므로 다음 각성자 역시 시도조차 하지 않았던 것으로 짐작한다. 각성한 수행자는 각성만으로 만족한 채 극심한 후유증을 참아낸 것 같다. 이 모습을 지켜본 사람들이 경각심을 느꼈음은 당연한 일이다.

아나하타 차크라를 넘어선 수행자가 없다 할 정도라면 완성단계에 들어선 수행자가 있었을까. 당연히 쿤달리니를 통한 명상을 체험한 수행자가 없었을 테고 공중무색의 경지에 다다른 수행자는 더구나 있을 까닭이 없다.

완성단계를 넘어서야 쿤달리니를 활용한 명상에 들어갈 수 있다. 드물게나마 갈 수 있다는 색즉공의 자리와 사람으로서는 접근하지 못하는 공즉무색의 경지도 큰 노력 없이 다가설 수 있다. 뿐만 아니라 생각이 일어나지 않지만 성성한 자리를 진아의 발현이라고 하는, 이제까지 선지식들의 말에 미소로써 화답하게 될 것이다.

2. 인고의 세월―수행기

　자율신경 조절법을 익히고 쿤달리니 각성법을 만들어 스스로 각성한 지 30년의 세월이 흘렀다. 이 공부의 시작은 앞서 잠깐 언급하였지만 도(道)와는 상관없는 우연에서 비롯하였다. 직장을 그만두고 벌인 사업이 실패하여 1년여의 실업자 생활을 하다 주위의 천거로 국영 기업체에 들어간 해가 76년이었다. 수입원이 생겨 한숨 돌리게 되었지만 당시 나는 심한 열등감과 무력감에 빠져 있었고 이 때문에 신경성 위산과다증에 시달렸다. 내가 맡은 일에 열과 성을 다해 노력한 결과 오래지 않아 회사 사장으로부터 인정받아 열등감이나 무력감은 그런대로 극복하였으나 위장병과 허약한 건강이 나의 모든 의식이나 행동을 가로 막았다. 약을 먹고 싶었지만 그럴 만한 상황이 아니어서 전전긍긍하며 지내고 있을 때였다.

　그때 추천받은 것이 자율신경 조절법인데 단행본이 아니라 《명상술 입문》이란 일본책 번역본에 수록되어 있었다. 이 훈련법을 습득하면 위장병을 완치할 수 있다는 선배의 추천에 당장 책을 구입하여 수련에 들어갔다.

　《명상술 입문》은 한 페이지에 2백자 원고지 2장 정도의 적은 양이 들어갈 만큼 조잡한 책으로 자율훈련법이 명상에 도움이 된다고 설명하고 있었지만 겨우 6페이지 분량 정도의 개요만 소개하고 있어 더 상세한 자료를 찾았으나 당시에는 자율훈련법에 관해 출판된 서적을 구할 수 없었다.

매일 잠자기 직전 이불 위에 누워 편안한 자세로, 그리고 잠이 깨자마자 잠자던 자세 그대로 자율훈련법을 시행하였다. 사무실에서도 동료들이 자리를 비우거나 조용할 때 소파에 앉아 수련하였다. 열심히 수련한 결과 손이 굳어지는 감각을 느낀 것은 3개월째 접어들면서였다. 수행자들을 가르쳐 보니 늦은 경우 4~5개월, 아예 시작하면서 잠에 빠져 끝내 포기하는 경우도 있는가 하면 시작한 다음날 바로 굳어지는 사람도 있었다. 몇 자 안 되는 간단한 주문으로 주력(呪力) 기도를 많이 한 사람이나 명상 등 정신집중 훈련에 그런대로 평소 길들여진 사람들에게는 효과가 빨리 나타났다. 일단 손이 굳어지면 수행자들 대부분은 한 달 정도면 전 과정의 수련을 마치게 된다.

손이 굳어지고 나머지 단계를 수련하는 동안 위의 상태가 현저하게 좋아지면서 얼마 지나지 않아 위장병 증상이 의식되지 않았다. 고통스럽던 위장병이 말끔히 치유된 것이다. 위장병 완치가 자율훈련법에 대한 믿음으로 자리 잡았고 이 믿음이 내가 쿤달리니를 각성하려고 시도하게 된 계기였다.

자율훈련법을 익히는 약 3개월 동안 《명상술 입문》을 통독하여 쿤달리니에 대한 개요를 파악하게 되었다. 책에 기록된 호흡법이나 좌법 등 필요한 요건들이 인도에서 만들어진 것이어서 인도인들의 체격에 적합한 탓에 직접 수련해 보니 내 몸의 조건으로는 적응할 수 없는 경우가 대부분이었다.

처음에는 포기할까 생각하기도 하였다. 그러나 책 내용에서 보는 쿤달리니는 당시 내가 처한 곤궁한 삶이나 패배감에서 일거에 벗어날 수 있는 유일한 길이었다. 그 책에는 호흡법이 여러 가지 실려 있었는데 호흡하는 방법이 아주 괴이했다. 우리나라 사람들처럼 다리가 짧고 통통한 체격으로는 반가부좌도 쉬운 방법이 아니다.

하나씩 점검하고 실습해서 내 몸에 가장 쉽게 적응할 수 있는 방법을 찾기 시작했다. 나름대로 방법을 정립하고 호흡을 시작한 지 일주일 정도 지나자 단전에 따뜻한 열감(熱感)을 느꼈고 그로부터 사흘 후에는 뜨거운 감각이 느껴지면서 꽁무니뼈를 가격하였다.

이 공부를 하면서 참으로 다행이라 느끼는 것은 인류 역사상 명상을 수행한 선배들이 해결하지 못한 몇 가지 수수께끼들을 모두 풀었다는 점이다. 물론 나보다 앞서간 선배들이 다수 있었을지도 모르지만 그들은 불행하게도 자신들이 걸어간 길을 후배에게 전수할 방법을 몰랐다. 쿤달리니가 자신에게 어떻게 각성이 되었는지 알 수 없었기 때문이리다.

우선 자율신경 조절법을 쿤달리니 각성과 직결시켰고 단전호흡법을 조합시켰다. 단전의 열기를 동력화하여 꼬리뼈에 충격을 가했으며 각성한 쿤달리니 샥티를 상승시키기 위해 단전호흡을 이용한 점이다.

또한 완성 개념을 세웠고 명상과 쿤달리니를 연결시켰으며 명상에 생각을 끊는 방법을 도입하였다. 견성이라고 하는 생각이 일어나지 않는 자리와 성성한 의식마저 사라지는 공중무색의 무상삼매의 자리를 발견하였고 진아를 터득하게 되었다.

이 길을 간 선배들의 족적을 종종 찾을 수 있었지만 이 흔적들을 공부의 수순과 연결시켜 활용하지 못하다가 그 자리를 지나고 나서야 "아하 그렇구나" 하고 체험으로써 깨닫고 안도감을 느낀 적도 여러 차례였다.

모든 길을 가르침 없이 혼자 스스로 개척하면서 가야 했으므로 25년이란 세월 동안 수없이 많은 시행착오를 거쳤고 몸은 산야(山野)를 방황하고 마음은 허공 속에서 보낼 수밖에 없었다.

쿤달리니가 완성되면 쿤달리니의 기(氣)작용이 부드럽게 활동하지만 의식할 정도는 아니다. 이때부터 머리는 구름 한 점 없는 가을 하늘처럼 쾌청해진다. 건강하다는 개념 이전의 어딘가 불편하다는 의식조차 없는 아주 자연스러운 상태가 된다. 명상하는 데 최선의 조건을 갖추게 된 것이다.

내가 수련한 명상수행의 행적을 더듬어 보는 것도 뒤에 오는 사람들에게 도움이 될 것이므로 부언하고자 한다. 내가 쿤달리니를 각성하게 된 동기는 앞서 밝혔듯 *참 나*를 추구하고자 하는 종교적 차원의 수행이 아니고 당면한 어려움을 극복하기 위함이었다.

당시 명상에 대한 나의 인식은 거의 기본지식조차 없는 상태였다. 77년 무렵에는 보릿고개는 넘어섰다 하지만 먹을 것이 풍족한 상황은 아니어서 참선이나 명상이 사람들의 시선을 끌기에는 아직 이른 시절이었다.

불교뿐 아니라 다른 종교에 대해서도 나는 흥미를 느끼지 못했다. 명상은 종교와 연관이 있으므로 종교와 친숙해야 하는데 종교에 대해서 문외한이므로 명상에 일가견이 있는 사람을 주위에서 찾을 수 없었고 스승이나 도반이 없는 것도 당연하였다. 오로지 《명상술 입문》이란 책 한 권에 의지할 뿐이었다.

쿤달리니 완성 전까지는 쿤달리니 샥티의 움직임이나 몸에서 일어나는 현상들, 영적차원의 여러 현상들, 그리고 오색찬란한 빛의 향연을 보는 정도였다. 가장 큰 소득이라면 사람은 죽지 않는다는 사실을 터득한 점, 그리고 이 기간 동안 정신 집중이란 명상의 기본 개념의 실현이 육체적·정신적 급격한 변화 때문에 쉽지 않다는 점이다.

그러나 이 기간 동안 어려운 여건을 극복하고 명상한다면 내면을 관하는 기본교육이 충실하게 이뤄진다 볼 수 있다. 쿤달리니가 목을 타고 머리로 올라와서 가슴으로 내려가는 동안 수행자는 영적차원의 여러 세상들과 그 세계의 존재들을 만나게 된다. 불교에서 말하는 마장(魔障)을 체험하게 된다.

사람들은 공부가 끝나면 마장을 체험하는 것으로 알고 있다. 일반 수행자들은 공부의 끝이 오감을 초월하는 지점으로 알고 있으므로 옳은 말이기는 하다. 쿤달리니를 각성하여 수행할 때는 공부 끝이 아니고 시작 단계에서 마장을 경험하게 된다.

육신통(六神通)도 한두 가지 체험하는데 이 신통들은 사람들의 눈에 띌 정도로 대단한 것이 아니다. 수행자 자신이 감탄하고 당혹할 정도라면 충분하다. 그러나 수행자에 따라 차이는 있지만 3~4개월 정도 지나면 모두 사라진다. 동시에 머리 뚜껑이 열리면서 펼쳐지는 빛의 향연인 신인합일(神人合一)을 체험하게 된다.

쿤달리니가 완성되기까지는 수행자 개인으로서는 참으로 어려운 시간이기도 하다. 육체적·정신적으로 고통과 혼란이 뒤범벅되어 갈피를 잡을 수 없는 때이다. 공부하는 동안 육체적으로 가장 어려웠던 때가 완성 시점이었다고 기억한다.

쿤달리니의 진로에 대한 예비지식이나 참고 서적, 스승의 부재 등으로 인한 희한한 초현상과 고통, 아픔 그리고 별난 재미를 홀로 경험하는 동안 정신병을 의심하며 스스로의 행동을 유심히 체크하면서 불안, 초조에 떨기도 하였다. 현재 하는 일을 이해하고 다음 진행될 과정이 확정되어 있어 미래가 예측 가능하고, 선험자나 도반이 있다면 이 일이 설령 어렵더라도 참고 견딜 만할 것이다. 이처럼 힘들고 어려운 시절, 특히 쿤달리니 완성 시점 이후 내가 의지했던 명상법과 그간의 과정을 간단히 요약하여 소개함으로써 도움을 줄 수 있으리라 믿는다.

쿤달리니 샥티가 식도(食道)를 타고 내려가기 시작하면 마치 악몽이 스쳐지나간 듯 육체적·정신적 고통들이 말끔히 사라진다. 비로소 명상하기 좋은 여건들을 갖춘 것이다. 내가 처음 시도한 명상법은 영안(靈眼) 개발법으로 양미간에 집중하는 방법이다. 영안 개발법은 정신집중을 통하여 인간 의식의 장(場)이 광대무변(廣大無邊)하여 한없이 확장이 가능하고 조작도 할 수 있음을 확인하는 좋은 명상법이다.

이 명상법이 명상법으로는 유일하게 《명상술 입문》에 실린 내용이다. 당시는 명상 자체를 모르는 시절이어서 명상하는 방법이 알려져 있을 리 없었으므로 이를 당연한 방법으로 여겨 그대로 따라 할 수밖에 없었다.

요가에서는 일반적으로 영안 개발법을 활용한다. 그러나 불교에서는 선승들이 개별적으로는 사용하고 있다지만 집중하는 방법으로만 사용하고 영안을 개발하기 위해 활용하지는 않는 것 같다.

영안 개발법은 작고 어두운 방에 앉아 눈을 감고 양미간에 집중하여 어둠 속에서 별 같은 작은 빛을 찾는 방법이다. 불빛이 전혀 없는 방에서 눈을 감고 반가부좌를 하고 앉아서 미간에 정신을 집중시키면 크고 작은 빛들이 나타난다. 처음 이 빛들은 이리저리 제

멋대로 움직이고 사라졌다 나타나기를 반복한다. 이 빛들 가운데 가장 크고 밝은 것을 선택해서 의지로 붙잡아야 한다. 그 빛은 가만히 있지 않고 지그재그로 움직이는데다 곧장 사라졌다 나타나곤 하여 붙잡기가 쉽지 않다. 없어지면 다시 가장 크고 밝은 빛을 골라 움직이지 않도록 한 자리에 고정시키도록 집중한다. 이 명상법은 사람들에게는 결코 쉬운 방법이 아니다. 그럼에도 불구하고 그 빛을 고정시키고 확대, 변형시켜 상상의 나래를 한없이 펼칠 수 있었던 것은 쿤달리니를 완성시켰기에 누린 혜택이라 생각한다.

그로부터 몇 년이 지난 후 나는 마음속에 그려진 아름다운 경치 속에서 홀로 도취하여 지내게 되었다. 그려진 장면의 골짜기 개울에 발을 담그고 수온까지 느낄 수 있었다. 바람 부는 감각이나 향기까지도 음미할 뿐 아니라 경치가 만족스럽지 않으면 꽃이 만발한 봄이든 단풍으로 물든 가을 산하로든 자유자재로 바꾸기도 하였다.

적어도 명상을 하는 시간만은 고행이 아니라 그야말로 최고의 즐거움을 만끽하였다. 그렇다고 몇 시간씩 앉아서 힘들게 수행하는 것도 아니어서 일주일에 두세 번 정도 잠자기 전 이불을 편 채 앉아서 30분에서 50분 쯤이 고작이었다. 이 정도의 짧은 시간이면 의도하는 명상의 내용을 충분히 소화할 수 있다. 명상을 시작한 처음부터 지금까지 나의 명상 시간은 길어야 50분을 넘은 적이 없다. 이 시간만으로도 대상이 없으므로 감각들을 쉬게 하고 스스로도 인식할 수 없도록 호흡을 제어하여 깊은 삼매에 몰입하는 것이 가능하였다.

정치적으로 어수선한 1981년이 되면서 나는 다시 전환점을 맞이하였다. 당시 쿤달리니가 완성되는 시점이어서 내 마음은 사랑과 연민으로 충만하여 사실상 성자(聖者)의 흉내를 낼 정도였다. 사람들이 측은하고 가련하여 주체하기 어렵게 느껴졌지만 이런 현상이 명상 때문이라 여기면서 억누르고 자위하였다. 이때 통사정하는 한 사람의 청을 거절하지 못한 것이 빌미가 되어 회사에서 권고사직을 당했다. 무마하려 했다거나 고개를 숙이면서 자숙했더라면 상황을 모면할 수 있었지만 쉽게 사표를 내고 말았다.

사회생활하면서 쿤달리니를 공부하는 수행자는 반드시 유념해야 할 사항이 있다. 쿤달리니를 각성한 사람은 초현실적인 여러 경험을 통해서 세상에 대한 관념과 가치관이 자신도 모르는 사이 크게, 서서히 바뀌게 된다. 그 때문에 사람들과의 관계에서 예측할 수 없는 상황과 맞닥뜨리게 된다.

서로 흥정을 벌이고 상대방을 설득하고자 하지만 이길 수 없어 대부분 양보하거나 상대의 요구를 받아들인다. 그리고 직업이나 사업, 또는 이익을 그만두거나 포기할 만한 상황이라 할 수 없는데도 거침없이 버리고 훌훌 손을 털고자 한다. 일단 직업이나 사업을 포기하면 다시 생업을 꾸리기가 수행자에게는 매우 어려운 일이므로 백번을 생각하고 다시 백번을 가족과 상의한 후 결정해야 한다. 그리고 대외적인 업무보다 내부 근무가 적합하고 흥정하는 사업보다 정찰제 사업이 효과적이다.

직장을 그만둔 뒤 사업을 시작하였지만 자본이 영세한데다 이미 어떤 혹독한 곤경도 굳건하게 이겨낼 의지도 없어서 얼마가지 않아 폐업하고 말았다. 다시 1년 이상 실직자로 지내면서 곤궁한 생활을 영위해야 했다.

78년 쿤달리니 각성 후유증으로 헤매고 있을 때 광덕스님의 도움으로 기를 운행한 것이 인연이 되어 절에 다니게 되었다. 실직한데다 생활고에 시달리는 것을 알게 된 불광사(佛光寺)의 장로들이 기도를 권하였다.

나는 '신묘장구다라니' 십만독을 목표로 선암사의 말사인 도솔암으로 갔다. 쿤달리니를 완성한 사람이 백일씩이나 기도하겠다는 것은 지금 생각하면 우스운 일이지만 상관관계를 모르는데다 절박한 당시 여건으로서는 선택의 여지가 없었다.

목탁과 염주를 들고 들어가 사부 정근으로 50일 만에 5만 독을 하고 하산하였다. 하루 12시간 이상 기도를 하면서 정신이 혼몽해지는 상태를 자주 겪었다. 명상을 할 때는 기껏 30~40분 정도이므로 졸리거나 몸이 불편한 점을 느끼지 못한다. 그러나 하루의 절반 이상인 12~13시간을 독송하므로, 쿤달리니를 완성했다 하나 정신의 집중도가 떨어지고 머리가 흐릿해졌다. 나도 일반 수행자들처럼 혼몽한 상태에 이른데다 며칠 동안 견딜 수 없을 정도의 수마(睡魔)에 시달리기도 하였다. 쿤달리니로 무장했다 하더라도 이와 같은 극한상황 속 기도 등의 수행에서는 각성하지 않은 수행자와 똑같은 현상을 보인 것은 참으로 흥미로운 일이다.

하산한 지 3개월 후 친구의 도움으로 인쇄업을 시작하게 되고 처의 내조로 집을 마련하면서 안정을 찾게 되었다. 그동안 중단하였던 명상수행도 다시 시작하였고 절에 다니면서 참선에 대해서 듣거나 책도 접하게 되었다. 그러나 불광사 장로들의 간곡한 충고에 따라 쿤달리니 명상보다 화두를 들었다.

6개월 정도 화두를 품고 있다가 내려놓고 말았다. 화두를 들 때는 강한 의심을 내야 한다는데 아무리 노력해도 의심은 강해지지 않았다. 그래도 쿤달리니를 완성한 덕에 집중력이 대단히 높다는 것은 엄연한 사실이었다.

화두를 잡은 지 한두 달쯤 지나서 무엇인지 머리에 꽉 들어찬 느낌이 들고 서서히 양미간으로 응결이 되었다. 이 현상에 대해 선방 수좌는 "그 응결된 덩어리가 터지면 견성하게 된다"라고 축하 겸 부러움이 섞인 듯 말하였다. 이에 고무되어 나는 더욱 화두의 끈을 졸라맸다. 그런데 터진다던 응결된 덩어리는 그대로인 채 현기증이나 통증 같은 특이한 증세가 나타나기 시작하였다. 쿤달리니 후유증과는 다른 보다 현실 감각에 가까운 고통이었다.

게다가 자율신경 조절법을 응용하고 쿤달리니 완성으로 몸에 길들여진 여러 조건들이 화두를 하는 데는 아무런 효과도 없었다. 쿤달리니 각성자에게는 전혀 어울리지 않는다고 판단하여 다시 원래의 명상으로 회귀하게 되었다.

쿤달리니가 완성되려고 정신적으로나 육체적으로 혼란을 겪던 때 직장에서 수석(壽石) 탐석 바람이 불었다. 수석이라면 여유로운 고급 취미를 떠올리겠지만 나는 고상한 취미로 탐석한 것이 아니었다.

쿤달리니가 앞으로 어떤 모습으로, 또 어떻게 전개될지 전혀 불투명한 상태였으므로 당시 심리 상태는 꽉 막힌 듯 답답하여 훨훨 어디든 떠나고 싶을 뿐이었다. 탐석하는 무리들을 따라 얼마간 곳곳을 누볐다. 그런데 사람들과 더불어 다니는 것이 싫어졌다. 돌 하나에도 생각하는 바가 상당히 다르고 그들과의 모든 대화에서 공통분모를 찾을 수 없었기에 자연스레 혼자 모래사장을 찾게 되었다. 인적 없는 남한강 모래사장 여기저기 한없이 혼자 걸으며 돌들을 보다가 하늘을 쳐다보면서 그저 걷고 보고 또 걸었다. 여름에는 땀을 뻘뻘 흘리면서, 겨울에는 끝없이 펼쳐진 순백의 눈밭 위에 발자국을 남기며 걷고 또 걸었다. 항상 혼자였다.

탐석 여행이 결국 20여 년에 걸친 방황의 시초가 되었다. 회사를 그만두고 벌여 놓은 조그만 밥벌이마저 포기하자 갑자기 누울 자리마저 없어졌다. 명상을 하고 싶어도 앉을 자리가 없어져 버린 것이다. 사람들은 아무데서나 명상할 수 있다고 생각하는데 행주좌와에 시장바닥에서도 화두가 가능하다고 한 불교의 영향 때문이다. 그러나 쿤달리니를 완성하면 삼매에 들기 위해서는 몇 가지 조건이 갖춰져야 한다. 그 조건을 충족시키는 자리를 내 힘으로는 마련할 방법이 없었으므로 마음은 더욱 방황하였다. 매일 하는 일이 다람쥐 쳇바퀴 돌듯 시내를 정처없이 헤맸다. 인쇄업을 시작하자 다시 탐석을 계속하면서 영월에서 단양, 충주, 여주, 미사리에 이르기까지 남한강 양쪽을 샅샅이 훑었다. 밖으로는 탐석을 내세웠지만 탐석이 목적이 아니었다. 충주댐이 완공하고 난 다음 모래밭에서 산으로 방향을 바꾸었다.

이때쯤 아파트도 한 채 마련하여 생활이 일단 안정되었다. 작은 방을 차지하고 명상을 시작하는 한편 토요일이나 일요일엔 주로 산행을 하였다. 지리산과 설악산을 자주 다녔고 종종 다른 산들을 추가하였다. 등산이라 할 수 없었고 그렇다고 경치를 감상할 처지도 아니었다. 그저 천천히 걷는 산보 비슷한 것인데 뱀사골 계곡의 정경이 참으로 좋았고 설악산 가야동 계곡의 아름다움도 잊을 수 없다.

쿤달리니를 각성하고 완성한 지 그럭저럭 10년이 되자 나의 명상공부는 잠시 화두를 들다가 내려놓았지만 이미지 작업에서는 괄목할 성장을 이루었다. 붉게 물든 단풍이 비쳐 그려낸 뱀사골 계곡과 가야동 계곡, 또 작지만 아름다운 이름 없는 경치들을 이미지 작업에 연결시켜 공부하게 되었다. 명상 속에서 계곡의 경치를 떠올리고 부족한 부분은 수정을 가하고 색깔도 바꾸었다. 이미지가 완성되면 그 그림 속에 내가 함께하여 바람소리, 물소리, 물의 감촉까지 느끼는 수준에 이르렀다.

나를 찾는 길이 고행이라 하지만 나는 옛이야기에 전해 내려오는 신선놀음을 즐기면서 공부하였다. 카메라를 마련하여 사진을 찍거나 다른 좋은 사진을 보면 이를 이용해서 자유자재로 이미지를 구성하기도 하였다.

일부 요기들은 수련에 사람이나 동물을 등장시킨 의사소통도 좋은 수련방법으로 이런 방법들이 영적 교감에 도움을 준다고 한다. 그러나 명상 중 대상물이나 신 앞에서 의견을 나누는 일은 절대 있어서는 안 된다는 것이 내 견해다. 수행자가 원하는 바 있어 신 앞에 무릎을 꿇는다면 상관없겠지만 참 나를 추구하는 수행자라면 대상을 만들어서는 안 된다. 명상 중 이런 행위는 결국 마(魔)를 불러들이는 빌미이기 때문이다.

이같이 신선놀음에 빠져 있다가 어느 날 명상의 목표가 생각을 끊고 육체의식을 벗어나는 데 있다는 내용을 요가 서적에서 접하게 된다. 그 책속에 방법이 적혀 있거나 생각을 끊는 상태나 육체의식을 초월하는 현상에 대한 설명이 있는 것은 아니었다. 그러나 새로운 목표가 눈앞에 드러난 것이다. 참으로 고마운 맥점을 짚어 준 것이다. 나는 바로 실행에 옮겼다. 이미지뿐만 아니라 이미지 속에서 감각을 대입시키고 이를 구사할 정도로 의식을 조작하는 능력을 가졌으므로 그 반대인 의식의 차단 또는 생각을 쉬게 하는 것도 별로 어렵지 않게 이루어냈다.

생각을 끊는 작업을 시작하면서 공부는 까다로워지기 시작하였고 본격적인 고행이라면 그때부터가 아닌가 여겨진다. 생각을 끊는다는 것은 끊임없이 떠오르는 연상(聯想)작용이 정지되어야 한다. 그러나 연상작용이 정지한다고 해서 그것만으로 생각이 일어나지 않는 것은 아니다.

육체의 모든 감각기관이 대상을 인식하지 못하는 상황까지 연출해내지 않으면 안 된다. 과거의 경험이나 인식 등의 저장된 정보들이 생각이라는 현상으로 드러나는 것은 집중 수련으로 제어가 가능하다. 그러나 감각이 대상물을 접하면서 일어나는 인식작용은 억제할 수 없으므로 접하지 못하도록 미리 방지해야 한다.

요가서에 감각 억제에 관한 내용이 있다. 감각조절을 프라트야하라라고 하는데 감각기관에 대해 초연해짐으로써 외부세계와 관계를 차단시킨다는 것이 요지이다.

"이것은 마음을 통하여 감각을 초월함으로써 가능해지는 것이지만 핵심은 마음 그 자체의 초연함이다. 수행자가 완전히 몰입상태에 들어갔을 때 마음의 완전한 몰입으로 인하여 프라트야하라가 가능해진다."

엉덩이가 허물어 구더기가 생길 정도로 감각을 초월하여 장좌불와하는 수행자들을 종종 보거나 듣는다. 이런 경우 몰입의 예외 사례라고 여겨지므로 제외하고 수행과정에서 몰입이라 할 수 있는 두 가지 예를 들어보자.

첫째 정신집중에 의한 몰입이다. 수행자가 아니더라도 정신 집중력이 강한 사람들에게 가능한 몰입이다. 골똘히 무언가를 생각하다 보면 옆에 벼락이 떨어져도 모른다는 말처럼 감각의 기능이 집중에 억눌려 감각 조절의 형태로 드러나는 경우이다. 이 같은 감각

조절은 수행하는 차원에서 본다면 화두를 든다든지 한 곳을 응시해서 몰입하는 경우이다. 이때는 정신작용이 과도하게 한 곳에 집중하여 다른 것은 의식하지 못하기 때문에 초연하다고는 하지만 집중이란 의식이 작용한다는 점에 주목해야 한다. 오감을 탈피하기 전의 최상의 몰입이라 할 수 있다.

둘째 쿤달리니가 완성된 후에 가능한 몰입이다. 생각이 일어나지 않은 상태에서 모든 감각이 대상이 없어 기능이 정지한 상태를 말한다. 여기서는 감각을 조절하거나 제어한다는 개념이 없다. 머리에 생각이 없는, 텅 비어 있는 상태이므로 감각이 대상을 만나면 바로 생각이 일어나고 몰입상태가 와해된다.

이상에서 보는 바와 같이 집중을 통해 과거의 정보가 만드는 사유작용을 억제하는 알아차리는 훈련과 감각의 대상을 제거함으로써 새로운 정보를 받아들이지 않는 이 두 가지 요소가 잘 배합되면 생각을 일으키지 않게 된다. 생각이 일어나는 것을 알아차리는 훈련이 쌓이면 생각이 일어나지 않는 공간의 간격이 점점 늘어난다. 감각의 대상을 제거한다는 것은 눈을 감아 시각이 작용하지 않고 소리를 차단하여 청각이 감응하지 못하게 하며 옷을 벗어 피부의 감각 역시 쉬도록 하는 것이다.

이 정도로 생각이 일어나지 않는 상태를 만들 수 있는 여건을 충족하는 것은 아니다. 깊은 밤 작은 방에서 불을 끄고 앉아 위의 두 가지 방법이 잘 시행되면 바로 호흡 소리가 느껴지는데 이것 역시 감각이 작용해 생각이 일어남이다.

자율신경 조절법을 통해 호흡을 조절하여 호흡 소리를 스스로 인식할 수 없을 정도가 되면 다시 방해자가 나타나는데 바로 심장의 박동 소리다. 무엇이든 감지한다는 것은 바로 생각이 일어남이다. 역시 자율신경 조절법만이 심장 소리를 의식하지 못하도록 조절해 준다. 이런 제요건들이 갖춰져야만 비로소 전의나 초월, 무상 삼매의 상승단계인 삼매에 몰입할 수 있다.

호흡을 미세하게 하는 데는 상당한 어려움이 있었다. 호흡이 미세하다는 개념이 호흡을 천천히 하는 것인지, 호흡량이 적어지는 것인지 알 수 없었다. 그 때 선문촬요(禪門撮要)에서 발견한 것이 '호흡을 하되 새의 깃털을 코앞에 바짝 대더라도 흔들림이 없도록 하라'는 가르침이다.

이 내용은 묵조선 계통의 최상승 수행법으로 보이는데 이런 예로 보건대 드러나지 않은 큰 선지식이 존재했음을 미루어 짐작할 수 있다. 이 호흡법을 시행하면 호흡량이 너무 적어서 사람의 육체에 필요한 산소량이 부족해지는 탓인지 전신의 모공이 모두 가늘게 떨리는 현상을 체험한다.

이런 요건들이 모두 완벽하고 조화롭게 구사되면 높은 낭떠러지[百尺竿頭]에서 한 발 나아가[進一步] 푸욱 밑으로 꺼지는 느낌이 들면서 삼매에 몰입하게 된다. 이 같은 간단한 설명이 이 방법을 쉽게 터득할 수 있다는 의미는 아니다. 가다가 막히면 새로운 길을 찾는 데 빨라야 몇 개월, 길면 몇 년씩 걸렸다. 지금은 요가나 불가의 수행 서적들이 많이 출간되어 있지만 내가 공부하던 때는 참고할 서적이 없었으므로 이런 방법에 대한 기록을 전혀 찾을 길 없어 하나하나 스스로 만들어 가야 했다.

수행자들이 정신 집중도가 높아지면 요가 서적들이 말하는 감각을 제어하는 방법들을 사용하고 싶은 충동을 느낀다. 그러나 어떤 경우에도 감각을 제어하려 해서는 안 된다. 이로 말미암아 감각기능에 본의 아닌 장애를 가져오는 수 있다. 특히 청각이 문제다. 명상중 소리를 감지했을 때 듣지 않겠다고 집중하면 듣지 않을 수 있다. 그로 인해 감각 제어에 성취감을 느끼게 되면 신체적 장애로 현실화할 가능성이 커진다. 내 청각이 그런 이유로 상당히 훼손되었다는 사실을 밝혀둔다.

감각을 억제하기보다 감각의 대상을 제거하려는 노력이 깊은 명상을 수행하는 빠른 길이다. 감각의 대상이란 귀에는 소리, 눈에는 빛, 코에는 냄새, 피부에는 촉감이다. 그래서 소리가 가장 엷어지는 자시(子時)인 밤 11시부터 새벽 1시 사이를 명상시간으로 이용하였다.

일반 사람들은 의식하지 못하지만 쿤달리니를 완성하고 명상 수련을 하다 보면 기(氣)의 작용에까지 신경이 쓰인다. 다시 말하면 해 뜨기 전 1시간부터 해 진 후 2시간 무렵에는 심장이 해의 기 작용에 영향을 받아 몰입에 방해된다. 특히 새벽 해 뜨는 시간과 해 지는 저녁 시간은 기의 활동이 왕성하다. 낮 시간에도 충분히 강하다. 자시에는 자신이 위치한 자리의 지구 반대편에 태양이 있어 기의 작용이 가장 미약하다.

이런 탐구와 노력을 경주하고서야 나는 육체의식을 벗어나는 초월의 경지에 들게 되었다. 삼매에서 나오면 고목의 등걸에, 또는 반듯한 돌판 위에 얹혀 있는 듯한 느낌을 갖는다. 삼매에서 나오는 잠깐 사이지만 육체가 마치 고목이나 돌덩이같이 나와는 아무 상관없는 것처럼 생소하게 느껴진다.

이 단계를 수련하는 수행자는 명상하는 동안 외부의 충격에 조심스럽게 대비해야 한다. 오감의 초월 단계에 이른 수행자가 명상하는 동안은 생각이 일어나지 않는데다 전신의 신경이 이완된 상태이다. 이완되었다 함은 육체의 민감한 장기들을 보호하는 신경이 무력화되어 있다는 의미로 이 상태에서 충격이 있을 경우 적절히 대응하지 못한다.

외부의 충격이란 큰 소음이나 진동 심지어 노크 소리나 문 열 때 발생하는 갑작스런 공기의 흐름까지 포함한다. 가장 취약한 부위는 심장인데 아무리 사소한 소리나 공기의 흐름에도 심한 충격을 받을 수 있음을 유념해야 한다.

명상을 할 때는 이상의 여러 요인들을 감안하여 식구들이 움직이는 시간대를 가능하면 피하고 방문을 두드리거나 문을 열지 않도록 주의시키는 것이 중요하다. 명상 중 이 같은 일이 발생할 가능성이 있으면 직감으로 알게 되지만 몸을 추스를 시간이 없어 당하게 된다. 이 같은 여건들이 구비되면 비로소 삼매에 들 수 있다.

명상은 계속 깊어지고 심화하는 것이 인식되지만 마음은 항상 밖으로만 튀어 돌았다. 이유는 알 수 없지만 계속 산하를 한없이 걷고 달리고 날고 싶었다. 토요일만 되면 배낭을 메고 출근하다시피 오후 1시면 어김없이 고속터미널로 달려갔다. 등산이라기보다 산보나 소요 정도였다. 천천히 혼자 아무 생각도 없이 그저 걸으면서 올라가고 내려갈 뿐이었다. 밤이면 산장에서 자거나 산기슭 아무데나 침낭을 펴고 누웠다.

한겨울 눈보라가 휘날리며 영하 30도를 오르내리는 지리산을 종주하고 장마 때면 등산복은 입었다 하나 비를 철철 맞으면서 종일 산속을 헤매고 다녔다. 산에서 무방비 상태로 다녀도 다치거나 어려운 일을 당해 본 적은 없다.

내 스스로 생각해도 광인(狂人)이었다. 미치지 않으면 있을 수 없는 일이어서 주위의 시선은 측은하다 못해 싸늘해지고 의혹에 가득 찬 눈길들이었다. 그래도 해야 할 공부는 끝이 보이지 않고 얼마나 더 정진해야 하는지 아는 바 없었다. 가슴이 답답하여 항상 먼 하늘을 쳐다보기만 했다. 약 20년 동안 이런 방식으로 살다가 95년에는 아예 집을 뛰쳐나가 10년 동안 이런저런 일들을 하면서 여기저기 헤매며 돌아다녔다.

나의 수행기를 요약해 보았다. 30년은 사람으로서는 짧지 않은 시간이다. 스승도 없고 도반도 없으며 믿을 만한 참고서 한 권 없이 공부하느라 참담했던 세월이었다. 그래서 이 길을 누군가 '길 없는 길'이라 이름 하지 않았던가.

이 공부는 '내가 했다' 하는 성취감도 전혀 느낄 수 없는 이상한 길이었다. 요가 서적과 불경을 보고서 '그런가 보다' 할 뿐 '해냈다' 거나 '얻었다' 할 것이 없다. 공부하는 동안 이런저런 체험을 많이 하였지만 해내거나 얻었다는 의미와는 뉘앙스가 다른 느낌이었다. 어떤 이는 깨달음이 없다 한다. 사람들은 깨달음을 신통이나 무엇 이든 이룰 수 있는 도깨비 방망이쯤으로 기대하고 질문하니 그렇 게 대답하였으리라. 깨달음이란 있다거나 없다거나 하는 그런 의미 가 아닌 것이다.

깨달음은 이원적인 세계에서의 사리로 판단할 성질이 아니다. 왜 냐하면 이 세상의 논리대로라면 깨달음은 노력 끝에 성취하거나 얻는다는 의미를 포함한다. 그러나 이 공부로써 터득하는 깨달음은 세상을 살아가는 데 도움이 되는 성질이 아니다.

사람이라면 당연히 갖춰야 할 조건들이 있다. 부모가 있어야 하 고 남편이나 아내가 있어야 한다. 자식도, 스승도, 친척도, 친구도, 선후배도 있어야 한다. 이 조건을 충족하기 위해서는 한없이 가질 수록 좋고 존경도 받아야 하고 명예도 가져야 한다. 모든 것을 소유하기 위해 끊임없는 열정과 돌파력을 지녀야 한다. 가지면 지키고 더 키우기 위해 주도면밀하게 머리를 써야 한다. 그렇다고 항상 마음먹은 대로 진행되지는 않아 잃거나 빼앗겨 구렁텅이에 굴러 떨어지기도 한다.

사람들은 이렇게 살아가면서 그 상황에 따라 기뻐하거나 화내고 슬퍼하거나 즐거워[喜怒哀樂]한다. 애증오욕비경공구(愛憎惡慾悲驚恐懼) 등 인간의 속성인 여러 감정들이 간단없이 분출한다. 사람들의 이 같은 감정들에 더하여 병들고 늙고 죽는다는 고통과 공포들이 바로 고해(苦海)를 이루는 요인들이다.

이런 생각들이, 의식들이, 감정들이 내가 아니고 원래 있는 것이 아니며 다만 신기루이고 출렁거리는 물결과 같음을 아는 것이 바로 깨달음이다. 세상의 모든 만상이 신기루이고 그 신기루로 인해 일어나는 결과가 현재의 나이고 생각임을 자각한다면 그것들에 얽매일 필요는 없을 것이다. 따라서 세상의 모든 가치에 애착이 줄어들어 내려놓게 된다. 자신도 모르는 사이 점진적으로 내려놓아 언젠가 홀가분해진 나를 발견한다. 이것이 깨달음이고 그래서 밖에서 구하지 않으므로 무엇에 의지할 필요가 없어진다. 바로 자유인이 되는 것이다.

이 공부는 무량한 과거세와 과거에 경험하고 수집하여 나를 형성시킨 생각들을 내려놓는 것이 아니라 저절로 흘러내리게 한다. 세상의 모든 가치가 긍정이나 부정이 아닌 그냥 쳐다보는 존재가 된다. 여기에 세상을 놀라게 할 것이 무엇이며 얻음이 있을 수 있겠는가. 조용히 인간세상, 물질세계, 상대세계를 빠져 나왔을 뿐이다.

다시 본론으로 돌아가자. 스승도 없고 참고할 만한 수단도 없었으므로 망설이고 헤매면서 많은 시간을 허비했다. 방편들도 이것저것 가리지 않았지만 모든 것이 낭비에 지나지 않았다. 공부하면서 중시하거나 유념해야 할 부분들을 요약해 보기로 하자.

1) 자율신경 조절법

젊은 시절 내 위장병을 말끔하게 치유해 주고 '길 없는 길'이라는 도에 누구나 친숙하게 접근하는 길을 제시해 준 최초의 방편이 자율신경 조절법이다. 자신의 육체를 생각만으로 조절할 수 있는 최초의 초능력이기도 하다.

현존하는 수행법들은 대수롭지 않은 행법도 상당한 시간과 노력이 필요하다. 앞서 설명했다시피 자율신경 조절법을 익히는 데는 꾸준한 지구력만 약간 필요할 뿐이다. 그러면서도 자신의 육체를 생각만으로 조절할 수 있는 행법은 현재까지 어느 종교, 어떤 수행 단체에도 없다.

명상의 핵심이라 할 내관(內觀)하는 방법을 터득하기는 매우 어렵다. 상당한 경지의 집중에 이르러야 겨우 가능한 내관법은 자율신경 조절법을 마스터할 때쯤이면 자연스레 얻게 된다. 기(氣)의 흐름도 마음대로 다스릴 수 있다. 단전의 열기를 미려로 보내는 데는 '미려로 간다'는 생각이면 족하다.

쿤달리니 자연 각성자 중 이 조절법을 가볍게 생각하고 게을리하다가 어려움에 처한 안타까운 경우도 있었다. 자연 각성이든 인위적 각성이든 일단 이 행법을 배웠다면 최소 2~3년은 착실히 복습해야 몸에 익숙해져 피로뿐 아니라 병적 요인까지 자동으로 해소시킨다.

쿤달리니 각성자는 상당수에 이르지만 그중 몇 사람이나 이 조절법을 꾸준히 시행하는지 의문이다. 쿤달리니 완성 후 시행하는 명상에서 자율신경 조절법에 의한 육체 기능의 조절이나 제어가 없다면 깊은 삼매를 체험하기가 결코 쉽지 않을 것이다.

2) 단전호흡

자율신경 조절법과 단전호흡은 쿤달리니 각성과 완성에 절대 필요한 요소이다. 단전호흡은 이외에도 명상 직전 시행하면 명상에 상당한 도움을 줄 뿐 아니라 일상생활에서 컨디션 조절에 요긴하게 쓰일 수 있다. 문제는 이 호흡을 시행하기가 힘들고 번거롭다는 것이다. 인위적 각성자들은 각성하기 위해 처음에는 열심히 수련하는데 각성한 후 마음이 해이해진 듯 대부분 귀찮아하며 멀리한다. 각성하기 전처럼 각성 후에도 열심히 호흡하지 않으면 완성할 수 없다.

쿤달리니 샥티를 호흡으로 밀어 올려주지 않고 그대로 두면 저절로 완성되는 경우는 전혀 없다. 자연 각성자들 역시 인위적 각성자와 마찬가지로 단전호흡을 가까이하지 않는 경향이 있다. 자율신경 조절법도 의지만 있다면 쉽게 성공하는데도 불구하고 시도하지 않는다. 각성만으로도 성자가 되었다고 자위하고 있는 듯하다. 각성하면 전보다 명상이 훨씬 깊고 그런대로 발전이 보이기 때문에 만족해하지만 완성한 다음의 명상과는 비교할 수 없다.

3) 장소

명상을 공부하는 장소는 수행자에게 무엇보다 중요하다. 수행서에는 너무 조용한 장소를 구하지 말라 한다. 정신 집중법을 사용한다면 구태여 조용한 장소가 필요하지 않지만 쿤달리니 완성 후 시행하는 명상은 생각이 일어나지 않은 상태에서 수련한다.

호흡 소리와 심장의 맥박에도 장애를 받을 정도여서 미세한 삭은 소리도 바로 의식과 연결되므로 조용한 장소를 바라게 된다. 내가 수행하는 동안 방황한 가장 큰 요인이 장소 문제였다. 여러 사찰들을 둘러보고 산속 마을을 여기저기 헤맨 것은 조용한 자리를 찾기 위함이었다.

세파에 시달린 정신이나 육체를 쉬게 하고 재충전하기 위해서는 조용한 곳이 안성맞춤이다. 그러나 아무리 조용하다 해도 사찰이나 산속은 깊은 명상을 하기에 너무 시끄럽다. 새소리, 벌레소리, 바람소리, 물소리 들의 경연장이기 때문이다. 옛 선지식들이 공부하였다는 동굴도 기웃거려 보았지만 공부할 수 있는 여건이 아니어서 집밖에서는 결코 마음에 드는 적당한 곳을 찾을 수 없었다.

요즘의 주택이나 아파트는 방음이 비교적 잘 되어 있어서 한밤에는 소리가 거의 없는 곳이 많다. 작은 방을 명상하는 방으로 정하여 약간 조절을 하면 아주 만족스러운 도량이 된다. 내 경우 마음은 이상적인 자리를 찾아 헤맸지만 공부 과정을 마스터한 자리는 살고 있는 아파트의 작은 방이었다.

완성 후 공부하고자 한다면 내 경우처럼 조용한 방을 원하는 욕망이 강해진다. 이 세상 어디에도 완벽하게 마음에 드는 곳은 없다. 밖에서 찾으려 하지 말고 자신이 앉아 있는 자리에서 만들어야 한다. 내 생각에 공감한다면 그만큼 방황하는 시간이 줄게 될 것이다.

4) 명상 방법

명상에는 크게 나눠 정신을 집중하는 법과 집중과는 반대 개념인 생각을 놓는 법이 있다. 정신을 집중시키는 방법에는 화두를 들거나 미간이나 차크라 등에 집중하는 방법, 영안개발 등이 있다. 생각을 놓는 방법은 생각이 떠오르는 것을 알아차림으로써 생각을 멎도록 하는 방법인데 묵조선에서 사용했으리라 여겨진다.

요가 서적들을 보면 쿤달리니와 명상의 관계에 대한 언급이 없다. 샥티가 가슴에 이르면 삼매가 영원하다 하여 완성 자체로서 공부가 끝난다면 구태여 명상이 개입할 자리가 없다. 또한 샥티가 아나하타 차크라를 넘어선 수행자가 없다면 쿤달리니와 명상과의 관계를 알 리가 없다.

어쨌든 쿤달리니가 완성되더라도 명상을 해야 비로소 석가여래가 지나간 길을 그대로 따라갈 수 있다. 화두나 차크라에 집중하는, 의식을 매개로 한 명상은 쿤달리니 완성 후에는 아무리 열심히 수련하더라도 영성 진화에는 전혀 의미가 없다. 대학생이 초등학생의 구슬놀이나 딱지치기를 하는 상황에 비유할 수 있으리라.

나는 완성하고 난 다음 영안 개발법을 매개로 한 명상을 하였다. 이 명상법은 옛 신선들의 이야기에 자주 등장하는 내용이어서 도가를 공부하는 수행자들이 주로 사용한 듯하다. 이 요지경 같은 명상 방법에 한두 해를 낭비하였다. 당시 내가 접할 수 있는 유일한 방법이었기 때문이기도 하다.

영안 개발법은 재미나 성취감은 있지만 영성을 고양시키는 데는 한계가 있다. 그래서 제자들에게 시험해 본 결과 쿤달리니를 완성한 다음에는 별 노력없이도 바로 생각의 흐름이 단절됨이 체험을 통해 증명되었다. 의식을 매개로 한 명상은 쿤달리니를 완성한 수행자에게는 시간과 정열을 철저히 낭비시키는 방법임이 증명된 셈이다. 따라서 완성 후에는 생각을 단절시키는 방향의 공부가 바른 길임을 확신한다. 생각이 일어나는 것을 알아차리는 이 방법을 채택한다면 늦어도 10년 정도면 진아를 체현하고 상에 대해 자신의 견해를 말할 수 있으리라 믿는다.

이 책에는 자신의 육체를 생각으로써 마음대로 조절할 수 있는 자율신경 조절법을 시작으로, 모든 종교 행위의 정상 위치라는 쿤달리니를 각성하는 방법과 완성하는 방법이 실려 있다. 명상을 매개로 한 초월, 무상삼매, 진아의 구현까지 수행 단계를 낱낱이 열거하고 설명하였다.

감각적이고 영적차원의 내용이라 글로 표현하기가 참으로 어렵다. 또한 대부분의 독자가 이 내용을 모르는 사람이므로 이해하고 받아들이기 쉽지 않을 것이다. 그러나 수행의 길이 어떠한지 대충 짐작했으리라 믿는다. 위에서 지적한 네 가지 문제점은 내 과거와 제자들의 수행 자세에서 아쉬운 점들을 모은 내용이다. 공부하는 동안 이 지적 사항들을 잘 유념하면 빠른 성취가 있을 것이다.

앞으로 공부할 의지가 있는 사람들은 내 방황의 경험을 발판 삼는다면 갈 길이 미리 예측되므로 내 전철을 밟지 않고 시간을 크게 절약할 수 있다. 게다가 보다 많은 사람들이 접할 수 있어 인류사회의 정신 차원을 향상시키는 데 크게 기여하리라 확신한다.

3. 삼매를 의지대로

명상을 수행하는 궁극적인 목표는 진아(眞我)의 발현(發顯)이다. 우선 요가와 선종(禪宗)의 관점을 살펴보자. 마하리시를 통해서 요가의 견해를 들어본다.

"어떤 대상에 대한 집중으로 여러 가지 생각들을 멀리하고 마음을 한 생각에 고정시키는 것은 상당한 경지이지만, 깨달음을 얻기 위해서는 그것마저 사라져야 한다. 깨달음이란 새롭게 얻는 것이 아니라 항상 존재하는 것이지만 생각이라는 막에 가려져 있다. 따라서 이 막을 제거할 수 있다면 깨달음은 스스로 드러난다."

요가에서는 생각이라는 막만 제거하면 깨달음이 스스로 드러난다고 하였으므로 생각이 일어나지 않으면 깨닫는다는 설명이다. 요가는 진아와 깨달음을 같은 의미로 사용하므로 생각이 일어나지 않을 때 진아가 드러난다는 논리이다.

묵조선(黙照禪)을 대표하는 굉지(宏智)선사의 설명이다.

"비사량처(非思量處)에 머물되 거기에 끄달리지 않는다. 즉 생각을 잊고 말을 끊으며, 행동이 떠나 생사거래에 그대로 맡겨두는 곳에서 비로소 비사량의 자취가 현성한다."

비사량처란 분별을 초월한다는 의미로 묵조선이 내세우는 최고의 경지로서 견성이나 다름없는 뜻이다. '생각을 잊고 말을 끊으며 행동을 떠나 생사거래에 맡겨 둔 자리의 뜻이 생각이 일어나지 않는 자리'란 의미인 듯하다.

비사량은 단순한 의식 활동의 부정이 아니고 절대 무심의 순수의식을 바탕에 깔고 있다는 점에서 생각이 일어나지 않으면서 성성한 상태를 견성이라고 표현하는 화두 쪽 견성의 뜻과 차이가 없다. 묵조선은 불행히도 수행법을 전하지 않은 것으로 보인다.

그러나 대혜(大慧)선사가 흑산귀굴(黑山鬼窟) 등으로 묵조선을 공격하고 비난한 내용들로 미루어 생각이 일어나는 현상을 알아차리는 것을 수행의 방법으로 삼았던 듯하다.

대혜선사의 화두선의 관점은 다음과 같다.

"공안(公案) 공부에 의식이 충분하고 유일하게 집중되어야 한다. 의식의 집중과 극도의 긴장 속에서 궁극에는 그 의식이 무의식으로 통하고, 그 무의식은 그대로 의식 밖으로 뛰쳐나와 깨달음의 체험으로 이어진다."

화두는 의정을 바탕으로 궁구(窮究)한다고 하지만 결국 하나로 집중하고 그 집중된 의식의 기능마저 소멸하는 시점 즉 생각의 기능이 정지하였지만 성성한 의식은 존재하는 자리를 최고의 경지인 견성이라 한다.

이상의 세 가지 예는 현존하는 인류의 정신사상 최고 명상단체들의 주장이다. 진아든, 견성이든, 또는 비사량처라고 하든 모두 같은 의미이다. 이 자리를 요가에서는 초월(超越)의 경지라고도 한다. 오감을 벗어난 자리 또는 육체의식을 넘어선 경지라는 뜻이다.

석가모니가 말한 열반경에서 설한 내가 없다는 무아(無我)의 자리이고 색즉공, 공즉색의 자리이다. 성품을 본다, 또는 '본래의 나'

라고 하여 견성이나 진아라고 이름 붙였지만 참 나의 전부가 아닌 한 부분만을 규명한 것이다.

왜 이런 현상이 벌어졌을까. 생각이 일어나지 않는 자리, 무아(無我)라고 인식되는 자리, 또는 삼매에서 나왔을 때 육체와 내가 완전히 별개로 느껴지는 초월의 자리는 수행의 종착점이 아닌데도 불구하고 인간의 정상적인 오감에 영적차원의 특수한 감각이 첨가되지 않으면 접근할 수 없기 때문이다. 그래서 인류 정신사상 겨우 몇 사람만이 특이하게 체험했던 특별한 자리이다. 그나마 일회성(一回性)의 특수한 경험이어서 겨우 한 번 맛을 볼 뿐 두세 번도 접근이 불가능하다.

영적차원의 특수한 감각이란 바로 쿤달리니를 지칭한 것이다. 쿤달리니를 각성하였다 하여 무심, 무념, 공에 접근이 가능한 것이 아니다. 완성을 하여야 한다. 완성하였다 하여도 길을 몰라 헤맬 수 있다. 나도 한두 해 동안 영안 개발법으로 명상을 하였지만 생각을 멈추는 전통적 명상법에는 한 발짝도 다가설 수 없었다. 의식을 활용한 명상법 즉 집중하는 방법으로는 본 궤도에 들어설 수 없었던 것이다. 오직 의식을 배제한 방법인 생각을 멈추게 하는 방법만이 제 길로 들어서는 방편이었다.

생각을 멈추고 끊고 싶다 하여 저절로 이뤄지는 것이 아니다. 물론 쿤달리니가 완성되면 일반 사람들은 상상할 수 없는, 생각이 뚝 끊어지면서 간격이 벌어지는 현상이 나타난다. 그러나 그것만으로 앞길이 열리는 것이 아니다. 계속 생각이 일어나는 것을 주시하면서 생각이 빈 공간을 확장시키도록 노력하여야 한다. 순간순간 생각이 일어나면 즉시 알아차려야 한다. 이 작업을 하는 동안 깊은 명상을 하기 위해서는 여러 가지 필요한 요건이 있음을 알게 된다.

다시 말하면 명상을 하는 데 넘어야 할 여러 장애 요소들이 있음을 발견한다.

선가의 종장들이 누구 하나 이론을 달지 않은 '일회성의 특수한 경험'이라는 견성의 체험에 대해 나는 그와 같은 견성의 경험이 수없이 연속된, 특수한 견성체험을 말하고자 한다. 연속되는 돈오의 많은 체험을 하기 위해서는 부단한 노력이 필요하다.

어느 순간에라도 삼매에 들기 위해 갖춰야 할 요건과 명상에 실제로 임하면서 접하는 장애들을 제거하는 요령을 살펴보자.

명상을 하려면 우선 명상하는 데 적합한 장소가 필요하다. 앞서 언급했든 사찰이나 산 속의 외딴 토굴보다 자신이 기거하는 집이 가장 적합한 곳이다. 그리고 소음이 가장 잦아드는 밤 11시에서 1시 사이의 자시(子時)가 가장 적당한 시간이다.

일반 수행자들은 명상하는 데 시간이나 장소를 가릴 필요가 없다고 생각한다. 그러나 쿤달리니를 완성한 수행자는 명상하려면 자시 이외의 시간에는 소음과 기의 파동 때문에 앉아 있을 수 없음을 인지하게 된다.

집안 작은 방을 수련 방으로 정하고 방음에 노력을 기울인다. 명상하기 전 불시에 방으로 쳐들어 올 위험이 있는 아이가 잠들었는지 확인하고 방문을 잠근다. 불을 끄고 불빛이 들어오지 않도록 커튼을 치는 것이 좋다. 눈에 느끼는 불빛의 감촉은 명상의 방해 요인이다.

불교에서는 캄캄한 곳에서 눈을 감고 있으면 졸거나 마장의 해를 입을까 염려하여 눈을 반쯤 뜨고 주변을 컴컴하지 않게 유지하도록 경고하고 있다. 쿤달리니를 완성하면 영적 체험이 없다고 할 수는 없지만 거칠거나 난처한 일은 일어나지 않는다. 영적현상이 드러난다고 하더라도 이제는 영적차원의 존재들을 말뚱히 쳐다보는 관중의 처지가 된다. 이해하기 쉽지 않겠지만 영적차원의 존재가 수행자를 괴롭히거나 현혹시킬 수 없음이다.

창 쪽을 향하고 좌선자세로 앉는다. 눈을 감고 한두 번 심호흡을 하고 단전호흡을 4~5회 시행한다. 단전호흡을 하는 이유는 쿤달리니의 위치가 머리에 있으면 명상이 수월하기 때문이다. 몇 번씩 호흡을 하여 쿤달리니 샥티가 가급적 머리 주위에 머무르도록 주의를 기울인다.

방에 있는 시계도 방해 요인이므로 명상하기 직전 이불속에 넣거나 멀리하여 초침소리를 차단한다. 이것으로 외부 소리가 최소화하였다고 상정한다. 단전호흡이 끝나면 바로 수직호흡을 시작한다.

자율신경 조절법을 응용하면 호흡이 점점 가늘어지면서 호흡의 움직임이 최소화하여 스스로 자신의 호흡소리를 의식하지 못하도록 조절한다. 이처럼 호흡이 최소화하면 육체가 요구하는 호흡량 즉 산소가 부족해진다.

이를 보충하기 위함인지 전신의 피부가 가늘게 떨리기 시작하면서 피부 밑에서 시원한 감촉을 느끼게 된다. 바로 수행자들이 피부호흡이라고 부르는 현상이다. 불을 끄고 조용히 앉아 있으면 그때 가장 뚜렷하게 나타나는 의식이 뱃속에서 위아래로 왕래하는 호흡의 느낌과 호흡 따라 뱃가죽이 움직이면서 느끼는 옷에 닿는 감촉이다. 호흡하는 양이 최소화하여야 이 소리가 점점 가늘어져 결국 듣지 못하게 된다.

이것은 '코앞에 깃털을 댔을 때 깃털이 움직이지 않게 호흡하라'는 선문촬요의 지침과 같은 호흡법으로, 깊은 삼매에 몰입하는 전제조건이다. 피부의 촉감은 옷을 벗음으로써 쉬게 한다. 호흡이 가늘어져 의식되지 않는다고 생각하면 바로 생각을 쳐다보기 시작한다. 오래지 않아 생각과 생각 사이가 문득 조금씩 벌어지는 것을 느끼게 된다. 생각을 관(觀)한다 함은 생각이 일어나는 것을 알아차린다는 의미이다. 알아차리는 순간 그 생각은 바로 사라진다.

'명상할 때 허리를 바로 세우라'라는 지침이 있다. 명상을 하다 보면 자신도 모르게 허리가 구부러지고 머리가 수그러든다. 완성한 수행자도 시간이 좀 지나면 빳빳이 세웠던 허리가 자연히 구부러지는데 구조상의 문제로 짐작한다. 허리가 구부러지면 당장 수직 호흡이 불편하여 명상상태가 흐트러지고 그래서 다시 허리를 반듯이 펴게 된다. 깃털을 코앞에 댄다거나 허리를 펴는 동작을 행한다는 언급은 이 경지에 이른 큰 선지식이 있었음을 암시하는 의미임을 추론할 수 있다.

자신이 호흡하는 움직임은 명상하는 시간이 쌓일수록 점점 더 세밀해져서 입고 있는 러닝셔츠와 팬티까지 거추장스럽게 여겨진다. 호흡을 최대한 미세하게 한다 해도 크든 작든 배 부분이 움직이면서 옷에 닿으면 입고 있는 옷을 하나씩 벗게 되고 얼마 후에는 벌거벗고 앉아 있게 된다.

이상이 쿤달리니 완성 후에 무종삼매에 이르기까지 명상하기 위해 자리에 앉으면 취하는 기본 자세이다. 일반사람들이 이 같은 과정을 좇는 것은 불가능하다. 쿤달리니를 각성했다 하더라도 완성하지 못하면 역시 따라하지 못한다. 쿤달리니가 완성되었다 하더라도 집중법을 채택하면 목표에 접근도 할 수 없다.

사람들은 반야심경을 기도문이나 대승불교를 대표하는 경전이라 인식한다. 그것을 부정하고 싶지 않지만 나는 이 경이 석가여래를 비롯한 구경지에 도달한 분들의 공부하는 과정을 간단하게 서술한 내용으로 간주하고 싶다.

쿤달리니를 완성하고 이 좌선법을 익히면 명상을 할 때마다 매번은 아닐지라도 세 번에 한 번 정도는 의식이 갑자기 바뀌면서 깊은 삼매에 들어갈 수 있다. 낭떠러지 아래로 떨어지는 것처럼 깊이 빠지는 감각이 들면서 의식차원이 바뀌게 된다. 이 현상을 전의(轉依) 또는 돈오(頓悟)라 하는데 불교에서는 견성이라 한다.

이 전의 현상은 계속되는데 그로 인해 공세계의 여행이 가능해지며 세존께서 보았다는 새벽별, 무아와 진아의 경지도 체험, 증오(證悟)하게 된다.

4. 수행 단계

수행의 최종목표는 *참 나*[眞我]의 발현이다. 화두선에서는 최종 목표를 견성이라 하여 일심 즉 한 마음으로 표현하는 경지이다. 묵조선도 비사량이라 하지만 역시 한 마음 수준과 동일한 자리이다. 진아라는 이름으로 추구하는 요가도 내용은 한 마음과 다르지 않다. 표현은 각각 다르지만 최고 경지의 수준은 생각의 작용이 정지한 동시에 의식은 선명하고 총총한 *한 마음*이라는 자리이다. 그런데 나는 *참 나*를 최종 종착지로 생각한다.

열반경은 '내가 없는 것[無我]을 가르쳤지만 인연이 있어서 또 내가 있다고 하였으니'라고 분명히 말하고 있다. 오랜 세월 동안 불교의 수많은 수행자나 학자들이 이 내용을 어떻게 받아들이고 해석하였는지 나는 모른다. 공부가 짧은 탓인지 이 내용을 인용한 사례를 보지 못했기 때문이다.

사람의 능력이란 한계가 있다. 아무리 노력해도 오감의 작용과 육체 기능의 한계를 넘을 수 없다. 그것이 사람의 한계이다. 그러나 다이빙을 할 때 특수장비를 착용한다면 사람의 능력을 초월하여 수심 100미터를 훨씬 넘어 잠수할 수 있다. 높이뛰기에서도 장대를 빌리면 그냥 뛰는 것보다 10여 배의 높이도 뛴다. 낙하산을 이용하면 아득한 공중에서도 겁 없이 뛰어내린다. 도구나 방편을 사용하면 위의 예처럼 인간의 능력으로서는 상상하지 못할 정도의 엄청난 효과를 거둘 수 있다.

사람의 인체구조나 정신적 능력을 최대한 발휘했을 때, 그중에서도 특별히 우수한 준재(俊才)만이 다다를 수 있는 경지가 바로 *한 마음*, 무념, 견성이라 이름 하는 자리이다. 그것도 매번 가는 것이 아니라 어쩌다 잠깐 갈 수 있으며 게다가 단 한 번뿐이다. 그래서 일회성의 특수한 체험이라 하였다.

나는 *한 마음*의 자리가 전의의 자리라고 하였다. 이 경지의 체험은 돈오 즉 의식이 확 바뀌는 것을 여러 번 반복해야 한 마음의 자리라 하는 선명하고 총총한 의식마저 단절된, 글자 그대로 의식이 완전 소멸된 무상삼매의 자리에 들게 되고 그 후에 진아가 발현된다고 하였다. 이러한 경지는 인간의 육체와 정신 구조로는 접근할 수 없다.

인간이 접근할 수 없는 곳에 접근한 나는 특별한 사람인가. 그렇다. 특별한 사람이기는 하다. 신비에 싸인 쿤달리니의 비밀을 풀어 헤쳐 각성하는 방법과 완성하는 방법 등 쿤달리니의 활용 방법을 발견하였으므로 특별하기는 하다. 그렇다고 별난 사람이 아니다. 나는 본래 일반 사람과 다른 점이 하나도 없었다. 다만 열등의식에 싸여 어떻게 하면 여기서 벗어날 수 있을까만 골똘히 생각하면서 쿤달리니에 매달렸고 이것이 나를 쿤달리니의 비밀을 풀어낸 인물로 변신시켰다. 쿤달리니를 별로 의식하지 못하면서 쿤달리니라는 장비를 잘 활용하였을 뿐이다.

요가의 몇몇 단체는 명상의 목표점을 쿤달리니의 각성에 두고 있다. 마찬가지로 모든 종교에서 화두선이나 묵조선, 관상 또는 명상이란 이름으로 수행하는 수행자들은 부지불식간에 쿤달리니의 각성 현상을 열망한다. 현재까지는 참기 힘든 기나 긴 고행을 동반한 수행만이 쿤달리니를 각성시키는 방법이었다. 아무리 각고의 고행이나 수행을 하여도 쿤달리니를 각성하지 못한다면 수행자로서의 소망을 이룰 수 없었다.

쿤달리니를 통하지 않고서 깨달음의 세계에 접근하는 것은 하늘에서 별을 따겠다는 생각과 마찬가지다. 그러나 하위의 깨달음은 현재 널리 알려진 것처럼 의식을 한군데 집중하거나 무엇을 쳐다보다가 순간적으로 얻어질 수도 있고 비몽사몽간의 몽롱한 의식에서 얻어지는 경우도 있다. 일회성의 특수한 체험으로 얻어지는 깨달음도 깨달음이긴 하지만 이제 겨우 육체의 벽을 뛰어넘은 단계에 불과하다. 오감이란 인간의 한계를 초월한 단계이므로 대단하다고 인정한다. 그러나 여기에는 아직도 의식이 남아 있다. 상위의 깨달음은 선명한 의식이 아닌 의식 자체가 소멸한 가운데서 얻어지고 이것이 의식화, 체질화하면서 계속 진화한다.

명상수행에서 어떤 단계를 거쳐야 진아 현성에 이르며 어떤 방법으로 공부해야 하는지 알기 위하여 우선 초기 불교에서 시행하였던 명상의 흐름을 파헤쳐 본다.

1. 초기 불교에서의 명상 수행

붓다는 6년 동안 지켜온 수행 방법인 고행을 포기하고 초선(初禪)의 성취를 떠올리며 이것이 깨달음에 이르는 길이라는 생각이 들었다 한다. 초선은 거친 사유[尋] 즉 사물 특히 말의 의미를 찾아 헤아리는 정신 작용과 미세 사유[伺] 즉 사물을 세밀하게 사찰하고 사유하는 정신 작용을 갖춘 선정 단계이다. 그런데 이 초선은 제 2선 즉 사려분별의 작용을 여의고 즐거움 등이 있는 선정에 들면 이 두 가지 사유 작용이 그친다고 하였다.

붓다가 수행하던 수행방법은 감정과 육체에 과도한 억압을 가하고 언어도 철저히 배제한 고행이 주류였던 것으로 짐작된다. 6년 뒤 고행하는 방법을 수정한다. 붓다가 깨달은 중도(中道)의 모델은 과거의 이 억압된 수행법을 돌아보고 버리는 순간 발견한 것이라 말하는 학자도 있다.

내 견해는 다르다. 어느 날 갑자기 바꾼 붓다의 수행법은 당시 존재했던 방법이 아니었다. 붓다가 어떤 계기에 의해 창안한 새로운 방법으로 붓다 혼자에게만 적용되는 수행법이다. 왜냐하면 중도라고 하는 수행법은 어려운 방법이 아닌데 제자 중 누구도 붓다처럼 성도한 사람이 없기 때문이다. 이런 상황으로 미루어 붓다는 6년의 고행으로 쿤달리니를 각성하고 완성한 듯하다.

또 다른 이유도 유추할 수 있다. 거친 사유와 미세사유가 포함된다는 초선은 명상을 하는 사람이라면 누구나 그 정황을 이해할 수 있다. 문제는 제 2선에서 이 두 가지 사유가 그친다는 데 있다. 거칠다, 미세하다를 가릴 것 없이 사유작용이 그친다는 것은 정상적인 사람에게서 쉽게 일어날 수 있는 현상이 아니다. 바로 쿤달리니 완성 단계의 공부 방법과 매우 유사하다. 마장(魔障)을 체험했던 시기도 쿤달리니 샥티가 머리까지 올라와서 가슴으로 내려갈 때 즉 쿤달리니가 완성되는 시점에 겪는 현상과 일치한다.

쿤달리니를 완성하고 명상을 하면 생각이 뚝뚝 끊기는 현상을 경험한다. 그래서 이 자리를 제 2선이라 한 듯하다. 이 자리에서는 명상 중 황홀한 빛이나 꽃비 같은 빛의 형상들을 볼 수 있다. 그래서 붓다는 "감각적 쾌락에 대한 욕망이나 악하고 불건전한 상태와는 관계없는 즐거움에 대하여 두려워할 필요가 있을까"라고 완성 후의 의식 변화에 대해 술회하였다.

그리고 중도를 택해 사선정을 체험하고 삼명을 얻었으며 열반에 이르게 되었다 하였다. 이 자리에서 과거세의 생을 아는 일이나 생사의 일, 번뇌를 단멸하는 지혜 등의 삼명(三明)과 비슷한 지혜를 얻고 사선정의 길을 가게 되었다는 것이다. 이 같은 내용으로 보아 붓다가 대오각성했다고 간주하는 시점이 쿤달리니를 완성하고 난 후 체험하는 현상이나 공부하는 방법과 매우 비슷하다.

명상 중 보이는 현상들에 대해 수행자들은 과도한 경각심을 가진다. 쿤달리니를 각성하면 영적차원의 감각과 인식이 형성되어 마장(魔障)이라는 현상들에 두려움을 느끼지 않게 된다. 처음에는 상당한 두려움을 느끼지만 오래지 않아 쳐다보지만 볼 뿐 두려움은 없다. 경우에 따라서는 환희와 희열에 넘치게 되고 그때부터 수행하는 방법도 아주 간단해져 별 어려움을 느끼지 못한다. 다만 내 경우 다음 공부의 방향이나 목표를 모르는 것이 어려웠을 뿐이다.

당시에는 수행법으로 사념처(四念處)를 관하는 것이 주류였던 듯하다. 사념처 중 (1)신념처(身念處)는 부모에게서 받은 육신이 부정하다 관하고 (2)수념처(受念處)는 대상으로 인한 즐거움이 진정한 낙이 아니라 고통이라 관한다. (3)심념처(心念處)는 마음은 항상 그대로 머무르지 않고 늘 변화 생멸하는 무상한 것이라 관하고 (4)법념처(法念處)는 자아라는 실체는 없어 내가 없다[無我]고 관하는 수행법이다. 이 수행법은 있는 그대로를 쳐다보고 알아차리는 것이 골자인데 남방불교의 위빠사나의 형태로, 중국에서는 북종의 수행법으로, 또는 묵조선의 수행법으로 전승하다가 묵조선의 퇴조로 중국에서는 소멸하였다 한다.

남종 계열에서 발흥한 간화선은 기초적 수행법으로 마음을 화두에 집중하는 방법으로는 누구나 쉽게 수련할 수 있는 장점을 가진 반면 인간의 한계 즉 오감을 초월해야 도달하는 목표점인 일념의 자리를 가는 데 묵조선보다 상당히 비능률적이다. 묵조선의 방법이 전문 수행자의 수행법이라면 화두선은 비전문적인, 누구나 할 수 있는 일반적인 수행법이라 하겠다.

대혜선사가 흑산귀굴(黑山鬼窟)이라 비난한 것은 바로 마장의 피해가 우심했음을 의미한다. 묵조선 수행법은 사념처를 위주로 하여 생각을 관하고 생각을 끊는 행법으로 여겨진다.

이와 같이 공적한 상태에서는 빙의나 위력적인 영적차원의 위협이 많아 수행자들에게 마의 피해가 많았음이 당연하다 짐작한다. 그러나 마의 장애가 매우 두렵고 극복하기 어렵다 하더라도 이 장애를 애써 벗어나면 바로 초월의 입구에 당도하게 된다.

화두는 집중이 쉽게 이뤄지고 머릿속을 항상 뚜렷한 의식이 차지하고 있어 마장의 피해를 덜 당할 수 있다. 하지만 집중된 의식에 계속 의정(疑情)을 강조함으로써 의식의 두께만 두껍게 포개는 역할을 하였다. 이 때문에 오감의 장벽을 뛰어넘는 데 또 하나의 장벽을 만드는 결과가 되어 초월경지로의 진입을 더욱 어렵게 만들었다고 생각하지 않을 수 없다.

간화선은 묵조선보다 행법이 쉽고 위험부담이 적어 많은 수행자를 모아 주류를 형성하였지만 일반적인 수행의 범주를 넘어서지 못해 정신세계의 진화에 크게 퇴보하는 결과를 가져왔다.

2. 수행의 단계

수행의 길에는 오감을 초월해야 목표가 보이기 시작하는데 오감을 초월하는 방법이 없으니 이정표가 있을 리 없다.

참 나에 도달하기 위한 명상수행은 어떤 단계를 거치면서 진전한다. 앞에서 언급했듯 뛰어난 정신력의 소유자일지라도 일념 수준인 초월의 경지에조차 다가서기가 지극히 어렵다. 더구나 초월의 경지를 넘어 더욱 깊은 경지로의 진입은 꿈도 꿀 수 없다. 물론 현재까지는 일념 즉 초월과 같다고 여겨지는 경지가 구경지로 알려져 있었으므로 일념 이상의 깊은 경지를 바랄 이유도 없었을 것이다.

이제부터 사용하는 몇 가지 용어는 현재까지의 개념을 떠나 글자 그대로의 뜻으로 사용할 것임을 밝혀둔다. 유상(有相)이나 무상(無相)을 예로 들면 유상의 경우 생멸변천이 있는, 즉 생각의 작용이 있는 경우와 생각의 작용이 그쳐 주관과 객관의 두 상이 없어졌지만 뚜렷하고 성성한 의식의 바탕인 일심만이 존재하는 경우까지를 포함해서 사용한다. 일심은 무념, 무심, 무상 등 구극의 경지를 뜻하나 이 자리는 생각의 작용이 있음[有相]과 없음[無相]의 중간지대라 할 수 있다. 다시 말하면 오감의 작용을 지금 막 벗어나는 전의나 초월의 자리여서 색즉공(色卽空)의 자리이다. 그러나 생각의 바탕이 아직 남아 있어 인연에 따라 변할 가능성이 있으므로 공즉색(空卽色)의 자리이기도 하다. 무상은 생멸변천이 없는, 다시 말하면 의식의 바탕인 일념조차 사라진 진공(眞空) 그대로 공중무색(空中無色)의 자리이다.

삼매의 과정을 이해하기 위해서는 라자요가 경전에 실린 삼매의 분류와 그 설명이 명상 과정의 여러 예들 중 가장 공감되어 이를 참조하기로 한다. 라자요가는 그 경지의 깊고 얕음에 따라 유종(有種)삼매와 무종(無種)삼매 두 가지로 분류하고 다시 유종 삼매는 네 단계로 구분하였다.

1) 유종삼매(有種三昧 : 사비자 사마디)

(1)사비타르카 사마디 수행자가 최초로 들어가는 초보적 삼매로 물질 또는 감각을 대상으로 집중함으로써 실현되는 삼매이며 사고를 수반한다. 촛불이나 코끝, 미간이나 차크라 등이 집중 대상이다. 이 단계에는 생각이 제어되지 않고 활발하게 움직인다.

(2)사비카라 사마디 집중을 추상적인 대상으로 하였을 때 이루어지는 사마디이다. 추상적 대상이란 차크라, 두뇌속의 아스트랄체와 가슴속의 코자르체 등 의식구조나 진아 등을 말한다. 이 단계에서 영적 세계에 눈을 뜨게 되고 육체감각의 범주를 뛰어넘는 초감각적인 체험을 하게 된다.

(3)나르비타르카 사마디 집중력이 심화되어 상념파가 멈춤으로써 집중 대상과 의식이 합일되는 경지이다.

(4)니르비카라카 사마디 진아와 현상을 식별하는 직감지를 수반하는 사마디. 이 단계에서는 '이것이 있다'라는 체험이 있을 뿐 생각도 의심도 없이 자신이 존재한다는 순수한 의미만 있다. 여기에서 직감지가 생긴다.

2) 무종삼매(無種三昧 : 니르비자 사마디)

일체의 의식 활동이 정지된 최상승의 사마디로 모든 심적 기능이 정지되었을 때 이루어진다. 진아는 그 자체의 본래 성품 속에 안주하며 절대이며 영원 바로 그것이다. 태어나지도 죽지도 않는 존재 그 자체이다. 여기서는 일체의 생각이 멎어 버린 완전한 짐묵이므로 이 경지에 대한 표현이 있을 수 없다.

라자요가가 분류하는 삼매 즉 공부하는 과정을 다음의 내 주장과 비교하여 참조하기 바란다. 나는 명상의 단계를 크게 유상삼매와 무상삼매 두 단계로 나누고자 한다. 유상삼매에는 (1)쿤달리니가 각성되는 시점 (2)완성되는 시점 (3)초월의 자리 등 세 과정으로 분류한다. 무상삼매는 (1)무아 (2)진아의 발현 등 두 과정으로 나눈다.

3. 유상삼매(有相三昧)

1) 쿤달리니 각성 시점

쿤달리니가 각성되는 시점에서는 일반인과 다를 바 없다. 꼬리뼈에서 분출하는 기감 때문에 몸 전체가 샥티로 요동치므로 명상하는 데 적합하지 않다. 그러나 각성되는 시점까지 오기 위해서는 세상의 어떤 수행자보다 치열하게 수행했던 과거가 있다. 쿤달리니 각성의 예는 자연적으로 각성한 경우와 나의 각성법으로 각성한 인위적인 각성, 전업(專業) 수행자인 경우와 비전문 수행자의 경우 두 가지로 분류할 수 있다.

쿤달리니 각성에는 또 다른 예가 있는데 돌발적인 사고로 인해 꼬리뼈나 허리, 머리를 다쳤을 때 일어나는 경우이다. 내가 접한 경험은 없지만 미국이나 유럽의 정신병원에 이에 해당하는 임상보고가 많다고 한다. 이 경우는 제외한다.

전문 수행자의 예로 20여 년을 선방과 토굴에서 화두에 전념하던 한 비구가 숙면일여(熟眠一如)를 체험한 정도의 경지에서 각성하였다 하니 그 경지를 구태여 여기서 설명할 필요는 없을 것이다. 이 정도로 수행해야 쿤달리니를 각성할 수 있다는 것이 예로부터 전해지는 정설로서 그나마 행운이 따라야 가능하다.

내가 만난 비구 이외의 각성자는 모두 여자들로 그중에는 기도와 명상으로 오랜 세월을 닦아온 분들도 있고 종교에 별다른 관심이 없다가 갑자기 2~3년 동안 선방 출입하던 중 각성한 경우도 있다. 그들은 역시 우연은 아니다싶게 특이한 과거를 가진 분들이다. 예컨대 어렸을 때부터 고도의 종교적 발언으로 주위를 놀라게 하거나 어린 나이답지 않게 상당 수준의 철학서적에 매료되는 등 전생에 수행한 흔적이 엿보이는 기억을 가지고 있었다.

인위적인 각성자들도 나를 찾기 전까지 모두 나름대로 치열하게 구도행을 하였던 경험자들로 머리를 깎지 않았을 뿐 전업 수행자와 별 다를 바 없는 사람들이다. 유종삼매의 2단계인 육체감각의 일부를 뛰어넘는 초감각의 소유자거나 공(空)에 대한 해오(解悟)가 상당한 경지에 이른 수행자들이다. 물론 예외가 있기도 하다.

이처럼 쿤달리니 각성자들은 상당한 경지를 체득한 사람들이다. 자연 각성이든 인위적 각성이든 각성과 관련하여 내 지도를 요하는 사람들은 우선 자율신경 조절법을 익혀야 한다. 이 조절법을 터득하면 고도의 정신 집중법을 저절로 터득하게 된다. 명상에서 집중이란 어떤 대상에 의식을 모은다는 의미인데 상당히 모호한 개념으로 자신만 느낄 뿐 구체적으로 설명할 만한 것은 없다.

그러나 이 정신 집중법은 자신의 육체와 정신까지 조절하고 제어할 수 있는 조월적인 방법으로 신통이라 할 수 있는 수행법이어서 얼마든지 건강에 응용할 수 있고 실생활에서도 적용할 수 있다. 또한 사람들에게 드러내 보일 수도 있다. 자율신경 조절법은 앞에서 상세히 설명하였다.

자율신경 조절법이 끝나면 쿤달리니를 각성하게 된다. 단전호흡을 통해 불과 10일에서 15일이면 각성한다. 쿤달리니가 각성되면 꽁무니뼈 주위가 움직이면서 척추를 중심으로 형언할 수 없는 경험을 하게 된다.

이 각성 경험으로 자신의 육체와 현상에 대한 인식에 큰 변혁이 일어난다. 영혼과 육체가 결합한 이원체로서의 주체가 아닌 육체에 잠시 깃들어 있는 일원체의 의식이 눈을 뜨게 된다. 즉 육체가 나라는 생각에 변화가 온다.

2) 쿤달리니 완성 시점

쿤달리니가 완성한다는 개념은 쿤달리니의 샥티가 꼬리뼈를 출발해서 등뼈의 수슘나를 타고 올라 머리에 닿았다가 가슴을 향해 아래로 내려가는 과정을 모두 마쳐 머리의 상태가 지극히 청량해지는 상태에 이르는 시점이다.

요가에서는 이를 '영원한 삼매의 경지'라 하여 최상의 구경지라 한다. 여기에 이르면 쿤달리니 샥티에 의해 육체의 부실한 부위가 모두 치유되어 거의 완벽한 건강을 얻는다. 완벽한 건강이란 명상하는 데 최선의 조건을 갖추었음을 의미한다.

이 완성 단계에서 체험하는 여러 가지 현상들은 첫째 쿤달리니의 기가 목 언저리까지 올라가는 동안 느끼는 기의 흐름이나 환청, 환각 등의 영적 체험이다. 쿤달리니의 각성 편에서 상세히 설명하였듯이 오감을 초월하는 과정에서 체험하게 되는 영적 현상이다.

둘째 기가 머리로 진입하기 시작하면서 겪게 되는, 종교에서 마장(魔障)이라고 하는 영적 체험이다. 초기에는 아뢰야식의 발현으로 떠오르는 공포감을 수반하는 영체의 체험을 하게 되고 이어 영적세계 존재들의 다양한 형태나 실상을 체험하게 된다.

셋째 신통(神通)을 체험한다. 예수가 보여 준 신통처럼 대단하지는 않지만 여러 가지 특이한 능력을 자신이 지니고 있음을 알게 된다. 이와 같은 특이한 능력은 사람에 따라 다양한 차이가 있는데 보통은 3~5개월 정도 지나면 사라진다.

넷째 쿤달리니가 완성되었다는 인가를 받게 된다. 이 공부는 처음부터 진아를 발현시킬 때까지 자신이 어느 경지에 왔는지 스스로 인식시킨다. 자율신경 조절법, 쿤달리니 각성, 완성, 전의, 초월, 무아, 그리고 진아의 발현까지 각 과정을 이수하면 자신의 육체나 정신에 어떤 현상이 드러남으로써 공부를 마쳤다는 증거를 보여준다. 완성 단계에서는 머리의 두개골 윗부분이 열리면서 빛을 방광하거나 빛기둥으로써 하늘과 맞닿게 된다.

다섯째 생각이 멈춘다. 명상 중 생각을 관하면 생각이 멈춤을 느낀다. 완성 후에는 명상을 하기 위해 노력하는 것이 아니라 즐기면서 하게 된다. 많은 시간이 필요하지도 않다. 초월의 자리가 가까워질수록 생각과 생각 사이의 빈 공간이 길어지고 감각과 의식의 연결이 느슨해진다. 사물을 보더라도 그 사물에 대한 판단 기능이 점점 퇴화하여 결국 그냥 쳐다보는 형태로 발전한다. 쿤달리니 각성 이후의 명상은 빛과 함께하는 동반여행임을 알게 되는데 이 단계에는 각성 초기보다 색이 상당히 단순화되어 황홀한 감정보다 오히려 안정감을 얻는다.

이제 명상 할 수 있는 모든 조건을 갖추었다. 이 자리가 라자요가의 유종삼매 중 세 번째 자리인 니르비타르카 사마디와 근사한 느낌이다.

3) 전의와 초월의 자리

쿤달리니 완성 시점이 지나면서 생각과 생각 사이의 간격이 점점 넓어지고 생각이 끊어지는 현상이 현실에서도 조금씩 서서히 드러나기 시작한다. 명상 중 생각이 일어나는 간격이 점점 길어지다가 전의의 자리에 가까워지면 의식의 작용은 잠깐 소멸한다. 대신 생각은 생각인데 생각이라 할 수 없는, 아니 생각이 되다만 의식의 움직임이 일어난다. 마치 팥죽이 끓기 전 팥죽 표면에 하나 둘 볼록볼록 올라왔다 꺼져 버리는 거품처럼 미세한 의식의 움직임을 보게 된다. 이 거품 같은 의식 작용이 사라지면 갑자기 의식이 확 바뀌게 된다.

세상에 통용되던 사람들의 의식이 열반의 의식으로 전환되는데 이를 전의(轉依)라 한다. 불교에서는 이 과정을 견성 또는 돈오하는 자리라고 하는데 자신의 본성을 깨달아 알았다 하여 더 공부할 것이 없다 한다. 그러나 여기는 깨달음이 시작하는 자리일 뿐이다.

생각이 일어남도, 없어지는 현상도 사라졌지만 다만 움직이지 않는 생각의 자리를 인지하는 선명한 의식만 남아 있다. 나와 너라는 의식도 없으며 오직 선명하고 명료한 의식만 존재한다.

전의가 좀 더 발전하면 인가를 받게 된다. 나라고 생각되는 광구

(光球)가 드러나는데 석가모니가 새벽에 샛별을 보았다는 자리이다. 이 단계에서는 광구가 나라고 인식은 하지만 합일하지는 않는다. 그리고 명상에서 나오면 내가 마치 바위나 고목 등걸 위에 놓여 있는 듯한 느낌이 든다. 즉 나와 육체가 완전 별개로 인식된다. 이 자리가 육체의 오감의 벽을 넘어선 자리, 인간의 한계를 뛰어넘어선 자리이다. 그래서 초월의 자리라 하였다. 이 자리까지를 유상삼매라 한다. 유상삼매에서는 무언가 삼매 속에 잠재의식이 포함된 듯한 느낌이 든다.

이 자리를 라자요가는 유상삼매의 네 번째 니르비카라카 사마디라 부르는 듯하다. 라자요가는 "이 단계에서는 단지 이것이 있다는 체험이 있을 뿐인데 생각도 상상도 의심도 없다"라고 기록하였다.

4. 무상삼매(無相三昧)

1) 무아(無我)

초월의 자리를 지난 명상은 선명한 의식조차 존재하지 않는 자리이다. 쿤달리니 완성 이후의 명상은 그때마다 전의를 시작으로 상황이 진전되어 있어 항상 새롭다. 오랜 시간의 수행이 아니라 하루 기껏 한 시간 미만으로 족하다. 매일이면 더욱 효과적이겠지만 반드시 매일 할 필요는 없다. 며칠을 건너뛰면 쿤달리니가 꿈틀꿈틀 움직이게 되어 명상을 할 수밖에 없다. 한번 가 본 자리는 한동안 명상을 쉬었다 하더라도 다시 돌아가는 법이 없다. 퇴보는 없고 오로지 계속 전진할 뿐이다.

이 시점에서 나타난 변화는 명상에서 생각의 기능이 정지했기 때문에 실생활에서도 머리에서 사고하는 작용이 현저히 줄어든다. 대상을 감각하여 인식은 하지만 의식으로 연결되지는 않는다. 무상삼매의 사리 전후에서 욕망으로부터 현저하게 자유로워진다. 성욕으로부터도 자유스러워 대상을 보면서도 마음이 움직이지 않는다. 마음이 일지 않으므로 색욕이 발동하지 않는다.

모든 사물을 있는 그대로 볼 뿐 분석하거나 평가하지 않는다. 신으로부터도 자유로워진다. 신에게 의지하지 않으므로 신의 존재를 두려워하거나 공경해야 할 대상이라는 일반적인 관념으로부터 떠나게 된다. 그렇다고 신을 부정하거나 비하하는 것이 아니다. 신은 신이고 나 역시 신이다. 더불어 무시무종하지만 사람은 한시적으로 육체라는 족쇄를 쓰고 공부하는 신이다.

또한 마음으로부터도 자유스러워진다. 어떤 사람은 아뢰야식이 소멸한다고 한다. 아뢰야식이 소멸하면 업이 소멸하여 기억이 없어진다는 설명도 있다. 아뢰야식이 소멸하면 업이 녹아내리고 그래서 업인 기억이 없다는 관점에 일부 공감이 간다. 그러나 이런 생각은 옳지 않다. 기억들은 평시에 떠오르지 않지만 그 기억과 연관된 상황에 처하면 바로 회상된다. 그 기억이 긍정적이지 못한 일일지라도 그 자리에 있는 사람은 그 기억을 옳고 그른 일로 보지 않고 단순한 현상으로 본다. 단순한 현상일 뿐 이 일로 가책을 받거나 자책하는 감정의 움직임이 없다. 긍정적인 일도 마찬가지다. 흐뭇해하거나 가슴 벅차거나 하는 감정 없이 그저 쳐다만 본다. 아뢰야식이 소멸하여 기억이 없는 것이 아니라 다만 휘둘리지 않을 뿐이다.

모든 욕망으로부터, 신으로부터, 마음으로부터 억눌리거나 구속받거나 제약을 받지 않는다. 그래서 자유스러워진다. 자유란 구속

받지 않고 마음대로 행동하는 것이 사전(辭典)적 해석이다. 그러나 여기서의 의미는 욕망이나 신, 자신의 마음으로부터 초탈하여 평안 해짐으로써 적정한 상태가 되면 이것이 바로 큰 자유다.

불교에서는 무아라는 말을 많이 사용한다. 무아란 사물로서의 나라는 고정적 실체가 없다 하여 무자성이라 하였다. 무상삼매는 글자 그대로 선명하고 총총한 의식의 바탕마저 사라져 의식 자체가 소멸한 자리이다. 의식이 작용하지 않는 상태가 아니라 아뢰야식의 바탕마저 사라진 무심, 무념, 무상이다. 일념이 들어설 수 없는 자리이다. 완전한 진공의 자리이고 공중무색(空中無色)의 자리이며 적멸지(寂滅地)이고 적현(寂玄)의 자리이다. 따라서 이 자리는 표현할 방법이 없다.

라자요가는 무종삼매라 표현하면서 "일체의 의식 활동이 소멸한 최상의 사마디이다. 여기서는 일체의 생각이 멎어 버린 완전한 침묵이다"라고 설명하였다.

2) 진아의 발현(發顯)

완전한 진공(眞空)이 이루어지면 또 인가가 주어진다. 무색투명한 광구(光球)가 드러나면서 이 빛 덩어리가 나라고 인식되는 동시에 합일되면서 진공으로 돌아간다. 앞서 인용한 바와 같이 "여래가 불법에는 내가 없다고 말하였으니 중생을 조복하기 위한 것이며, 시기를 아는 까닭이니라. 그래서 나라고 할 것이 없다고 하다가 인연이 있어서 또 내가 있다고 하였으니…"라고 열반경은 진아의 존재에 대해 설명하였다.

쿤달리니의 완성 단계에서는 오색찬란한 여러 가지 색의 조합으로 나타나지만 경지가 상승하면서 색의 수는 감소하기 시작해서 초월의 경지를 지나면 흰색으로 단순화한다. 이 흰색이 다시 경지가 오르면 변화하면서 점점 투명해지다가 진아의 발현 시점에서는 써늘하게 느껴지는 완전 투명한 빛을 방사하는 빛 덩어리 즉 참나의 모습으로 나타난다.

각 단계에서 드러나는 체험의 현상들은 대체적으로 공통적인 성질을 갖지만 사람마다 그 공통적인 한계 안에서 또 다른 모습으로 나타난다. 현재까지 쿤달리니를 각성한 사람들의 체험담을 들으면 큰 틀은 같지만 드러나는 현상과 감각은 약간씩 다르다.

3부

쿤달리니편

1. 쿤달리니는 무엇인가

쿤달리니는 눈에 보이지 않는 형태로 마치 뱀처럼 감겨 있다. 누구나 이 샥티를 움직이게 하는 사람만이 진정한 해방을 얻을 것이다.
〈하타요가-프라디피카 3-108〉

"영적 생활은 그 목표가 삼매라 하든지, 열반이라 하든지, 합일이라 하든지, 또는 해탈이라 하든지 간에 오로지 쿤달리니의 각성에 있다." 사티야난다 사라스와티가 한 말이지만 요가서들을 읽다 보면 종교의 모든 영적 수행의 종착점이 쿤달리니의 각성에 집중함을 알 수 있다. 다시 말하면 영적 수행의 과정은 오감의 초월 즉 인간 한계를 넘어서는 것인데 이 한계를 초월하는 자리가 바로 쿤달리니가 각성되는 시점이라 생각한다. 사라스와티나 요가의 서적들도 아마 같은 의미에서 그와 같이 말한 듯하다.

그러나 실상은 그렇지 않다. 누구나 인정할 정도로 자신을 돌보지 않은 채 혹독하고 충실하게 수행함으로써 각성에 이르렀다면 이상의 견해들이 옳다. 그러나 현실에서는 각성한 수행자를 찾기 힘들다.

앞서 소개한 함양 산골 초옥에서 20여 년을 수행한 비구처럼 각성한 다른 사례는 거의 없다. 이 비구는 기적 같은 행운이 찾아온 경우이다. 원래 이같이 수행하면 당연히 각성해야 할 텐데 무슨 까닭인지 당연한 결과에 이르지 않는다. 인류가 이어오는 동안 어떤 일이 생긴 것일까.

요가에서 쿤달리니의 각성 그 자체는 비교할 수 없는 무상의 지위를 지니고 있어 종교적 최상승의 위치에 쿤달리니가 우뚝 서 있다. 사람들의 손에 닿지 않는 높은 곳에 존재하기에 과장된 것일까. 쿤달리니에 대한 내 관점은 뒤에서도 계속 설명하겠지만 요가의 생각들이 전혀 과장하지 않은 사실을 말하고 있다는 것이다.

사라스와티의 말처럼 모든 영적 행위의 종착점 즉 인간의 오감의 한계점을 돌파하는 데 절대 필요한 요체가 쿤달리니이다. 쿤달리니의 역할 가운데 필요하지 않은 것은 하나도 없지만 가장 중요한 것은 각성한 수행자의 의식을 끊임없이 한 차원씩 서서히 높여준다는 사실이다. 영적차원의 수준을 갑자기 높여 수행자를 곤혹스럽게 하거나 당황스럽고 힘겹게 하지 않는다.

하지만 쿤달리니의 각성법이 그동안 인류사회에서 잊혀져 있었다는 사실을 주목해야 한다. "인도에는 요가나 초자연적인 것에 대한 문헌은 아주 많으면서 쿤달리니를 철저하게 해명한 책은 없고 고대에 기록된 것 이상의 지식을 가진 전문가는 아직 없다고 해도 좋을 것"이라고 고피 크리슈나는 말하였다. 그는 "쿤달리니의 가르침이 창시된 이 인도 땅의 어디에도 이에 대한 믿을 만한 지식을 가진 자는 없다"라고 하여 쿤달리니의 각성법이나 운용법이 실전하였음을 고백하였다.

인도에서 쿤달리니 각성법이 실전하였다고는 하지만 요가에서는 쿤달리니가 각성된 요기를 아라한 또는 성자라고 부른다 하였다.

금세기에 인도에서 성자라고 존경받는 사람들은 대부분 쿤달리니가 각성되었거나 초월적인 체험을 내세우는 경우이다. 요가경전의 내용처럼 쿤달리니가 각성되면 성자로서의 대접을 받을 만하고 진정한 해방을 얻기 때문일 것이다.

쿤달리니가 각성된 수행자는 과연 해방을 얻을까. 진정한 해방이란 무엇인가. 그에 대한 답은 쉽게 말하자면 마음에 분별작용이 이뤄지지 않는 상태의 현상을 말하는 것으로 모든 외부의 현상과 작용에 상당 부분 영향받지 않는다.

분별하지 않으므로 어떤 대상에도 마음을 두지 않고 선이나 악의 개념에도 마음이 흔들리지 않으므로 여기에 마음이 쓰일 까닭이 없다. 그러므로 자유로워지고 그래서 해방이라 한다.

물론 살아 있고 생각이 있어야 현재의 삶이 가능하므로 영향을 전혀 받지 않는 것은 아니고 또 분별 작용이 전혀 없는 것도 아니다. 그러나 그 최소한의 영향이나 분별 작용은 사람들의 의식 작용과는 다르다. 현상은 있었지만 인식하였던 주체가 없듯 상당한 일이 아니면 기억하지 못한다.

생각이란 인지하고 분별하며 마땅한 행동을 취하도록 하는 작용이며 이것이 바로 *나*로 인식되는 나의 주체인데 *나*라는 주체가 분별과 사고 작용을 하지 않으므로 *나*가 없게 되고 그래서 거리낌이 없어 홀가분하고 한가해진다. 궁극적으로 신(神)으로부터도 또한 자신의 마음으로부터도 거리낌이 없이 자유스러워야 진정한 해방이라 할 수 있다.

쿤달리니가 각성된다 하여 바로 해방의 상태로 진입하는 것이 아니라 해방이란 목표로 향하는 첫걸음에 불과하다. 쿤달리니가 각성되면 쿤달리니의 샥티는 척추를 타고 오르게 된다. 이 기는 곧장 올라가면 편하겠지만 쉽게 올라가지 않아 거북이보다 느리고 여기저기에서 주저앉아 일어설 줄 모른다. 어렵게 머리까지 올라온 쿤달리니 샥티는 또 내려가지 않겠다고 한동안 머리에서 버틴다. 코에서 걸리고 턱에서도 멈춘다. 그러나 일단 목구멍을 통해 가슴을 향해 내려가기 시작하면 그처럼 사납던 기운이 다 스러져 맑고 고요한 흐름이 되면서 머리가 갑자기 맑아지기 시작한다.

한여름 하늘을 새까맣게 덮고 한바탕 뇌성벽력과 소나기를 뿌리던 구름이 갑자기 걷히면서 맑은 하늘이 드러나는 것처럼 머리가 그야말로 티끌 하나 없이 맑아진다. 건강상태도 아주 정상이 되어 이후로는 외부로부터의 충격이나 일부러 몸을 망치지 않는 한 머리는 지극히 맑은 상태를 유지하게 된다.

라마나 마하리시는 "쿤달리니의 샥티[氣]가 일곱 개의 에너지 센터인 차크라들을 관통하여 정수리의 사하스라라에 머무르는 지고의 신 시바와 합일하면 브라만에 귀의하는 것으로서 해탈을 의미한다. 모든 요기들이 지향하는 유일한 목적이며 구원의 정점이다. 다시 사하스라라 차크라에서 생명의 신령한 맥이라는 지바나디라 불리는 통로를 따라 내려가 심장에 닿아야 한다. 이 지바나디는 스슘나의 연장이다. 이 샥티가 가슴에 이르면 요기의 삼매는 영원해진다. 가슴이야말로 최후의 중심이다"라고 쿤달리니의 진로에 대해 말한다.

쿤달리니 샥티가 머리에서 하강하기 시작하면 그때부터 진정한 해방을 위한 여정에 오른다. 이제야 해탈을 향한 여정 즉 진아 구현을 위한 수행을 단행할 수 있는 기초적인 여건이 조성된 것이다.

세상에서 종교적인 의미로 말하는 해방이나 자유 그리고 견성, 초월 등의 경지들은 인간의 조건 그 자체인 오감을 뛰어넘어야 가능해지는 일들이다. 기존 종교의 수행법으로는 쿤달리니를 각성하는 단계에만 진입해도 수행에 대성공한 것으로 간주한다.

샥티가 머리에서 하강해서 가슴으로 내려갔다면 쿤달리니가 의식에 영향을 미치면서 생리기관의 부족한 점이 완벽하게 정비되어 제대로 명상을 수행할 수 있는 여건을 갖추게 되었다는 의미이다. 이 상태가 육체적으로나 정신적으로 비로소 오감을 초월한 세계로의 도전이 가능해진 시점이다. 중국의 어느 도인이 말한 성명쌍수(性命雙修)의 상태를 조화롭게 이룬 것이다. 성명쌍수란 불교와 도가의 공부 방법을 비판한 내용으로 불교는 본성에 집중한 나머지 건강을 돌보지 않고 도가는 기의 증진에 힘을 쏟아 본성을 도외시한다는 데서 나왔다. 따라서 본성의 탐구와 건강을 함께 도모하여 공부하는 것이 바람직하다는 제안이다.

요가에서는 이를 최상의 삼매 경지라 하지만 일반 수행자들의 경우와 비교한 것일 뿐 쿤달리니 완성단계의 수행자로서는 깨달음도, 얻은 것도, 또한 알게 된 것도 별로 없다. 다만 이제까지 *나*라고 생각했던 *나*의 모습이 육체에 한정된 것이 아니라 겹쳐져 있지만 별개의 *나*가 존재한다는 사실 정도만 어렴풋이 이해될 뿐이다. 새로운 세계를 발견하였다는 의미만 있을 뿐 수행은 이제부터 본격적으로 시작해야 할 것이다. 이 시점에서도 가야 할 길은 멀다.

고피 크리슈나는 자신이 각성한 체험을 토대로 "쿤달리니는 직접적으로 잠재의식에 감응하고 인체를 개조하여 살아 있는 당대에 높이 진화된 인간을 만들어낸다"라고 설명하였다. 고피는 인간의 진화에 대해서 "인간의 의식과 육체 속에서 작용하는 생명원리의 진화를 말하는 것으로 쿤달리니의 각성으로 인한 진화에 의해 비로소 육체속의 자아는 진정한 불사(不死)의 경지를 체험하게 된다"

라고 말하였다.

쿤달리니의 각성 체험을 통해 삶과 죽음이 이 세상에서 *나*로 표현되는 육체와의 관계일 뿐 본래의 *참 나*는 영원히 존재하여 결코 멸하지 않는다는 것을 깨닫게 되는데 고피는 이와 같은 깨달음을 각성으로 인한 "인간의 진화는 지성이나 이성의 발달만을 의미하는 것이 아니고 표면의식과 심층의식 전반에 걸친 발전을 의미하는 것"이라 설명하고 있다.

고피는 각성이 육체에 미치는 효과를 다음과 같이 설명하였다. "필연적으로 인체기관의 전면적인 수리와 개선이라는 작업이 우선 일어난다"라며 엄청난 기의 흐름이 인체의 흠결을 치유 내지 교정하는 긍정적인 작용을 한다고 지적하였다. "이 과정을 거친 후에야 비로소 보통사람의 육체에 깃든 것보다 훨씬 높은 지성과 고도의 인격이 거주할 수 있는 그릇이 생겨난다"라고 고피는 덧붙였다.

인체기관의 전면적인 수리와 개선작업이란 의미는 쿤달리니 각성과 동시에 일어나는 폭발적인 기의 흐름이 신경계통이 막히거나 내장기관에 이상이 있는 등 육체의 잘못된 부분들을 교정하여 온전한 상태로 환원시킨다는 뜻이다. 육체가 온전한 상태를 유지해야 경건하고 신령스런 바탕이 마련된다. 이때의 쿤달리니 기의 역할이 사람들이 위험하다고 지적하는 각성 후유증인데 몸을 잘 관리한 경우에는 고통을 덜 느끼게 된다.

다시 말하면 사는 동안 몸에 특별한 이상이 없고 고생도 덜하여 온전한 건강상태를 유지하면 각성하더라도 기의 흐름이 강하지 않다. 그러나 부딪히고 깨지는 등 사고를 당하거나 고난을 겪어 온전한 상태가 아닐 때 이를 교정해야 하므로 기의 흐름이 강해져서 혹독한 고생을 겪으면서 쿤달리니가 완성단계에 이르면 명상을 수행하는 데 아주 적합한 육체적 조건이 갖춰진다.

여기서 말하는 명상 수행이란 일반 수행자들이 하는 명상 방법과는 상당한 차이가 있다. 쿤달리니 완성자는 명상 때마다 깊은 삼매에 드는데 조금이라도 육체상 이상 징후가 있으면 삼매에 들 수 없다. 병이 진행 중이면 명상을 할 수 없음은 물론 몸이 약간 간지럽거나 뻐근한 정도의, 감각으로 느낄 수 있는 최소한의 이상 현상이 조금만 감지되어도 집중법을 통한 명상은 할 수 있겠지만 깊이 침잠하는 삼매에는 들 수 없다.

마음이 하나의 대상에 집중하여 산란하지 않은 상태를 일반적으로 삼매라고 한다. 그러나 쿤달리니를 완성하고 난 뒤의 삼매는 침잠하여 생각이 일어나지 않는 상태를 기본으로 하여 이루어지므로 오감의 기능이 작동할 가능성이 조금이라도 있다면 명상은 처음부터 이뤄질 수 없다.

이와 같이 쿤달리니가 각성되고 완성에 이르면 명상을 수행하는데 전혀 장애가 없는 최적의 신체조건을 갖추게 된다. 정신적인 면에서도 물질세계의 영역을 초월하여 영적차원으로 의식이 확장되었으므로 어떤 고차원의 영적 상황에도 잘 적응할 수 있다.

진정한 해방을 이루는 데 절대적으로 필요한 요소는 쿤달리니 각성만으로는 어렵고 반드시 쿤달리니 기가 머리에 닿아 사하스라라 차크라를 각성시켜 가슴이나 단전에 이르고 난 뒤 기의 흐름이 평정을 보인 상태이다.

이를 쿤달리니의 완성이라 이름 하였다. 이로써 삼매가 영원하다 하여 공부의 끝이라고 요가에서는 주장하고 있지만 앞에서도 지적한 바처럼 이제 시작에 불과하다. 쿤달리니가 각성되어 머리까지 올라왔다가 내려오는 완성의 과정을 살펴보았다.

쿤달리니는 척추기부 즉 꼬리뼈의 중심축을 세 바퀴 반을 나선형으로 감아 꼬리를 입에 물고 있는 뱀으로 상징된다. 쿤달리니 샥티는 인간 개체 안에 내재해 있는 초월적인 힘으로 나선형의 잠재적인 우수 에너지이다. '사람의 형태는 쿤달리니 에너지가 현실에서 표현해 드러낸 모습이다.' 쿤달리니에 대한 요가 서적들의 표현이다. 그런가 하면 어떤 책들은 쿤달리니가 남성은 회음부에 있고 여성은 치골의 요도에 위치한다고 주장하는데 이는 잘못된 주장이다. 도가에서 회음을 관규(關竅)라 하여 소주천의 출발점으로 삼는다는 주장도 옳은 생각이라 할 수 없다.

도가는 의념으로 기를 일으켜 행하는 수련이므로 그 출발점을 어디에 두더라도 생각대로 이루어지기 때문에 관계 없다. 그러나 도가에서도 미저골이라는 주장이 통설로 인정되고 있다. 그동안 제자들을 가르치면서 회음에서 쿤달리니가 있다거나 꿈틀댄다고 하는 각성자는 한 사람도 경험하지 못했다. 나는 회음의 의미가 무엇인지조차 전혀 모른다.

고피 크리슈나를 통해 쿤달리니에 대한 의견을 들어보자.

"존재의 수수께끼를 해명하고 초감각적인 것들을 체험하며 자연계에 숨겨진 에너지와 교류하여 초능력을 획득하고자 하는 소망은 많은 사람들의 가슴을 설레게 하였다. 쿤달리니야말로 이러한 소망의 배후에 잠들어 있으면서 밝혀지지 않은, 그리고 인간의 심층부에서 인격의 일부를 구성하는 그러한 힘이다.

지극히 명백한 일이지만 모든 종교나 종파, 미개인들의 잔혹한 종교의식, 현재까지 남아 있는 자학적인 신앙 등을 포함하여 이 세상의 온갖 신앙은 모두가 인간의 심층의식에 뿌리박힌 어떤 강한 원망(願望)에서 비롯된다.

그 표현 형식은 건전한 것도 있지만 불건전한 것도 많아서 천차
만별한 형태를 통하여 미개사회로부터 오늘에 이르기까지 인류와
공존해 왔다. 모든 종교의식이나 예배법, 정신수양법, 밀교의 체계
들은 모두가 신성하고 초월적인 것과의 통신회로를 설정하여 인간
존재의 비밀에 이르는 탐험로(探險路)를 제공하고 있다.”

고피 크리슈나는 인간 심층에 존재하는 인간의 미완성적인 부족
감이 만들어낸 완성을 추구하려는 의식의 바탕을 쿤달리니라고 지
칭하였다. 고피는 “세계의 큰 종교들이 그 창성(創成)단계에서는 선
사시대부터 시행되어 온 쿤달리니에 의해 개척되고 가꾸어진 토양
에 단단히 뿌리가 박혀 있었다”라고 주장한다. 그러나 “이 수행법
은 엄격한 섭생이 요구되고 커다란 위험이 수반되며 순조롭게 성
취되는 일이 매우 드물다는 점 때문에 수행자들로부터 외면당해
점차 눈에 띄지 않는 곳에 매장되었다”라고 아쉬워했다.

라마나 마하리시도 쿤달리니 요가를 상당히 위험하고 불필요한
것으로 간주하여 제자들에게 권유하지 않았다 한다. 그는 쿤달리니
나 차크라의 존재는 인정하였지만 설령 쿤달리니가 사하스라라에
도달한다 하더라도 깨달음은 얻을 수 없다 하였다. 그는 궁극의 깨
달음을 위해서는 쿤달리니가 머리 위의 사하스라라까지 올라갔다
가 내려가 가슴의 하트센터로 들어가야 한다고 하였다. 그렇지만
라마나는 자아탐구 방법을 통하면 자동으로 쿤달리니가 하트센터
로 들어간다고 강조하였으며 그밖에 별다른 수행이 필요하지 않다
고 가르쳤다 한다.

쿤달리니는 인간 심층에 존재하는 완전한 인간을 추구하는 우주
적 원동력으로 알려져 왔다. 그러나 고피 크리슈나와 마하리시가

지적했듯 수행이 매우 어려운데다 엄청난 위험이 도사리고 있으며 그나마 순조로운 성취의 사례가 거의 없기 때문에 금기시되었다. 게다가 전해지던 인위적인 각성 방법은 효과가 없었으므로 저절로 소멸되었고 결국 대부분의 종교에서 사라졌으며 오직 힌두교와 티베트 불교에서만 그 편린이나마 유지되고 있다.

한편 쿤달리니의 각성과 상승을 위한 탄트라의 가르침이 불완전하지만 동남아시아, 네팔, 티베트, 중국, 한국, 일본 등지로 전파되었는데, 중국에서는 어떤 형태를 보이는지 알아보자. 물론 중국과 일본, 우리나라 불교에는 쿤달리니가 존재하지 않는다. 오히려 중국의 도가에서 그 자취를 엿볼 수 있다.

이함허(李涵虛)가 쓴 도규담(道竅談)에 "영부영모(靈父靈母)는 거슬러와서 교구(交媾 : 性交)하고 거슬러오는 법[逆來法]을 시종 떠나지 말아야 한다. 정기(鼎器 : 丹田)가 서면 신과 기가 만나고 신과 기가 만나면 두텁게 쌓이고 두텁게 쌓이면 충돌이 굳세다. 충돌이 굳세면 관규(關竅 · 尾骶骨 · 물라다라 차크라)가 열리고 하거(河車 : 쿤달리니 상승)의 길이 뚫리게 된다" 하였다.

탄트라 경전의 해석에 "잠들어 있는 정적 에너지를 동적 에너지로 변화시키면 중력의 법칙에 위배되는 과정이 생기면서 척추속의 척수를 통해 에너지가 흐르기 시작한다. 이 에너지의 힘은 아파나의 양이온과 프라나의 음이온이 결합함으로써 생겨난다"라는 내용과 다름없다.

영부[+]와 영모[−]가 교접하는 것과 양이온과 음이온이 결합한다는 것은 같은 의미이며 단전호흡에 의해 정적 에너지를 동적 에너지로 변화시킨다는 말이나 정기가 서면 신과 기가 만나고 두텁게 쌓이면 충돌이 굳세 관규가 열린다는 말 역시 같은 뜻이다. 또한 하거의 길이 열린다는 말이나 척수를 통해 에너지가 흐른다는 말은 동일하다. 쿤달리니의 샥티[氣]가 척추를 타고 상승한다는 의미를 도가에서는 하거 즉 강의 수레라 표현하였다.

역시 함허가 저술한 삼거비지(三車秘旨)에 의하면 하거에는 세 가지가 있으니 첫째 운기(運氣)이니 소주천(小周天)이요 둘째 운정(運精)으로 옥액(玉液)하거이며 셋째 정기겸운(精氣兼運)이니 대주천(大周天)이라 하였다.

도규담과 삼거비지는 이함허가 저술한 책으로 저술 연도는 밝혀지지 않았다. 도규담의 각성법은 요가의 각성법과 동일한데 기를 운행하는 방법이 다르다. 쿤달리니는 척추를 타고 올라 머리에 닿은 후 가슴까지 내려오면 끝이라 하였는데 도가에서는 소주천, 옥액하거, 대주천 세 가지로 세분화하였다.

요가의 쿤달리니 각성법이 중국으로 건너온 것인지 중국 자체에서 창안되어 시행한 것인지 아니면 인도에서 들어왔지만 쿤달리니를 각성하지 못해 변질한 것인지 나로서는 알 수 없다.

소주천의 방법을 보면 "하단전에서 양화(陽火)가 일어나면 미려(尾閭)에 옮겨, 미려의 뾰족한 뼈의 두 구멍 가운데로부터 척추를 통과하여 옥침(玉枕)을 지나 이환(泥丸)에 들어간다. 모름지기 한 길로 운기하여 기를 목구멍까지 끌어들여야 한다"라고 설명하였다.

소주천의 기 운행법은 쿤달리니의 방법과 차이가 없다. 그런데 옥액하거나 대주천의 개념을 왜 도입한 것일까. 이함허는 도규담에서 하거의 출발점을 두 가지로 설명하였다. 첫째 진기가 이환(泥丸)에 오르면 이에 하거의 길이 열린다 하였고, 둘째 관규가 열리면 거슬러 운행하는 길이 열리고 하거의 길이 뚫린다 하였다.

첫 번째 설명은 기가 정수리에 도달한 다음에야 생각으로 기를 운행시킨다는 의미고 두 번째 설명은 꼬리뼈의 장벽이 열리면 척추 위로 기를 끌고 갈 수 있다는 의미다. 이 두 가지 기 운행법은 성질이 전혀 다른 별개의 운행 방법이다.

쿤달리니의 기가 꼬리뼈에서 일어나서 머리까지 올라가는 동안 제어하거나 상승을 빠르게 하는 방법이 현재까지 존재하지 않았다. 내가 쿤달리니 각성 방법을 만들기 전에는 인도와 중국은 물론 세상 어디에도 없었다. 나의 각성법이 나온 이후 쿤달리니 각성을 누구나 할 수 있다고 확신하게 되었고 각성한 기를 호흡법에 따라 상승을 촉진시키는 방법도 등장하였다. 첫 번째 운행법은 쿤달리니의 방법과 동일하다. 그러나 두 번째 방법은 현재 도가에서 시행하는 방법으로 쿤달리니와는 전혀 다른 별개이다. 쿤달리니도 일단 머리를 떠나 내려가기 시작하면 도가식의 기 운행이 가능하기는 하다.

어쨌든 내가 본 쿤달리니의 각성법에는 각성 초기에는 기의 상승을 돕기 위해 단전호흡을 하는 방법이 있지만 기의 운행을 의식으로 조절하는 것은 있을 수 없다.

도가의 운행법에는 소주천, 옥액하거, 대주천 세 가지가 있고 그 운행하는 통로와 범위가 다르다. 그러나 쿤달리니의 운행 방법은 간단하다. 소주천의 운행로인 임맥과 독맥의 통로를 따라 돌리면 된다. 옥액하거나 대주천과 같은 개념은 요가서에서는 찾아볼 수 없고 나의 경험으로도 필요성을 느낀 바 없다. 다만 대주천의 운행은 광범위하여 각성자가 몸에 이상이 있을 경우 기가 몸 전체를 헤집고 다니거나 이상 징후가 있는 곳을 스스로 알아서 집중하여 치유하게 된다. 완성 후에는 필요시 도가식 방법을 이용하여 생각으로써 얼마든지 기 운행이 가능하다.

그동안 대주천까지 수행한 사람을 두 명 만나 보았는데 도가와 쿤달리니의 수행법에 상당한 차이를 느꼈다. 도가 수행자와의 만남에서 느낀 점은 다음과 같다.

첫째 호흡법과 기 운행법의 차이이다. 도가의 호흡 방법은 단전호흡을 한다 하지만 복식호흡 수준의 호흡이었다. 상기(上氣)되는 문제는 얼마든지 교정할 수 있다지만 도가와 선가에서는 복식호흡을 단전호흡으로 혼용해 사용하는 듯하다. 기를 단전에 모으고 운행하는 방법을 호흡에 의지하기보다 집중과 의지로 행하고 있었다. 두 사람은 나의 단전호흡법을 사용하여 쿤달리니를 각성시켜 보려고 노력했지만 과거의 기 운행 습관 때문에 단전에서 바로 척추를 타고 오를 뿐 미저골을 가격하는 것이 불가능하다고 실토했다.

내가 지도한 쿤달리니 각성자 중에도 과거 수련했던 도가식 호흡방법 때문에 각성하는 데 상당히 어려움을 겪은 경우가 있었다. 즉 기가 이전 습성대로 흐르기만 할 뿐 에너지화하여 가격하는 차원은 쉽지 않다는 의미이다.

둘째 기가 머리에 올랐을 때 수행자들이 보고 느낄 수 있는 여러 가지 현상이 있는데 이중 중요한 것은 신비한 빛의 현상이나 영적 현상들이다. 빛이 나타나는 현상들은 양쪽의 수행방법에서 상당히 근사한 양태를 보였다.

그러나 도가 측 공부에서는 쿤달리니 각성자가 겪는 영적 현상들은 거의 감지하지 못하는 것으로 여겨졌다. 다시 말하면 소주천이나 대주천의 도가의 수행법이 영적 진화와 상관관계가 있는지 여부를 확신할 수 있는 사례를 찾지 못하였다. 그동안 접했던 도가 서적에서도 고도의 명상 수행법에 대해 설명한 부분을 전혀 발견할 수 없었다는 점에서 영성 진화와는 관계가 없는 공부가 아닌가 여겨진다.

이상과 같은 사실로 미뤄 요가에서는 위험하다거나 각성이 되지 않거나 매우 희귀하다는 이유로 쿤달리니는 가까이 다가갈 수 없는 신비 속의 대상이 되었고 도가에서는 건강하게 장수하는 방법쯤으로 변질하고 만 것 같다.

고피 크리슈나가 한탄하는 말을 들어보자. "쿤달리니 요가를 성취한 요기는 극히 드물며 오늘날에는 성취한 수행자가 전혀 없다고 해도 과언이 아니다. 또한 인생의 어느 시점에서 쿤달리니가 자연 발생적으로 각성되었을 경우 대개 그 당사자는 제정신을 잃어버리거나 자기 체험을 조리 있게 이야기하기가 불가능하게 된다"라면서 쿤달리니의 각성 자체를 지극히 희귀한 현상으로 신비화시키고 말았다.

쿤달리니의 상징인 뱀의 형상은 인도와 티베트의 밀교 계통과 신비주의 종교들에서 신성을 상징하는 동물로 간주하고 있다. 사라스와티에 의하면 스칸디나비아, 유럽, 라틴 아메리카, 중근동 그리고 세계의 여러 고대문명에서 그 흔적을 발견할 수 있다고 한다. 또한 중국을 비롯한 아시아 지역에서는 용으로 바뀌어 황제나 왕의 상징으로, 그리고 불교미술에서는 우주의 힘으로서 권력과 영화를 상징하는 표상이 되었다.

쿤달리니는 서양의 신비가들에게도 선망의 대상이었던가 보다. 중세의 신비가들 중에는 인간의 육체 안에 우주의 생명력을 수납하는 기관으로서의 쿤달리니에 대한 인식이 널리 유포되어 있었다 한다. 인간에게는 동물들이 갖지 못한 극내분(極內分 : immost)이라는 것이 있어서 여기에 신성이 흘러들어와 인간을 신의 지위에까지 끌어올리고 신과 화합시킨다고 믿었다 한다. 이외에도 초대교회의 영지주의자들의 사상과 중세 신비가들이 기록한 문헌들 속에서 육체 안에 내재된 신성 수납기관에 대한 기록들이 발견된다 한다.

그러나 이제 쿤달리니는 더 이상 옛날 구전이나 책에서만 대하는 신바드의 꿈같은 신비한 이야기가 아니다. 자율신경을 조절할 수 있는 방법이 창안되었고 이를 기화로 쿤달리니를 각성하는 방법과 또 이를 완성하는 방법에서 명상하는 방법까지 모두 세상에 드러나면서 신비의 베일을 벗고 현실적인 실체로 우리 앞에 다가왔다.

고피 크리슈나와 마하리시를 비롯한 요가 지도자들이 걱정하듯 인간의 한계를 넘나드는 극심한 수행을 거친 후 각성되는 어려움과는 비교할 수 없을 정도로 쉽다. 각성에 필요한 시간도 몇 개월이면 충분할 정도다. 각성 후 폭포처럼 밀려드는 기 때문에 공포에 시달린다는 기록에 대해 두려워할 필요도 없다.

그렇다고 각성 증상이 전혀 없는 것은 아니다. 고통은 약간 있지만 참지 못할 정도는 아니며 자연 각성에 비해 고통을 느끼는 강도는 비교할 수 없을 정도로 약할 뿐만 아니라 겪는 시간도 짧다. 쿤달리니의 완성이란 개념이 설정되고 그 방법도 개발되어 있으므로 건전한 육체의 소유자라면 바로 수행자들의 소망인 진아를 구현시켜 나갈 수 있다. 누구든지 근기에 상관없이 건강에 특별한 이상이 없는 한 의지만 있다면 쿤달리니의 각성은 모두에게 가능하게 되었다.

2. 우연하게 쿤달리니를 각성하다

　요가 서적들에 의하면 쿤달리니는 각성만으로도 성인이 되고 나아가 신인(神人)이 되며 궁극에는 삼계육도를 벗어나 해탈한다 하였다. 인도와 중국, 아라비아, 그리스, 이집트 등 인류의 고대문명 발상지에서는 쿤달리니에 대한 수행과 활성화 방법이 광범위하게 연구, 실천되었다는 기술이 발견된다. 인도에서는 쿤달리니가 평범한 사람을 천재로 만들 수 있다 하여 연구나 실험의 대상이 되었다는 기록이 남아 있다. 그러나 수행법이 워낙 엄격하고 까다로운데다 큰 위험이 따르고 그나마 각성되는 경우가 매우 희소하여 현재 인도나 티베트에서 경전으로나마 겨우 명맥을 유지하고 있어 이미 전설이나 다름없게 되었다.

　사티아난다 사라스와티를 비롯한 인도의 성자들은 "쿤달리니의 각성은 참으로 어려운 일이지만 각성만 하면 곧 성자의 길로 들어서게 된다"라고 말하였다. 아득한 옛날부터 현재에 이르기까지 쿤달리니 각성에 대한 수행자들의 생각은 '윤회를 벗어나 해탈을 이룰 수 있는 전제조건'이라는 데에는 모두 의견이 일치하는 것 같다.

　내가 쿤달리를 각성하고 각성 방법을 발견하게 된 것은 참으로 우연한 일이었다. 쿤달리니를 각성할 당시 나는 명상이나 기도를 하는 수행과는 거리가 멀었고 게다가 종교하고도 인연이 없는 실정이었다. 종교라면 어머니가 천주교 신자였으므로 내 의사와는 아무 상관없이 태어난 지 사흘 만에 영세 성사를 받은 정도였다. 초등학교와 중학교 시절에는 6·25전쟁 중에도 열심히 기도하고 매일 요리문답 시간에 적극적으로 참가하는 열성적인 어린 신자였다. 그러나 중학교를 졸업하고 고등학교 시절 접한 직업적이고 사무적(事務的)이 되어 버린 어느 신부의 행태에 환멸을 느껴 성당과 단절하였다.

쿤달리니 각성은 이제까지 현상적으로 종교생활이나 명상 등의 수행과 밀접한 상관관계가 있다고 세상 사람들은 알고 있지만 내 경우는 엉뚱한 계기에 의해 이루어졌다. 만약 내가 쿤달리니에 대해 그 의미를 정확히 숙지한 뒤 각성하겠다 결심하고 수행을 했더라면 결코 성공하지 못했을지도 모른다. 쿤달리니 각성을 위해 창안되어 현재까지 전해진 방법들, 예를 들면 요가나 밀교의 방식에 따라 수행하여 성공하였다는 사례가 매우 희귀하기 때문이다. 이처럼 각성되는 일이 거의 없는 방법에 따라 수행했더라면 우선 각성에 실패했음은 물론 그 교리나 수행방식에 얽매여 각성하지도 못한 채 신음하고 있거나 운 좋게 각성했더라도 혹독한 후유증에 시달렸을 것이다.

그나마 각성에 이른 방법들은 각성한 사람의 독자적인 방식이 아니라 수많은 수행자들과 함께 수행하다 우연히 선택적으로 각성한 사례이므로 정확하게 각성하는 방법을 알고 있는 실정도 아니다. 또한 강렬한 쿤달리니 샥티의 파동으로 인한 후유증을 자신도 감당하지 못하는데 어떻게 다른 사람들에게 추천하고 널리 펴려는 시도를 할 수 있겠는가.

쿤달리니를 각성하기 위해서 인도의 요가나 티베트의 방식대로 수행한다면 성공이 거의 불가능하다고 알려져 있다. 현실이 그렇다. 고피 크리슈나가 '한 세기에 하나둘 각성할까 말까 하다'라고 단언할 정노이다. 각성자가 서의 배출뇌시 않은 상황에서 각성한 자는 자신만이 특별한 혜택이나 선택을 받았다고 생각할 수밖에 없었을 것이다.

내가 쿤달리니를 각성한 때가 1977년 초가을이라 짐작한다. 앞에서 언급했다시피 당시 사회생활, 직장생활, 건강 등 연속적인 극한상황에서 무언가 돌파구를 찾아야만 하였다.

때마침 나를 아끼는 선배가 자율훈련법을 권했다. 자율훈련법을 마스터하면 건강 문제가 해결된다는 선배의 권유가 참으로 황당하게 여겨졌지만 한편으로는 사람이 병으로부터 자유로울 수 있다는 당시로서는 믿을 수 없는 제안에도 귀가 솔깃할 만큼 절박한 상황이었다. 우선 비용이 필요하지 않았고 건강해야 능동적으로 돌파구를 찾아 기회를 잡을 수 있다는 생각에 지푸라기라도 잡는 심정으로 당장 수련에 들어갔다.

자율훈련법은 일정한 시간이나 별도의 장소가 필요한 것이 아니라 처음에는 잠자기 직전 이불 위에 누운 채 5분 정도, 아침에 눈을 뜨자마자 누운 채 5분 정도 정신을 집중하는 방식이다. 또 사무실에서 여유 시간이 생기면 소파에 편한 자세로 앉아 집중하는 것이어서 특별한 방법이 아니다. 아주 간단하고 쉬운 수련 방법이어서 아침과 저녁은 물론 틈나는 대로 열심히 수련했다. 처음에는 술을 먹은 날 밤에는 수련을 하지 않았지만 나중에는 하루하루가 속절없이 지나는 것이 안타까워 수련을 계속하였더니 음주와는 상관없이 취하지만 않으면 오히려 집중력이 상승한다는 사실을 알았다.

부지런히 연습하였지만 긍정적인 징후는 나타나지 않았고 변화나 진전이 없는 채 시간만 자꾸 흘러갔다. 두 달이 지나고 석 달째가 되면서 비로소 팔의 근육이 내가 의도한 대로 경직과 이완이 시작되었다.

계속 열심히 수련하여 그로부터 2개월 뒤에는 자율훈련법의 6단계 전 과정을 마스터하였다. 내 생각대로 자율신경 조절이 가능해지자 나도 모르는 사이 위궤양 증세가 없어졌고 그토록 바라던 건강한 생활이 가능하게 되었다. 건강이 좋아지자 욕심이 생기기 시작했다. 건강을 회복하였다고 당장 뭔가를 할 수 있는 상황이 아니어서 여건이 조성되고 기회가 마련되어야 사회활동을 할 수 있는데 갑자기 그럴 만한 가능성을 기대하기는 어려웠다. 초능력을 연마하여 국면을 전환시키는 것이 당시 여건상 가장 가능성 있는 방법처럼 생각되었다.

《명상술 입문》이라는 책 속에 여섯 페이지 가량 자율훈련법이 수록되어 있었는데 이 훈련법을 수련하는 동안 두세 번 읽어서 명상이나 쿤달리니 그리고 초능력에 대한 기초적인 내용을 파악하였다. 인간의 의식이 우주의식으로 전환하는 과정에서 초능력이 생기는데 쿤달리니의 각성이 바로 그 열쇠라는 것이다. 당시는 이 《명상술 입문》 외에는 선도나 단학, 기공들에 관한 책이 아직 발간되지 않던 시절이었다. 다만 어렸을 때부터 홍길동 이야기나 신선들이 부렸다는 천안통이나 축지법 등의 신비로운 이야기들은 구전을 통해 익히 들었던 터여서 이 책의 내용이 나의 호기심을 끌기에 충분했다.

쿤달리니를 각성하여 특별한 능력을 소유함으로써 열등의식에서 벗어날 뿐만 아니라 오히려 우월한 위치로 반전시킬 수 있다면 더

할 수 없이 좋은 도전해 볼 만한 목표라고 생각하였다. 되돌아보면 당시 더 이상 물러설 수 없을 정도로 절박하고 곤궁한 극한상황 속 여건이 이 세상에 쿤달리니의 각성법과 완성법을 창안하게 된 계기가 되었다.

수천 년 동안 숱하게 많은 수행자들이 평생을 걸고 용맹정진하며 염원하던 쿤달리니를 각성하는 방법이 수행자도 아니고 종교인도 아닌, 세상살이에서 밀려난 한 낙오자의 오기 서린 몸부림에서 태어난 것이다. 특별히 엄격하게 지켜야 할 금계(禁戒)나 권계(勸戒) 없이 위험할 만한 경우도 없다. 쿤달리니 각성을 위해 속세를 등질 필요 없고 가족을 떠나 방황할 일도 없이 누구든 의지만 있다면 가능한 손쉬운 방법임이 5년여 제자들을 가르치면서 확인한 사실이다.

《명상술 입문》에는 요가의 호흡법이 10여 가지 소개된 것으로 기억한다. 이 호흡법들은 한쪽 코를 손으로 누른다든지, 손으로 귀를 잡는다든지, 발을 겹쳐 앉는[結跏趺坐] 등 내게는 아주 엉뚱하고 부자연스러웠다. 처음에는 나열되어 있는 호흡법을 하나하나 모두 실습해 보고 나에게 맞도록 단순화하였다. 좌법도 키가 크고 비쩍 마른 인도의 수행자들에게나 적용될 방법이어서 역시 내가 앉기에 가장 편한 방법을 선택하거나 고안해 냈다.

내가 취한 방법들 즉 자율훈련법이나 요가식 호흡 방법, 또한 쿤달리니 각성 방법은 모두 내 나름대로 창안한 방법이다. 내가 참고했던 《명상술 입문》에는 자율훈련법에 대한 내용이 짧게 설명되어 있어 그 방법과 한계를 정확히 몰랐으므로 훈련 과정에서 내 멋대로 그 한계를 추월하게 되었다.

요즘처럼 정신요법에 관한 서적이나 심리계통, 최면술 등의 상담

소나 시술소가 있었다면 상황은 달라졌을 것이다. 호흡법도 책 내용을 따르면 쉬고 뱉어내는 숨쉬기가 예사로운 일이 아니었다. 내 나름대로 하나하나 고쳐가며 편하도록 만들어 사용하였다. 만약 당시 지금처럼 요가 관련 서적이 많이 등장하였거나 요가 수련원이 있었더라면 역시 불가능했을 것이다. 적어도 자율훈련법을 창안한 슐츠 박사의 권위에 도전하거나 요가의 화려하고 신비한 전통을 회의하거나 수정하려 할 필요도, 배짱도 없었을 테니까.

더구나 그것을 내 나름대로 내게 맞춰 고칠 엄두를 내지 못했을 것이고 호흡 수련에서 닥치게 될 상기를 비롯한 여러 가지 위험에 대해 전혀 아는 바 없었기에 겁 없이 도전하였지만 결과적으로 모든 것이 이상하리만큼 순조롭게 이뤄졌다. 무식하면 용감하다는 시쳇말이 제대로 적용된 경우랄까.

20여 년이 지난 2000년 어느 날 요가와 도가의 서적들을 읽던 중 이 호흡법과 같은 방법이 옛날부터 존재했다는 사실을 알았다. 즉 쿤달리니를 각성하기 위해서, 그리고 단전에 기를 응축시키기 위해서는 이 호흡법이 가장 효과적이며 빠른 방법임을 요가나 도가가 공통적으로 수긍하면서도 상기되는 위험 때문에 사용하지 못하였다는 내용을 발견하게 된 것이다. 그렇다면 나는 왜 상기되지 않았을까.

내가 최초로 각성시킨 P의 경우에도 상기되지 않았다. 시중의 도가와 선도 관련 도장에서 나의 단전호흡이 아닌 상당히 느슨한 호흡 수련을 하다가 상기되었다는 몇 사람을 만난 적이 있는데 그들은 자율신경 조절법을 알지 못하는 상황이었다. 이 자율신경 조절법은 어떤 수행단체에서도 사용하지 않는다는 점에 생각이 모아졌고 상기의 원인은 바로 자율신경을 조절하는 능력 유무에 있음을 알 수 있었다. 물론 내가 수련시킨 각성자들이나 현재까지 단전호흡을 수련한 사람은 모두 자율신경 조절법을 수련했으므로 상기되는 사례가 전혀 없었다.

단전호흡으로 인한 상기만이 위험한 것은 아니다. 힘을 주면서 숨을 멈출 때 멈추는 장소에 따라 여러 가지 위험이 도사리고 있다. 내 경우 이런 위험 요소를 용케 피하면서 10여 일이 지나자 단전 부위에 약하지만 따뜻한 감각을 느끼게 되었다. 이삼일이 또 지나자 제법 따뜻하게 느껴졌고 곧 이어 상당한 뜨거움을 감지했다.

나는 즉시 그 뜨거운 기감을 미려 즉 꽁무니뼈로 보내기 시작했다. 이 뜨거운 기감으로 꽁무니뼈를 가격해야 한다는 사실을 어떻게 알게 되었는지 스스로도 궁금하지 않을 수 없다. 지금도 이 방법을 아는 사람이 나와 내가 지도한 몇 사람들을 제외하고는 별로 없는 것 같다. 그런데 당시 어디서 힌트를 얻어 단전의 열기를 툭 튀기는 스파크로 바꿔, 즉 동력화하여 미저골에 충돌시키는 방법으로 실행했는지에 대한 기억이 현재까지도 전혀 없다.

단전의 뜨거운 기를 용접기처럼 스파크를 일으켜 미저골로 보낸다는 것이 과연 가능할까. 처음 이 수련법을 접하는 사람이라면 모두 반신반의하게 마련이다. 요가나 도가, 선가에서 가장 처리하기 난감한 문제가 바로 이 부분일 것이다. 단전이 뜨거워지면 기를 꼬리뼈로 능동적으로, 적극적으로 보내야 하는데 대부분 그렇게 하지 못함으로써 상기를 경험하게 된다. 이 때문에 이들이 본기(本氣)와 가기(假氣)로 분리하는 것을 충분히 이해할 수 있다. 본기는 쿤달리니가 각성되어 발생하는 기를, 가기는 생각으로 모아 운행하는 기를 지칭하는 것인데 본기의 창출 즉 쿤달리니의 각성은 극히 어려우므로 의념으로 가기를 일으켜 운기한 것으로 여겨진다.

지도하여 각성시킨 10여 명 중 뜨거운 단전의 열기를 스파크로 에너지화하여 미저골로 보내는 데 실패한 사람은 전혀 없었다. 단전의 열기를 자신의 생각대로 처리하지 못한다면 상기되는 것은 당연하다. 그러나 자율신경 조절법을 익히면 아직 이유를 규명하지는 못했지만 몸속에서 발생하는 일들이 자신의 의사대로 움직여지는 것을 알게 된다. 몸속의 기를 제어할 수 있다면 몸속 어디로든 보내는 것은 결코 어려운 일이 아니다. 이처럼 기를 제어하고 통할할 능력이 자율신경 조절법을 수련함으로써 배양된다.

그러나 앞서 언급했다시피 쿤달리니가 각성되어 머리에 다다라 완성할 때까지는 쿤달리니의 기를 억제하거나 조절할 수 없다. 각성되고 완성될 때의 기의 흐름이 너무 강해서 자율신경 조절법으로 익힌 재주만으로는 상대적으로 힘이 약해 쓸모가 없는지도 모른다. 다만 단전호흡을 지속적으로 열심히하면 쿤달리니의 샥티가 올라가는 데 밀어주는 역할만은 가능하다. 그러면 각성과 완성의 시간 간격을 좁혀 그만큼 고통을 덜어 준다. 내 경우 꼬리뼈를 가격하기 시작한 지 사나흘이 지나자 꼬리뼈 주위가 뻑뻑하고 무겁게 느껴졌고 곧 이어 움직이기 시작했다. 꼬리뼈와 그 주위의 이 같은 움직임이 곧 쿤달리니 샥티가 각성하기 시작하면서 일어나는 현상이다.

어쨌든 나는 쿤달리니 각성 때 일어날 수 있는 여러 가지 위험한 요소들을 전혀 의식하지 못한 채 성공적으로 쿤달리니를 각성하였고 쿤달리니를 각성한 지 20년이 훌쩍 지나도록 내가 무엇을 이뤘는지 모른 채 세월을 보냈다. 다시 말하면 쿤달리니의 가치나 그 효용에 대해서 인식한 바가 없었다.

쿤달리니가 각성되고 완성되면 난삽하다고 알려진 선(禪)에 관한 서적이나 기타 종교서적, 철학 서적이 더 이상 어려운 책이 아니다. 제 아무리 유능한 등산가라 하더라도 산악이 생활무대인 히말라야 셰르파에게는 대단한 존재가 아니듯 쿤달리니가 완성된 사람에게는 생각으로 이해할 수 없다는 종교 서적들도 쉽게 해독된다. 이들 책이 오감을 초월한 경지를 드러낸 난삽한 글이므로 일반사람이 이해하기 어려움은 당연하나 완성된 사람은 이미 초월 경지에서나 감촉될 영적 차원이나 공의 세계에 대한 안목을 갖췄기 때문이다.

제자의 권유로 요가 책들을 여러 권 접해 보았지만 한 권도 처음부터 끝까지 통독한 적이 없다. 읽을 만한 흥미가 없어서였다. 나에게는 새로울 것 없는 내용이었고 공감할 점도 없는데다 참고하고 배울 만한 부분이 없었기 때문이다. 80년대 초반에는 단학이나 선도의 서적들이 쏟아져 나왔지만 역시 도움이 되지 않았다.

쿤달리니를 각성하고자 해서 목표를 달성했지만 그 각성이 현실 세계에서 어떻게, 어떤 형태로, 어떤 행위로 드러나야 하는지 전혀 알지 못했다. 그래서 각성 초기 유명한 목사나 신부를 만나 상담했지만 오히려 빙의라는 의혹의 시선만 돌아왔다. 그럴 수밖에 없는 것이 각성하면 우선 용솟음치는 기 흐름과 환청이나 환각, 예시 등 초현상과 초능력을 경험한 다음 귀령(鬼靈)을 포함한 영적 세계 속 중생들의 여러 현상들을 보게 되므로 이로 인해 불안정한 상태가 되고 따라서 자신도 모르는 새 무심코 보이는 대로 발설하기 쉽기 때문이다.

고피 크리슈나도 쿤달리니를 각성하고 여기저기 수소문하여 도움을 받으려 했지만 끝내 이뤄지지 않았다고 토로하였듯 쿤달리니의 본고장인 인도에서도 불가능한데 한국에서야 오죽하겠는가. 내 상황을 이해하는, 또 이해하려는 사람도 없었으므로 오해받지 않기 위해 숨죽일 수밖에 없었다. 자연히 사람들과의 대화가 부자연스러워지면서 만남을 꺼리게 되었다.

각성하면 우선 세상이라는 개념이 확대된다. 사람에게는 세상이란 눈에 보이는, 또는 감각으로 인식할 수 있는 현상적인 세계를 가리킨다는 관념이 일반적이다. 그러나 각성하면 영적 차원도 포함시키지 않을 수 없다. 육체 없이 영체(靈體)로만 생존하는 세계도 더불어 존재한다는 엄연한 사실을 부정할 수 없기 때문이다. 몸의 존재 여부가 문제되지 않는다는 사실도 알게 되고 사람은 죽거나 사는 존재가 아니라 영원불멸하다는 사실을 깨닫게 된다. 오랜 시간이 경과하면 이런 경험과 명상 수행을 통해 육체를 가진 현상세계의 사람도 신과 같은 존재[신인]이라는 것을 인식하게 된다.

3. 사람의 구조

쿤달리니가 각성되면 꼬리뼈 부위에서 쿤달리니의 샥티가 움직이는데 샥티를 우리말로 바꾸면 기(氣)라 함은 이미 수차 설명한 바 있다. 일반적인 의미로 기는 인간의 정신활동, 정신력, 생활, 활동의 힘 등을 표현할 때 쓰는 말로서 현상적인 개념이라기보다 다분히 감정적이고 감각적인 개념이다.

'기가 넘치다' '풀이 죽다' '기를 쓰다' 등 기와 관련한 다양한 표현이 있지만 기가 우리 몸에서 실제로 움직이고 요동침으로써 문제가 야기된 경우는 없다. 다만 활발하거나 진취적, 적극적이면 기가 세다, 기세가 좋다, 기가 넘친다는 등 긍정적 표현으로 쓰이고 그 반대라면 부정적인 꼬리가 붙는다.

쿤달리니가 각성되면 꼬리뼈에서부터 기가 움직이기 시작한다. 이때의 기 움직임은 감각적이고 기분에 좌우되는 정도의 느낌이 아니라 육체 안에서 현상적, 사실적으로 느껴지는 움직임이다.

요가 서적에서 구술하듯이 각성하면 성인이 되지만 각성하고 난 다음 일어나는 기의 난동 때문에 각성을 바라지 말라 할 정도로 자연 각성의 경우는 심각하다. 요가의 성자들도 모두 여기에 동조한다. 나는 스스로 만들어 각성했으므로 별다른 고통을 느끼지 못했다.

쿤달리니가 각성되면 기가 발동하여 고역을 치르게 되면서 흔히 병원을 방문한다. 내 경우는 그렇게 하지 않았고 몇몇 각성자들은 병이 아니라고 생각하여 병원에 가지 않고 참아 내기도 하였다. 그런데 문제는 엄청난 고통을 느낀 각성자가 병원을 찾지만 현대의 최첨단 의료기기들도 전혀 병의 실체를 알아채지 못한다는 사실이다. 현실적으로 몸은 극심한 고통을 겪는데도 환자들이 말하는 증상에 의사는 고개만 갸우뚱할 뿐 결국 신경성 결함으로 진단하여 신경과나 정신과로 이관한다.

쿤달리니가 각성되면 꼬리뼈에서 기가 솟아오르면서 사람마다 여러 가지 모습으로 영적 현상을 접하는 동시에 엄청난 통증이 일어나는 등의 고통을 겪게 된다. 이 현상들은 쿤달리니가 각성되면서 일어나는 공통적인 현상들인데 첨단 의료기술이나 치료 경험을 갖고 있는 의사들이 고통의 원인이나 병의 실체를 전혀 알아낼 수 없는 현상을 어떻게 설명해야 할까.

사티아난다 사라스와티는 "쿤달리니는 육체와 연결되어 있지만 육체에 속한 것은 아니다. 심체(心體 : mental body)나 유체(幽體 : astral body)에서는 발견되지도 않는다. 쿤달리니가 있는 곳은 원인체(原因體 : causal body)이다. 원인체에서는 시간과 공간, 대상이 완전히 사라진다"라고 말하고 있다.

신비학(神秘學)이나 영 능력자들은 사람의 몸은 우리가 인식할 수 있는 육체 이외에도 육체보다 미세하고 정묘한 물질 또는 비물질로 만들어진 여러 겹의 몸들로 이뤄져 있다고 생각한다. 명상이 어느 정도의 수준에 이르면 우리 몸이 육체를 비롯한 여러 형태의 집합이라는 인식을 갖게 된다.

사라스와티도 같은 인식에서 쿤달리니가 육체와 연결되어 있지만 육체에 속한 것이 아니라고 말하였다. 그래서 심체와 유체에서도 발견되지 않고 원인체 즉 진아와 연결되어 있으며 그 곳에 존재한다고 말하였다.

쿤달리니가 육체에 있든 진아의 자리인 코자르체에 있든 그 위치가 중요한 것은 아니라 여겨진다. 현대 과학이 육체 즉 물질적 차원에서는 정체 파악이 거의 완성된 상태라 하지만 비물질적인 정신 분야에서는 아직 본궤도에 이르지 못하였다고 한다. 육체와 더불어 하나인 사람으로 인식되는 정신을 파악하지 못한 과학에 쿤달리니의 이해를 바란다는 것은 무리일 수 있다.

현상적인 고통이 있음에도 불구하고 현대 의학은 쿤달리니의 각성으로 인한 여러 문제점들을 전혀 검진할 수 없다. 따라서 신경성이나 정신이상 증세로 오진하여 모두 신경정신과 치료를 받고 있다. 리 샤넬라의 저서 《신비의 쿤달리니》에 따르면 미국 정신병원 입원환자 중 25~30퍼센트가 쿤달리니성 환자들이라 한다. 사라스와티의 말처럼 쿤달리니가 육체와 연결되어 있어 고통을 느끼지만 시간과 공간, 대상을 초월하는 자리에 존재하므로 인간의 힘과 과학이 미치지 못하는 것일까.

왜냐 하면 쿤달리니의 후유증이라는 통증들은 사실상 육체의 잘못된 부분을 정상화하기 위한 치료 행위이며 그 작용은 분명 육체에서 발생한다. 다시 말해 물질적 차원에 영향을 미치고 있다. 쿤달리니의 진동은 물질세계의 진동과는 차원이 다른 물질 외적 즉 영적차원의 일이기 때문에 감지할 수 없는지도 모른다.

인류의 첨단 과학과 의학은 아직 이를 인식조차 하지 못하고 있다. 따라서 인간의 구조가 어떻게 형성되어 있는지, 아득한 옛날부터 요가에서 심혈을 기울여 연구한 결과나 구전되어 내려오는 내용 무엇인지나마 파악하는 것이 쿤달리니를 각성하고 명상을 효과적으로 수행하는 데 큰 도움이 되리라 여긴다.

사람들이 나라는 개념에 대해 묻는다면 감각으로 의식하는 자신의 육체를 가리키는 경우가 대부분이다. 그러나 종교적 소양을 갖춘 경우 영혼과 육체의 결합체라고 답하겠지만 영혼에 대해 그 실체를 자신 있게 주장하는 사람을 만나기는 쉽지 않다. 요가 서적이나 신비주의 학자들이 주장하는 인간의 구성 체계는 지금까지 감각기관을 초월한 영 능력자나 초감각적 수단에 의해서만 인지할 수 있었다.

그러나 최근 서구의 대체의학계의 노력으로 영적 체계의 기초적인 부분은 그 베일이 조금씩 걷혀지는 듯하다. 앞으로 과학이 좀더 깊숙이 이 방면에 파고들어 영적 체계만이라도 어느 정도 밝혀낸다면 현재처럼 물질지향적인 욕구 충족에 집중되어 있는 사람들의 생각에 많은 변화가 일어남과 동시에 영적 진화에 욕구가 분산됨으로써 이 세상은 종교들이 구현하고자 하는 이상향 실현에 좀더 접근하게 될 것이다.

사람은 누구나 행복해지기를 원한다. 인간은 물질적 차원에 에테르적, 정신적 또는 영적 차원의 신체 등 다원적으로 이루어져 있다. 우리가 바라는 행복은 물질적 차원의 충족만이 아닌 정신적인 자양분과 영적 차원의 진화도 동시에 추구하지 않으면 균형 잡힌 행복을 바랄 수 없다.

에머슨의 말을 들어보자. "우리가 보는 인간은 모든 지혜와 선이 깃들여 있는 사원(寺院)의 외부의 모습이다. 우리가 보통 알고 있는 먹고 마시고 계획하고 계산하는 인간의 형태는 참모습이 아니다. 우리 모두의 내부에는 신의 모든 속성을 지닌 심오한 영적 세계가 깃들여 있다."

에머슨은 인간의 내면에는 신의 속성을 지닌 영적세계가 깃들여 있다고 말한다. 신의 속성을 내포하고 있는 육체는 바로 신을 모시는 사상이나 성당, 절 등 사원 건물의 용도와 다름이 없다고 표현하였나.

인간을 잠재적인 신으로 상정한 에머슨은 "인생의 목적은 인간으로 하여금 자기 자신을 알게 하는 데 있다고 생각 한다"라고 하였다. 이 말의 의미는 참으로 중요하다. 인류의 역사가 시작된 이래 종교의 내부와 외부에는 항상 자신에 대한 성찰에 심혈을 기울이던 수행단체가 존재하였고 오늘까지 여전히 유지되고 있다. 그러나 대부분의 사람들이 이와 같은 영성회복이나 본래로의 부활을 주장하는 외침에 현실감을 느끼지 못하는 것은 당연하다. 이 의미를 인식하기 위해서는 감각을 초월해야 한다는 기본명제가 필요하다.

불교의 견성이나 요가의 초월의 자리로 가는 것은 매우 어려운 길이다. 사람이기 위해서는 우선 오감의 작용을 갖추어야 하는데 이 오감이 사람의 처음이고 끝이다. 그런 오감을 뛰어넘어야 견성이고 초월이다. 따라서 견성이나 초월에 다다른 사람이 나온다는 것은 참으로 어렵다.

견성을 하고 초월에 이르렀다는 수행자조차도 진실한 자신의 모습 즉 참 나를 볼 수 없다. 사람의 몸으로는 그 자리에 이른다 하더라도 일회성의 특수한 경험 정도로는 진아에 대한 개념을 알 수 없다. 일회성의 특수한 경험을 여러 번 반복해야 가능하다. 쿤달리니를 각성하지 않은 육체 그대로의 사람으로서는 가능한 일이 아니다.

에머슨이 말하는 '신의 속성을 내포하고 있는', 또는 요가에서 말하는 우주의 축소판이라는 인간 육체의 의미는 적어도 견성이나 초월의 수준은 아니더라도 오감의 영역을 뛰어넘는 과정에서 체득하게 된다.

　요가에서는 인간의 몸은 다섯 가지 층이 양파처럼 감싸고 있다 한다. 우리가 의식하는 육체는 첫 번째 껍데기 층에 속하는데 이 층은 오감으로 이루어져 있다. 오감을 초월해야 이 꺼풀을 벗겨내게 되는데 이 껍데기를 하나하나 벗겨내는 작업이 바로 참 나를 구현하기 위한 수행법 그 자체이다.

I. 몸의 구조

　요가철학에서는 사람의 몸을 진아를 핵으로 하여 육체, 생명의 에너지인 프라나, 마음 등 다섯 가지 물질 또는 비물질적 요소들이 층을 이루며 둘러싸고 있는 총체라고 정의한다.

　이 체계는 언제 확립되었는지 알 수 없지만 먼 옛날부터 요가 수행자, 신비가, 영 능력자들이 주장해 왔다고 한다. 물론 다음의 설명대로 통일되어 있는 것은 아니다. 여러 설들이 있지만 그중 가장 수긍할 만한 내용을 채택하였다.

　인간의 구조 즉 진아를 중심으로 구성되어 있는 층들은 다음과 같다.

　　1. 안나마이 코샤(물질의 층)
　　2. 프라나마이 코샤(생명 에너지 층) ───── 육체
　　3. 마노마이 코샤(마음의 층)
　　4. 비즈나나마이 코샤(지성의 층) ───── 아스트랄체(體)
　　5. 아난다마이 코샤(지복의 층) ───── 코자르체

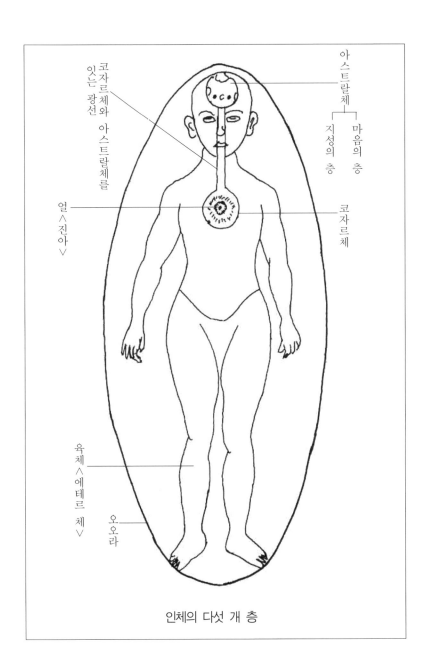

인체의 다섯 개 층

아스트랄체

지성의 층 — 마음의 층

코자르체와 아스트랄체를 잇는 광선

코자르체

얼〈진아〉

육체〈에테르체〉

오오라

요가철학에 의하면 나라고 의식되는 육체는 위에서 보는 바와 같이 진아를 감싸고 있는 다섯 개의 그릇 중 하나인 껍데기에 불과하다. 이 육체를 제외한 네 가지 층들은 비물질적 요소들로 이루어져 있다. 육체의 감각기관들은 모두 물질적인 대상만을 감촉할 수 있으므로 육체를 제외한 나머지 몸들은 자신의 몸이지만 대부분의 사람들이 전혀 의식하지 못한 채 살아가고 있다.

1) 안나마이 코샤(물질의 층)

육안으로 볼 수 있고 해부학적으로 확인하는 현상계의 육체를 말한다. 육체는 다섯 가지 물질 원소 즉 지(地), 수(水), 화(火), 풍(風), 공(空)으로 이루어졌으며, 물질세계에서 자기를 표현하는 체이다.

이 육체는 전생의 카르마[業]의 결과로 만들어진다고 요가경전이나 불교에서는 말한다. 물질로 이루어진 이 육체는 다섯 가지 감각이 지배하고 있는데 이 감각을 초월하느냐 못하느냐에 명상의 성패가 달려 있다.

2) 프라나마이 코샤(생명 에너지 층)

일명 에테르체라고도 부르며 육체의 사멸과 운명을 같이하는 층으로 육체에 속한다. 육안으로는 보이지 않지만 영적차원을 감지하는 영 능력자에게는 육체와 완전히 합치하는 청백색 그림자나 우윳빛 안개처럼 보이며 육체의 정확한 복사체와 같다 하여 복체라고도 한다.

현대 의학에서 밝혀 낸 에테르체는 에너지와 물질 중간 상태의 광선들로 이루어진 반짝이는 거미줄과 비슷한 미세한 에너지의 선

(線)들로 이루어졌다 한다. 이 에테르체는 선이지만 분명한 구조를 가지고 있으며 그 위에 육체의 조직들이 물질적인 재질로 형태를 이루어 한데 모여 있다 한다. 생체 조직에는 그 배후에 이와 같이 생기를 제공하는 에너지 상이 존재하브로 형체를 유지할 수 있다 한다. 거미줄과 같은 미세한 에너지의 선들이 분당 15~20 사이클 정도로 끊임없이 약동하면서 육체 활동을 유지시켜 준다고 한다.

에테르체는 잠잘 때에도 기능을 유지하며 생명이 존재하는 동안 활동을 계속한다. 생명의 힘 또는 에너지인 프라나는 주로 호흡에 의해 체내로 받아들여진 것이라 한다.

에테르체를 구성하는 이들 프라나의 작용은 동양의학에서 말하는 경락이나 기의 흐름과 동일하다 한다. 이 에테르체는 생기체(生氣體), 신경 에너지체, 프라나체 등의 이름으로도 불린다.

3) 아스트랄체(마노마이 코샤와 비즈나나마이 코샤)

산스크리트어로 스크슈마 샤리라라고 불리며 사하스라라 차크라의 자리인 머리 윗부분에 위치한다. 이 아스트랄체는 개개인의 개성을 결정하고 유지하며 사멸한 후에도 존재한다. 다시 말하면 육체에서 완전히 분리될 때 죽음을 맞게 된다.

그러나 어떤 조건에서는 사람이 죽지 않은 상태에서도 아스트랄체가 육체로부터 분리될 수 있다. 이 경우 아스트랄체 단독으로 분리되지 않고 코자르체와 함께 나간다. 이때 고차원의 진동력(振動力)을 가진 실버 코드(silver code : 혼줄)로 육체와 연결되어 있어 이와 같은 상태를 유체이탈(幽體離脫)이라 한다.

꿈을 꾸는 것도 아스트랄체와 코자르체의 작용으로 이루어진다. 마음(마노마이 코샤)과 지성(비즈나나마이 코샤)은 일반적으로 동일한 것으로 생각하기 쉽지만 엄밀히 말하면 구분된다. 마음은 오감이 대상물로부터 받아들인 정보를 건네받아 지성에 그 판단을 의뢰한다. 마음은 '받아들이는' 작용과 이 정보에 따라 대응하는 '행동을 지배하는' 작용 등 두 가지 기능을 가지며, 육체의 활동과 유지는 프라나를 매개로 하여 작용한다.

지성은 '부디'라고도 부르는데 감각기관을 통해 받아들인 모든 체험이나 지식을 식별하는 작용을 한다. 사람이 사물을 식별하는 작용을 인식시스템을 통해 알아보자.

눈은 대상을 보면 그것을 전기신호로 바꿔 대뇌의 시각중추로 보낸다. 그것만으로 어떤 것을 보았다고 할 수는 없으니 눈을 뜨고 보고 있다 할지라도 다른 생각에 몰두하고 있거나 최면상태라면 시각중추와 연결되지 않는다. 이 같은 방해 요인이 없을 경우 오감의 감각기관에서 보내온 정보는 마음에서 미묘한 파동으로 번역되어 지성에게 정보의 판단과 그에 대한 조처 등의 판단을 의뢰한다. 지성은 마음이 보내온 정보를 분석하고 판단하여 결정하고 지성이 내린 결정 사항은 자아에 보내고 다시 마음으로 돌아온 다음 마음이 지성이 내린 결정대로 감각에 대응 조처 하도록 명령한다.

이와 같이 마음은 정보를 받아들이고 행동을 일으키게 하는 작용을 하는 기관이며 지성은 마음으로부터 의뢰받은 정보를 지적 판단을 통해 마음을 통제하는 기관이다. 명상 중 지성은 번뜩이는 빛의 덩어리로 머리 중심부에 자리하고 있으며 마음은 그 속에서 빛의 구[光球]를 이루며 빛나는 형태로 보인다.

이 빛은 감정이 변하거나 정신 상태에 따라 항상 그 색깔이 바뀐다. 이것이 마음과 지성이 같이 있으면서 독립적 행동을 하는 아스트랄체의 모습이다.

4) 코자르체(아난다마이 코샤 : 지복의 층)

싱가 샤리라 또는 카라나 샤리라라고도 불리는데 진아를 가장 가까이에서 감싸고 있는 층이다. 코자르체는 다시 태어나는 윤회(輪廻)의 본체이며 산스카라라고 하는 전세(前世)로부터의 일체의 기억이 소장되어 있는 곳이다.

산스카라는 현상 세계에서 나라는 육체의 생김새를 만드는 원인이며 우주의식이나 희열, 환희 상태를 느끼는 자리이므로 지복(至福)의 층이라고 한다. 명상에서 번쩍이는 황금색 광체로 나타나므로 황금의 체라고도 한다. 코자르체의 기능에 의해 처음으로 나라는 자아가 인식되며 진아는 코자르체의 배후에 존재한다.

이상 몸의 구조편에서는 인간이 살아 있다는 것은 참 나를 중심으로 물질과 영적차원의 비물질들이 다섯 겹으로 둘러싸고 있는 체제가 존속되어야 함을 보았다. 여기서 중요한 것은 *나*라 하면 보통 자신의 육체를 지칭하지만 육체는 참 나를 둘러싸고 있는 다섯 꺼풀의 옷 중 하나에 불과하다는 사실이다.

이 체제는 영시(靈視) 능력자나 초월적 수준의 명상에서 영안으로 느낄 수 있으므로 과학적 의미와는 관계가 없다. 뒤에서 설명하겠지만 대체의학계에서 에테르체 즉 다섯 번째의 몸에 대해서는 이미 규명한 것으로 판단되므로 다섯 개의 꺼풀 중 일반적인 육체를 포함한 두 개의 몸은 과학적인 토대가 마련된 셈이다.

나는 이 몸의 구성이론에 대해 '그렇다' '그럴 수 있다' 정도의 긍정을 한다. 쿤달리니를 각성하고 완성하면서 그리고 초월과 무상삼매를 거치면서 위의 주장에 대해 완벽하게 동의하는 것은 아니지만 긍정할 수밖에 없음을 밝힌다.

다음은 우리 몸이 내장한 무한한 신비이며 가능성인 쿤달리니의 체계에 대한 설명이다. 명상은 우리 내부로의 여행이다. 설령 선험자가 남긴 글이나 구전을 통해 가는 길을 들어 안다 하더라도 이 여행은 결코 누구하고도 같이 갈 수 없는 혼자만의 고독한 길이라는 사실을 명심해야 한다.

수행자들 중 일부는 어떤 상서로운 현상들을 접한 후 공부가 끝났다고 자리를 털고 일어나는 경우가 있다. 그런 현상들이 공부하는 데 대단히 중요한 과정인 것만은 사실이지만 이 현상들은 과정일 따름이지 끝이 아님을 명심하고 내부 세계에 대한 정보를 잘 새겨 두어야 오류를 범하지 않을 것이다.

2. 차크라

우주는 아카샤와 프라나 두 가지 요소로 이루어졌다고 요가철학은 설명한다. 아카샤는 불교에서 말하는 공(空)으로 공간을 뜻하며 프라나는 에너지를 의미하는 기(氣)와 같은 뜻으로 쓰인다. 우주의 삼라만상은 아카샤에서 전개했다가 다시 아카샤 속으로 용해하는 순환을 되풀이한다.

아카샤에서 우주를 창조하고 괴멸시키는 역할을 하는 힘이 프라나다. 프라나는 물질이나 정신 또는 지성이 아니면서 모든 사물들 속에 존재하는 에너지로서 모든 우주 현상의 배후에 존재하면서 물질에 대해서는 에너지 형태로, 생명체에 대해서는 생명력으로 발현한다.

차크라는 산스크리트어(語)로 원(圓) 또는 바퀴라는 의미이다. 우리 몸의 모든 것이 둥근 형상이며 지속적으로 움직이기 때문에 이 운동의 중심을 가리켜 차크라라 한다. 차크라는 쿤달리니가 각성되어 척추 속을 흐르는 수슘나라 부르는 에너지의 미세 회로를 통하여 머리로 솟아오를 때 가장 활동이 왕성해진다. 차크라는 해부학적으로 감지할 수 없으며 뚜렷하게 육체의 어느 지점에 있다고 단정할 수 없는 신비하고 오묘한 기관이다. 명상 중 차크라가 있다고 추정되는 부위에 정신을 집중함으로써 영시가 가능할 뿐이다.

최근 첨단기기의 발달로 현대 의학에 의해 차크라는 상당 부분 그 베일이 벗겨졌다. 인간의 정신 현상을 규명하기 위해 미국에서 추진하고 있는 이 연구에서 과학자들은 차크라를 주목하였고 상당한 진척을 보이고 있다. 과학자들은 심전도 계측기나 전기 뇌 촬영기, 거짓말 탐지기, 신체 주위의 전자 자기장을 측정하는 스퀴드 등 첨단 장비를 사용하여 생체 에너지와 척추에 있는 심령 센터에서 방출하는 자극까지 기록한다.

이 장치들을 사용함으로써 자기장을 측정하여 신체에 접촉하지 않고서도 효과적으로 연구를 수행한다. 이 연구로 밝혀진 차크라의 형태는 소용돌이치는 깔때기 모양으로 몸의 앞과 뒤로 대칭을 이루면서 몸 밖으로 튀어나와 회전하는 형태다. 이 깔때기 모양의 혈(穴)들이 몸속에 드러나는 자리가 육체의 주요 신경총과 일치하며 이들은 제각기 여러 개의 작은 깔때기의 혈들을 가지고 있는데, 그 숫자가 요가서에 적힌 차크라의 꽃잎 숫자와 상당히 일치한다.

과학자들은 이같이 작은 소용돌이 모양의 혈들을 페털(petal)로 명명하였는데 높은 속도로 회전하며 고유의 회전 주파수에 공명하는 에너지 진동을 소화하고 있다 한다. 사람의 몸에는 이런 조그만 소용돌이치는 와동혈들이 상당히 많아서 과학자들은 이를 큰 차크라 일곱 개와 작은 차크라 스물 한 개로 구분하는데 큰 차크라 일

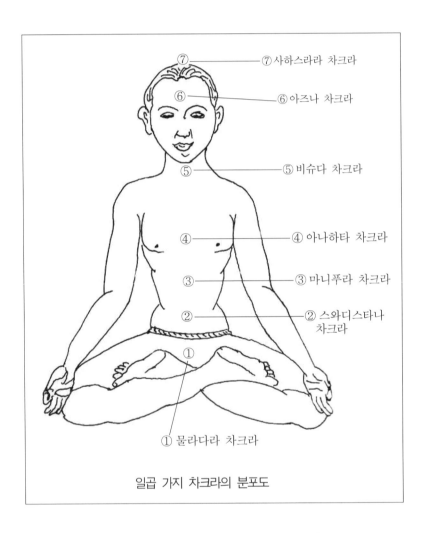

⑦ 사하스라라 차크라

⑥ 아즈나 차크라

⑤ 비슈다 차크라

④ 아나하타 차크라

③ 마니푸라 차크라

② 스와디스타나 차크라

① 물라다라 차크라

일곱 가지 차크라의 분포도

곱 개가 요가에서 말하는 일곱 차크라와 일치하고 있어 신비롭기
까지 하다.

차크라와 양분을 공급하는 신체 부위들

대차크라 이 름	차크라 위 치	요가 이름	와동혈의 숫자/색깔	내분비선	관장 신체 부위
제7 차크라	정수리	사하스라라 차크라	972/보라, 흰색	뇌하수체	뇌의 윗부분, 오른쪽 눈
제6 차크라	머 리	아즈나 차크라	96/쪽빛	송과선	뇌의 아랫부분, 귀, 왼쪽 눈, 코, 신경계통
제5 차크라	목	비슈다 차크라	16/파랑	갑상선	기관지, 성대, 허파, 식도
제4 차크라	가 슴	아나하타 차크라	12/초록	흉선	심장, 혈액, 미주신경, 순환계통
제3 차크라	태양총	마니푸라 차크라	10/노랑	췌장	위장, 간, 쓸개, 신경계통
제2 차크라	천 골	스와디스타나 차크라	6/주황	생식선	생식계통
제1 차크라	기 저	물라다라 차크라	4/적색	부신	척추, 신장

과학자들이 밝혀낸 큰 차크라의 위치는 정수리, 머리, 목, 가슴,
태양총, 천골, 기저 등 일곱 개인데 숫자와 위치, 생리적 역할까지
요가경전에서 밝힌 내용과 매우 흡사하다. 일곱 개의 차크라는 다
음과 같다.

(1) **물라다라 차크라** 척추의 기저부에 위치하고 네 개의 꽃잎
을 가진 주홍색 연꽃으로 상징한다.

(2) **스와디스타나 차크라** 천골에 위치하며 여섯 개의 꽃잎을 가진 연꽃으로 상징.

(3) **마니푸라 차크라** 배꼽 부위의 태양 신경총에 위치하며 열 개의 꽃잎을 가진 청회색의 연꽃으로 상징.

(4) **아나하타 차크라** 가슴에 위치하며 열두 개의 꽃잎을 가진 짙은 적색의 연꽃으로 상징.

(5) **비슈다 차크라** 인후 부위에 위치하며 열여섯 개의 꽃잎을 가진 자주색 연꽃으로 상징.

(6) **아즈나 차크라** 양미간 사이의 머리에 위치하며 두 개의 꽃잎을 가진 은색 연꽃으로 상징.

(7) **사하스라라 차크라** 머리 정수리에 위치하며 일천 개의 꽃잎을 가진 빛의 집단으로 상징한다.

이 일곱 개의 차크라에 대한 기술은 탄트라 요가의 기록과 과학자들의 연구 성과가 대체로 일치한다. 다만 색깔에 약간의 차이가 있고 아즈나 차크라의 꽃잎 숫자가 과학자들은 아흔 여섯 개라 주장한 반면 탄트라는 두 개였다.

또 다른 차이점은 차크라의 위치인데 예를 들어 마니푸라 차크라를 탄트라 측은 배꼽 부위의 태양 신경총에 있다고 한 데 반해 과학자들은 태양 신경총이 있는 자리의 몸 앞과 뒤에 소용돌이 와 동점들이 투과하고 있으며 이 앞뒷면 둘을 합하여 한 차크라로 보았다. 이 소용돌이 와동점들의 시각 차이는 차크라의 강력한 모터가 작동하는 데 따른 회오리가 앞과 뒤에 동시에 드러난 현상이라는 주장이 있는가 하면 요가의 한 방파는 앞면의 소용돌이를 차크라의 반사 현상이라 주장한다.

기저의 물라다라 차크라와 정수리의 사하스라라 차크라는 다른

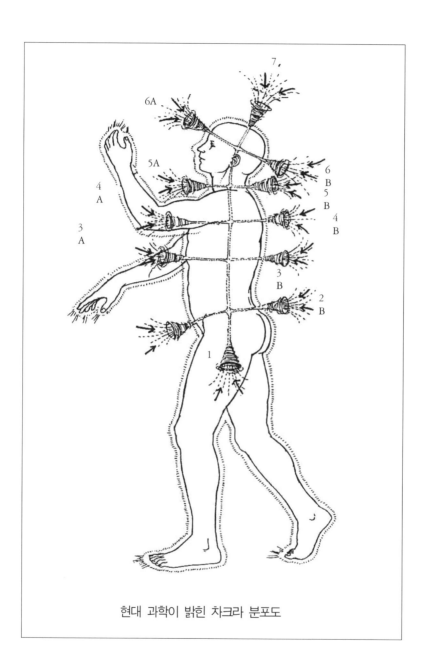

현대 과학이 밝힌 차크라 분포도

차크라들처럼 앞뒤에서 작용하지 않고 수직으로 연결되어 오르내리고 있다고 과학자들은 주장한다. 앞쪽 차크라는 그 사람의 감정, 뒤쪽 차크라들은 의지와 연결된다고 보았다.

과학자들은 차크라들이 세 가지 중요한 기능을 갖는다고 주장한다. 첫째 차크라들은 제각기 오오라체를 가지고 있으며, 이 오오라를 활성화시키면 육체가 활성화한다. 둘째 자아의식의 다른 측면들의 계발을 도모한다. 이는 차크라들이 제각기 특정한 정신적 기능과 연결되어 있기 때문이라 하였다. 셋째 오오라 사이에 에너지를 전달하여 균형을 유지한다 하였다.

과학자들은 신경 센터인 차크라들이 척추의 내벽에 접합하여 각각 하나의 내분비선과 신경총에 연결되어 작용한다고 생각한다. 차크라들은 우주적 또는 기본적인 에너지를 흡수, 이를 분해하여 나디라는 에너지 통로를 통해 내분비선과 신경총, 그리고 육체에 양분을 공급하는 혈액을 보낸다.

학자들은 차크라가 육체와 정서, 심리, 심령, 그리고 영적 요소들의 총합체라 설명한다. 차크라들은 다시 정서, 심리, 심령적인 요소를 가지고 있는 두뇌의 조정 메커니즘과 연결된다. 척추 차크라들의 각각의 수준은 육체의 각각의 조직을 조절하는 동시에 신경계와 마음의 기능 수준을 나타낸다 하였다. 또한 에너지는 제1 차크라[물라다라]에 있는 출입구[경혈]를 통해 한 층에서 다음 층으로 전달된다. 대부분의 사람들은 이 출입구가 막혀 있다. 이것들은 영적 정화작용의 결과로 열리게 되는데 출입구가 열리면 차크라들은 한 층에서 다른 층으로의 에너지 전달 역할을 하게 된다.

에테르체 안에 있는 차크라들은 각각 그것을 둘러싸고 또 자유롭게 넘나들고 있는 다음 차례의 더 섬세한 신체 속에 있는 차크라들과 직접적으로 연결된다. 감정체들 속의 차크라들은 그 다음 차례의 더 섬세한 정신체 속의 그것들과 연결되어 있고, 계속 같은 방법으로 일곱 층의 모든 차크라들이 연결된다.

이제 사라스와티의 말을 들어보자. "모든 생명은 진화하고 있으며 인간도 예외는 아니다. 서서히 진행되는 인간의 개인적 진화는 각각의 차크라들을 통한 여정이다. 물라다라 차크라는 우리가 진화를 시작하는 자리이며 사하스라라 차크라는 진화가 끝나는 자리이다. 물라다라 차크라는 인간에게는 첫 출발점이지만 동물에게는 가장 높은 자리이다."

사라스와티의 말을 계속 경청해 보자. "차크라는 인간 구조 속에 소우주적인 양상을 띠고 있다. 차크라는 인격의 전체적인 파노라마를 만드는 체계적이고 상호 의존적인 일련의 만다라를 보여준다. 사람은 차크라의 상승 수준에 따라 서로 다른 진화의 도상에 있으며 그 진화도에 따라 세상을 보는 관점도 달라진다. 스와디스타나 차크라의 영역에 있는 사람은 욕망의 확대라는 관점에서 세계를 보며, 마니푸라 차크라에 있는 사람은 권력 본능의 확대라는 관점에서, 아나하타 차크라에 있는 사람은 모든 인간에게 자비와 사랑의 관점에서 세상을 본다."

사라스와티는 계속해서 "차크라의 진화 정도는 신경계의 활동과 의식상태에 크게 영향을 끼친다"라고 설명하고 "낮은 수준의 사람은 높은 수준의 사람을 이해하지 못한다. 그러나 높은 수준의 사람은 이전의 낮은 수준에 있었던 경험이 있어서 넓은 경험의 폭을 가지고 있다"라고 주장한다.

학자들의 연구 결과도 사라스와티의 말에 동조한다. "인간이 성숙해 감에 따라 차크라들 역시 발달해 가는데 각 차크라는 그 사람의 삶 속에서 전개되고 있는 정신적 패턴들을 나타낸다"라고 밝히고 있다.

차크라의 각성은 인격의 상승, 영성개발 등 인간 차원의 진화에 중요한 역할을 하는데 이는 인간 영성의 진화를 의미이므로 차크라가 각성되면 즉시 의식에 변화를 가져온다.

물질, 명예, 권력 등 모든 욕망과 애증, 고통, 좌절 등의 감정이 대부분의 사람들은 주위, 환경과 조건에서 비롯하고 좌우된다고 하지만 사실 마음에서 일어나는 것에 불과하다. 사람들은 품격에 따라 일곱 차크라 중 하나에 머물며 그 차크라의 여건에 따라 사고하고 판단하면서 나름대로 세상을 살아간다. 각 차크라의 성질에 대해 좀 더 알아보자.

1) 물라다라 차크라

물라다라는 산스크리트어로 기초 또는 근본이라는 뜻으로 차크라들의 근원이 되는 차크라이다. 물라다라 차크라는 깨달음을 추구하는 종교적 수행이나 영성 개발을 위한 최초의 관문으로 쿤달리니 요가에서는 매우 중요시한다. 이 차크라는 척추의 기저부에 자리한다고 한다. 이 자리에는 똬리를 튼 뱀이나 남근(男根), 또는 삼각형으로 묘사되는 생명력의 보고인 쿤달리니 샥티가 세 바퀴 반의 똬리를 틀고 척추를 따라 흐르는 척수의 중심 신경관인 수슘나 통로와 맞대고 있다. 깨어나지 않은 쿤달리니 샥티는 꼬리를 입에 물고 머리를 아래로 늘어뜨리고 있다.

물라다라 차크라가 작동하면 쿤달리니 에너지는 머리를 치켜들고 입을 벌린 채 슈슘나 통로를 통해 위로 올라가기 시작한다. 명상할 때 사용하는 차크라의 형상인 얀트라는 네 개의 주홍색

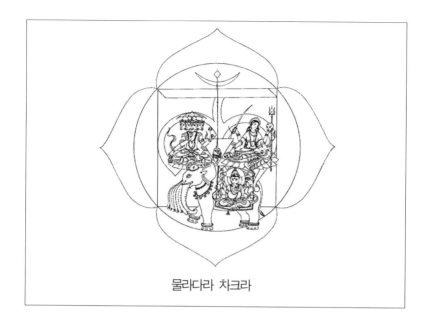

물라다라 차크라

꽃잎으로 이루어진 노란색 정사각형이다.

정사각형은 땅을 의미하며 네 개의 꼭짓점은 네 개의 기둥, 혹은 모서리를 형성한다. 넷이란 숫자는 완성을 의미하며 땅은 인간 외모의 상태를 구체화한다. 물, 불, 공기, 아카샤의 혼합 상태인 땅은 일곱 개의 코를 가진 코끼리가 떠받치고 있다.

하늘신 인드라의 코끼리인 에어아바타의 일곱 개 코는 일곱 가지 색깔로 표시되는데 사람의 일곱 가지 감각기관인 귀, 피부, 눈, 혀, 코, 항문, 생식기 등을 나타낸다. 또한 인간의 일곱 가지 욕망인 안전, 생식, 장수, 역할, 지식, 자아실현, 융화 등을 일곱 가지 빛깔로 몸 안에 나타낸다. 코끼리는 육지에서 서식하는 동물 중 가장 크고 힘이 세며 튼튼하다. 이는 물라다라의 속성이 그만큼 견고하고 탄탄하다는 의미이다.

역삼각형 안에는 쿤달리니인 뱀이 링가를 세 겹 반 감고 있다. 대부분의 사람들에게 잠들어 있는 쿤달리니가 각성되면 영적인 잠재력을 나타내지만 잠자고 있으면 기본적인 생존을 지탱해 주는 생명의 충동이나 본능일 뿐이다.

코끼리 위쪽에는 네 개의 팔과 붉은 눈의 신인 가네샤와 다키니 여신이 앉아 있다. 다키니 샥티의 에너지는 창조자, 보존자, 파괴자의 의미를 함축하며 가네샤는 장애물을 제거하여 모든 일의 성취를 보호한다.

물라다라 차크라는 에너지의 힘, 생명력의 샥티, 쿤달리니의 자리이다. 차크라의 토대는 모든 성장의 뿌리이자 인간의 신성함에 대한 자각이다. 이 차크라에 집중하여 쿤달리니가 눈을 뜬 수행자는 갖가지 초감각적 의식 상태를 체험한다.

스와미 요게슈아라난다 사라스와티는 물라다라 차크라 명상에 대하여 다음과 같이 설명한다. "이 차크라를 명상하는 수행자는 붉게 타는 불꽃과 같은 것, 안개와 같이 너울대는 빛의 상승, 제단 위에서 타고 있는 불꽃, 진홍색과 노란색, 붉은 딸기처럼 빛나는 둥근 구체(球體), 붉은 석류와 같은 불꽃 등의 환영을 체험한다."

또는 번쩍이는 막대 같은 것이나 황금색깔의 뱀, 빛을 발하는 혀를 날름거리며 붉은 눈을 가진 검은 뱀 등이 척추를 향해 상승하는 수슘나의 환영을 보게 된다. 순간적으로 나타났다 사라지는 섬광을 경험하는 수도 있다. 수행자에 따라서는 공포에 떨기도 하며 땀을 흘리거나 프라나가 손이나 발, 또는 다른 부분으로 들어와 현기증을 느끼는 불쾌한 기분일 수도 있다. 때로는 신경조직의 어느 부분이 수축하거나 방광이나 장이 언짢게 작용하기도 한다. 이와 같은 불쾌한 기분은 순간적이어서 곧 진정될 수 있다. 수행자는 드러난

환상이 좋든 나쁘든 구애받지 말고 완전히 자각하려는 차크라에 마음을 집중해야 한다.

다음은 물라다라 차크라에 대한 현대 의학의 견해이다. 미저골 센디는 물리적 현실 속에서 살고자 하는 의지와 연결되어 있다. 이 것은 물질적 세계에서 생명력이 드러나는 최초의 장소로서 생명력이 이 차크라를 통해 온전하게 기능하면 현실 속에서 살고자 하는 힘찬 의지를 갖게 된다.

꼬리뼈는 에테르 수준에서 일종의 에너지 펌프작용을 하며 에너지가 척추를 타고 곧장 흘러 올라가는 것을 돕는다. 이 같은 충분한 잠재력은 살고자 하는 의지와 더불어 사람에게 일종의 힘과 활력에 대한 자신감을 부여한다.

따라서 그 사람은 '나는 지금 여기에 있노라' 하고 자신 있게 외칠 것이다. 이 차크라가 막히거나 닫혀 있으면 생명력에 포함된 물질적 활력의 대부분이 차단되어 주위에 별다른 느낌을 주지 못하게 된다. 에너지 수준이 낮아 육체적인 힘이 부족하므로 활동을 피하려 하기 때문이다.

물라다라 차크라의 소재에 대해 요가와 도가에서 말하는 내용은 참으로 흥미롭다. 요가와 도가를 가리지 않고 방파에 따라 회음이라거나 척추의 기저부(꼬리뼈)라 주장하기도 한다. 내 생각은 꼬리뼈 부위가 확실하다. 이 차크라가 쿤달리니가 잠자고 있는 자리이고 처음 깨어나는 자리라는 개념과 일치한다는 전제조건이라면 말이다.

회음이라는 주장에 명확한 근거를 밝히지 않는다. 중국의 도가 쪽에서 이 주장이 많은 편이지만 도가에서도 통설은 기저부인 것 같다. 아마 한의학 쪽에서 생각하는 회음에 대한 중요성 때문에 이런 오해를 불러온 듯하다. 인도 요가의 한 문중에서도 회음이라 주장한다.

2) 스와디스타나 차크라

스와디스타나는 산스크리트어로 자아의 거주지라는 의미이다. 이 차크라는 물라다라 차크라의 위쪽 방광 부근 하복부 신경총에 자리 잡고 있다. 이 차크라의 얀트라는 초승달 모양의 원으로 색깔은 푸른색이며 물의 요소의 지배를 받는다. 지구의 3분의 2 이상이 물로 덮여 있고 사람의 몸도 3분의 2 정도가 물이다. 달은 바다의 조수를 조종하고 인간을 감정의 조수라는 형식으로 지배한다. 여성들은 달의 순환주기와 일치하는 생리주기를 가지고 있다.

스와디스타나 차크라는 달과 직접적인 관련이 있으며 또한 생식의 근원으로 인간의 삶에 절대적 영향을 미친다. 이 차크라는 여섯 개의 붉은 꽃잎을 가진 연꽃으로 상징되며 흰색 원은 이 차크라의 요소인 물의 표현이다. 이 얀트라 속의 동물은 뱀과 비슷한 동작을 하는 악어로서 이 차크라의 지배를 받는 사람들의 감각적 성향을 잘 드러내 준다. 악어는 먹이를 포획할 때 속임수를 많이 쓰고 순발력도 민첩하며 정력도 강하다.

얀트라에는 비쉬누 신과 머리가 두 개인 라키니 여신이 있다. 비쉬누 신은 인간 종족의 보존력을 상징하며 바른 삶의 원칙을 구체화시킨다. 그의 네 개의 손은 삶의 올바른 기쁨을 얻기 위해 필요한 네 가지 물건들을 쥐고 있다.

네 가지 물건은 첫째 인간에게 해방감을 가져다주는 순수한 소리를 상징하는 파도소리를 담은 조개이며 둘째 우주의 리듬을 의미하는 바퀴로 상징되는 반지이다. 셋째 땅을 지배하는 도구로서의 상징인 금속으로 만든 곤봉과 넷째 순수함을 상징하는 분홍빛 연

스와디스타나 차크라

꽃이다.

라키니 여신 역시 네 개의 손에 네 개의 물건을 쥐고 있는데 첫째 사랑의 신의 활에서 쏘아진 화살로 자신이 바라는 대상을 향하여 활을 쏘는 이 차크라 형의 인간 본성을 드러낸다. 둘째 감정이 행동을 지배해야 한다는 의미로 두개골을 쥐고 있다. 셋째는 이 차크라의 리듬과 고동 소리를 상징하는 북이다. 넷째 도끼인데 이 차크라 안에서의 모든 장애물을 제거한다는 의미이다. 라키니의 머리가 두 개인 것은 스와디스타나 차크라 형의 사람들은 내부 세계와 외부세계 간의 균형을 유지하도록 노력해야 함을 상징한다.

물라다라 차크라 형은 경제적 안정을 추구하고 집중력도 직선적이어서 한 가지 방향을 지향한다. 스와디스타나 차크라 형은 성적

본능에 기인한 환상과 욕망으로 변화, 발전하여 간다. 스와디스타나 차크라에 집중하여 명상하면 안개 같은 것이 피어오르는 현상이 보이는데 이 안개는 물 원소의 변형이며 육체내의 체액이나 점액질과도 관계가 있다.

현대 의학의 견해로 본 스와디스타나 차크라는 인간의 감정과 관계가 있으며 사람의 감정적인 삶과 느낌들을 이 차크라를 통해서 경험한다고 설명한다. 스와디스타나 앞으로 드러난 차크라는 이성에 대한 사랑의 특질과 연결되어 있는데 차크라가 열려 있으면 성적, 육체적 즐거움을 주고받도록 조장하는 점이 있다고 한다.

몸 뒤쪽 차크라는 성적 에너지의 양과 연관되는데 만약 의식적이든 무의식적이든 이 차크라를 막아 버리면 아무리 뛰어난 성적 능력과 잠재력이 있다 하더라도 그는 곧 약해지고 실망을 느끼게 될 것이라 한다.

이 차크라는 앞과 뒤의 차크라가 짝을 맺어 기능을 하는데 인간의 가장 강력한 육체적 충동인 동시에 목적인 성적 결합에 대한 갈망을 드러낸다고 한다.

3) 마니푸라 차크라

마니푸라라는 말은 산스크리트어로 보석의 도시라는 뜻이다. 마니푸라 차크라는 배꼽 높이의 척추 부위에 있는 태양 신경총에 자리 잡고 있다.

얀트라는 불을 상징하는 역삼각형으로 붉은 색깔이며, 아래 뾰족한 부분이 열 개의 꽃잎으로 둘러싸인 원 안에 있다. 세 번째 차크라인 마니푸라 차크라를 태양 신경총이라고도 부르는데, 음식물의

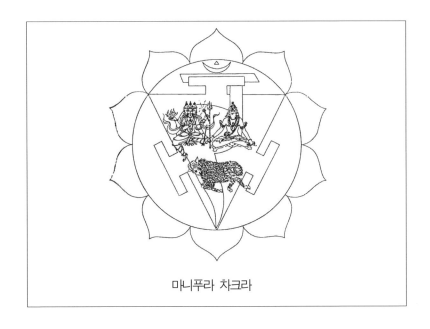

마니푸라 차크라

소화와 동화하여 살아가는 동안 필요한 생명 에너지를 공급한다.

마니푸라 차크라는 불꽃 중앙의 푸른 부분 같은 색깔을 띤 열 개의 꽃잎을 가진 연꽃으로 상징된다. 열 개의 꽃잎은 열 개의 프라나 즉 생명의 호흡이며 기(氣)이다.

이 차크라를 상징하는 동물은 숫양이다. 불의 신인 아그니를 상징하는 숫양은 마니푸라 차크라 형 인간의 성질을 대표한다. 신체 내에서 불의 자리인 태양 신경총이 마니푸라 차크라에 해당한다. 이 차크라 형의 사람은 성격상 불과 지성에 의해 지배받는다. 숫양은 힘이 세고 머리로 마구 들이받는 성질을 가지고 있어 별다른 계획 없이 저돌적으로 실행하려 든다.

이 차크라의 얀트라 안에는 루드라 신과 라키니 여신이 있다. 루드라는 푸른 피부에 하얀 수염이 난 채 위엄 있는 표정으로 호랑이 가죽 위에 앉아 있다. 세 개의 머리를 가진 라키니 여신은 삼계 즉 욕계, 색계, 무색계를 살피고 있다. 어두운 안색의 라키니는 불[火]과 독립심으로 무장하고 있으며 선을 베푸는 네 개의 팔을 가지고 있다.

이 차크라 형의 사람은 위엄과 분노로 타인을 지배하려는 경향이 있다. 또한 가족과 친구 등 주위의 조언을 무시하고 자신의 목표를 수행하려고 노력한다. 이 차크라에 집중하여 명상을 하면 태양의 원반처럼 빛나는 빛이나 황금색으로 빛나는 환영을 본다.

많은 신비가들은 이 차크라가 아스트랄체와 밀접하게 관련되어 있다고 생각해 왔으며 물질의 조잡한 원소가 심령적 에너지로 바뀐다고 주장한다. 한편 요가에서는 쿤달리니의 실질적인 각성은 물라다라 차크라가 아니라 마니푸라 차크라에서 일어난다 한다. 물라다라와 스와디스타나 차크라는 동물적 영역의 삶으로 간주되고 마니푸라 차크라에서부터 인간성이 우세해지기 때문이라 한다.

현대 의학도 마니푸라에서 인간의 정신적 삶과 관련된다고 지적한다. 마니푸라의 앞쪽 차크라는 자신의 독특함을 깨달아 우주 속의 자신에 확신이 서면서 영적 지혜를 얻게 된다 한다.

4) 아나하타 차크라

아나하타는 산스크리트어로 늙지 않는다, 또는 건강함이란 의미이다. 아나하타 차크라의 위치에 대해 두 가지 설이 있는데 가슴 속 심장 부위와 가슴 중앙부와 심장 위의 비육체적 공간에 자리 잡고 있다는 주장이다.

차크라는 정묘한 비물질적인 체이므로 그 위치가 해부학적으로 어느 곳이라고 정의할 수 없다. 내 체험상 가슴 중앙으로 추정하지만 짐작일 뿐 확신하기는 어렵다.

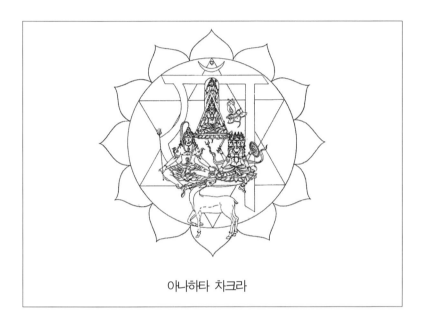

아나하타 차크라

아나하타 차크라의 얀트라는 회녹색 육각형 별로 밝은 적색의 열두 개 꽃잎으로 둘러싸여 있다. 이 꽃잎은 열두 방향으로의 에너지 팽창과 열두 근원지를 흐르는 에너지의 이동을 상징한다.

이 차크라 안에는 여덟 개의 꽃잎이 있는데, 그 중심부에 정신적 심장이 있다. 아나다 칸다라고 불리는 이 심장은 오른쪽에 위치하며 명상 때 정신이 집중하는 장소로 여겨진다. 이 차크라의 상징 동물은 사슴 또는 영양인데 심장의 심볼로 여겨지는 사슴은 항상 바쁘게 뛰어다니므로 망상의 그물에 걸려들기 쉽다.

동시에 매우 영민하고 섬세하며 항상 영감으로 가득 차 있어 아나하타 차크라 형의 인간 본성을 그대로 반영한다. 이 차크라에는 이사나 신인과 카키니 여신이 앉아 있다. 푸른색 피부의 이사나는 평화롭고 은혜로운 신으로 의식을 냉정하게 정화시켜 준다. 따라서 현세에서의 의식 즉 즐거움이나 괴로움 또는 욕망 등을 정화시켜 깨달음으로 이어준다.

장미색 붉은 피부의 카키니 여신은 네 개의 머리를 가지고 있으며 온몸에 에너지를 공급해 준다. 카키니는 음악, 시, 미술, 문학 등 고차원적인 예술의 창조를 관장하는데 이 여신의 영감을 받은 예술은 우주의 리듬과 일치하여 그 예술성이 과거, 현재, 미래를 초월한다.

쿤달리니 샥티가 아름다운 여신의 모습으로 만트라에 등장하는 것은 아나하타 차크라가 처음이다. 쿤달리니는 위로 향한 삼각형 안에 앉아서 수련자를 고차원의 세계로 이끄는 것을 나타낸다. 영혼이 존재한다는 이 차크라에 명상하면 황금빛 또는 눈처럼 반짝이는 가슴속 빛의 바다를 체험한다. 때로는 가슴속에서 조용히 속삭이는 듯한 여러 가지 기묘한 소리를 듣기도 하는데 이 차크라를 명상하면 공포감이나 불안감을 느끼지 않는다. 명상할 때 빛의 환영이 나타날 경우 그 빛과 의식을 일체화시키는 것이 중요하다.

이 차크라에 대해 요가경전은 다음과 같이 기록하고 있다. "아나하타 차크라는 여섯 겹으로 된 반짝이는 빛의 공[光球]으로 체험하게 된다. 이 공의 가장 바깥쪽은 백색의 공으로서 절대적 존재인 브라만을 나타낸다. 두 번째 공은 프리쿠리티[自性]를 가리키며 이것은 코자르체 자체이기도 하다. 세 번째 광구는 장밋빛으로 보다 정묘한 프라나를 말하며 네 번째 광구는 청록색으로 아한카라[自我]이다. 다섯 번째 광구는 반짝이는 백색으로 치타 즉 마음의 자료라 하여 전생을 포함한 일체의 행위 기록이 상념파동으로 나타난다. 가장 중심부에 있는 여섯 번째 광구는 한결 밝은 빛과 같은 크기의 빛으로 이것이 바로 참 나인 것이다."

현대 의학은 이 차크라를 사랑의 센터로서 모든 생명체와 연결되어 있는 에너지가 이곳을 통해 흐른다고 주장한다. 이 센터가 정상적으로 기능하면 자신과 자녀들, 배우자, 친구, 이웃 등을 비롯하여 지구상의 모든 만물을 사랑하게 된다 한다.

5) 비슈다 차크라

비슈다는 산스크리트어로 순수, 순결을 뜻한다. 비슈다 차크라는 인후 부위의 경동맥 신경총에 자리 잡고 있다.

이 차크라의 얀트라는 열여섯 개의 꽃잎으로 둘러싸인 흰 원 안의 은빛 초승달로 이는 순수와 우주의 소리를 상징하며 목소리의 원천이다. 이 차크라는 열여섯 개의 자줏빛 꽃잎을 가진 연꽃으로 상징된다.

순수하고, 깨달음이 커지면 수행자는 아카샤의 환영을 보게 되는데 하부 차크라들의 요소 즉 땅, 물, 불, 바람이 아카샤로 용해되었기 때문이다. 비슈다 차크라를 상징하는 동물은 연회색 코끼리인데 코끼리의 큰 귀와 엄청난 몸통, 느릿느릿한 걸음걸이가 자신감, 인내심, 자연과의 조화로움을 나타낸다. 코끼리의 크고 긴 코는 소리를 상징하는데 해방감을 안겨주는 소리다.

비슈다 차크라의 주재신은 판차박트라 시바와 샤키니 여신이다.

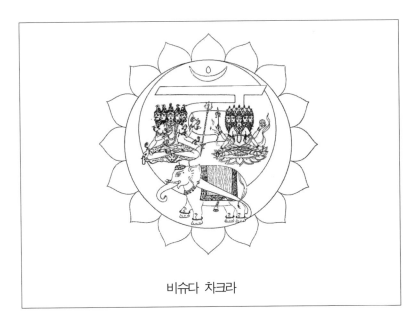

비슈다 차크라

시바는 푸른색 피부에 다섯 개의 머리와 네 개의 팔을 가지고 있다. 순수의 화신인 샤키니는 붉은 피부에 노란색 옷을 입고 네 개의 손에는 각각 활, 화살, 올가미, 막대기를 쥐고 있다.

이 차크라에 집중하여 명상을 하면 수행자는 지력이 높아지고 음악, 문학, 시 등 예술 방면의 창작력이 풍부해진다. 경전을 해석하고 꿈에 숨겨진 메시지를 해석하는 능력도 생기며 코자르체에 파동으로 기록되어 있는 과거, 현재, 미래의 일체의 현상도 파악하게 된다 한다. 라자 경전에는 기아와 갈증도 달랠 수 있다 하였다.

요가서에 아나하타 차크라까지는 차크라를 각성하고 쿤달리니도 각성하여 기를 여기까지 끌어올린 것으로 기록되어 있지만 비슈다 차크라 이후는 수행자들의 발길이 미치지 못하고 있다. 내가 아직 그 기록을 찾지 못했을 수도 있다.

현대 의학도 비슈다, 아즈나, 사하스라라 등의 상위 차크라에 대해서는 연구가 아직 미진한 것 같다. 비슈다 차크라부터는 상당히 고차원의 영적 차원이므로 과학의 손길이 미치지 못하는 듯하다.

6) 아즈나 차크라

아즈나는 산스크리트어로 권위, 명령, 무한한 힘이란 의미이며 양미간 뒤 두뇌속의 송과선 신경총에 자리한다. 이 차크라는 밝은 은색의 두 잎을 가진 연꽃으로 상징된다.

이 차크라의 주재신은 아르다나리시바라 신과 하키니 여신이다. 아르다나리시바라는 반은 남자고 반은 여자인 양성을 상징하며, 이타라 링감으로 알려진 링감 속에 서 있다. 이 신의 오른쪽은 남성으로 푸른색 피부에 손에는 삼지창을 들고 있는데 인식, 의욕, 애

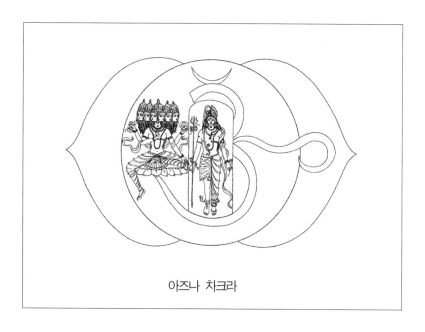

아즈나 차크라

정 등 세 가지 의식을 상징한다.

왼쪽 여성은 분홍색 피부에 손에는 분홍색 연꽃을 들고 있다. 순수한 연꽃은 이중성을 탈피하여 완전한 존재, 뛰어난 자기 발산 능력을 상징한다고 한다.

여신 하키니는 분홍색 피부에 네 개의 손과 여섯 개의 머리를 가지고 있다. 왼발을 올린 채 분홍색 연꽃 위에 고요히 앉아 깨달음과 절대적 진리를 전파한다. 아즈나 차크라는 직관의 눈 또는 제 3의 눈이라 부른다.

물라다라 차크라에서 각성된 쿤달리니와 이다, 핑갈라가 상승하여 아즈나에서 합일하면 나라는 자아가 사라진다 한다.

7) 사하스라라 차크라

사하스라라는 산스크리트어로 천 개의 꽃잎이라는 의미이다. 두뇌 내부의 끝부분인 정수리에 자리하고 있으며 일명 범좌(梵座)라고도 부른다. 수슘나의 종점에 자리 잡고 있어 쿤달리니 샥티에게는 종점이면서 반환점이다. 이 차크라는 보름달처럼 둥근 원 또는 푸르나 찬드라 즉 보름달이라고도 하는데 형태가 없다는 주장도 있다. 쿤달리니가 사하스라라에 도달하면 개인적인 자아는 사라지며 몸안에 내재해 있는 우주 에너지와 더불어 하나가 된다.

따라서 우주의식과 일체가 된 수행자가 내부에서 신성함을 감지하고 신격을 깨닫는 것은 조금도 이상한 일이 아니다. 이 차크라에 대한 명상에서 수행자들은 사람에 따라 여러 가지 형태의 빛의 집단을 보게 된다. 정수리 부근이 번쩍이거나 수없이 많은 빛의 덩어리 또는 밤송이의 바늘과 같은 각양각색의 광선이 머리 전체를 감싸듯 방사한다.

요가 서적들은 쿤달리니가 사하스라라에 도달하면 궁극적인 깨달음을 얻는다고 설명하는 등 마치 수행의 종착점에 도달한 듯한 착각을 하게 한다. 각성만으로도 성자가 된다고 하였으므로 쿤달리니가 사하스라라에 도달했다면 대단한 일이다.

물론 쿤달리니가 비슈다 차크라를 넘어서면서부터 사하스라라 차크라를 지날 때까지 환청이나 환영, 영계를 보거나 듣게 되고 빛의 현란한 현상으로 신인합일(神人合一) 등 고차원의 신비로운 체험을 많이 하게 된다. 사람에 따라서는 육신통과 같은 신통들을 얻어 스스로도 놀라는 경우도 있다. 이러한 특이한 상황은 사람들을 모이게 할 만큼 대단한 능력이 아니어서 오래지 않아 모두 사라진다. 아즈나 차크라에서는 자아가 사라진다고 하였는데 이는 과장된 표현이다. 자아가 없어지는 경험은 쿤달리니 완성 이후 초월의 경지에서부터 느끼게 되는 것이 옳다고 생각한다. 쿤달리니 각성 그 자체는 육체의 경이로움과 감각적인 현재의 세계 말고도 영적인 세계가 실재하고 있음을 자각하는 분명하고 확실한 단계라고 생각하면 옳을 것이다.

쿤달리니의 각성과 완성은 참 나를 찾기 위한 준비가 비로소 완벽하게 이루어졌다는 의미이기도 하다. 쿤달리니의 각성과 완성을 통하지 않고 일반적인 몸으로 하는 수행은 초월의 자리에 다가서는 것이 거의 불가능하다. 더구나 진아 현성의 경지는 바랄 수 없는 꿈이다. 쿤달리니 완성은 명상과 더불어 참 나를 찾아가는 출발점이다.

3. 나디

나디는 산스크리트어로 흐름이라는 의미이며 차크라와 연결되어 신경 또는 의식이 흐르는 통로이다. 일반적으로 말하는 신경조직이나 정맥, 동맥의 조직 등을 나디라고 하는데 나디에는 해부학적으로 규명된 가시적인 부분과 물질 형태를 갖추지 않은 불가시적인 부분들이 무수하게 많다.

탄트라는 육안으로 확인할 수 없는 불가시적인 7만2천 개의 무수한 나디들이 온몸을 덮은 채 작용한다고 한다. 이 나디는 의학에서 말하는 자율신경계와 동일하다 여겨진다. 열네 개의 중요한 나디가 있으며 그 중 대표적인 나디가 수슘나, 이다, 핑갈라이다.

모든 나디는 수슘나에 종속되어 있고 프라나는 수슘나를 통하여 골반 신경총에서 시작하여 대뇌에까지 흐르며, 물라다라 차크라는 이들 세 나디의 집결지이다. 수슘나는 인체 중심에 위치하여 척추의 척수를 통해 흐르는데 쿤달리니가 각성하면 샥티가 물라다라 차크라에서 시작하여 수슘나를 타고 두뇌로 올라간다.

척추의 수슘나 왼쪽과 오른쪽은 이다 나디와 핑갈라 나디가 각각 흐르고 있다. 이다 나디는 성격이 여성적이며 생식력을 가진 모성 에너지이다. 또한 영양분을 전신에 분배하고 정화작용을 촉진하며 왼쪽 콧구멍으로 흐른다고 한다. 핑갈라 나디는 육체를 역동적, 활동적으로 만들며 생명력과 남성적인 힘을 부여하는데 오른쪽 콧구멍을 통해 흐른다고 한다.

육체와 심리 기능은 이 두 나디의 기본적 기능의 토대 위에서 작용한다. 이다 나디는 심리적 면을 조절하고 핑갈라 나디는 생명력을 담당하는데 이러한 양극체계는 서로가 보완하도록 장치되어 균형 있고 조화로운 상태에서 행동하도록 한다.

이다 나디는 자율신경계의 교감신경으로, 핑갈라는 부교감신경으로 인성뇌는데 이다와 핑살라가 요가의 행법으로 정화되면 수슘나가 각성되어 쿤달리니 샥티가 상승하게 된다 한다. 수슘나가 척수를 따라 흐르면 동시에 이다와 핑갈라도 척추 외부에서 척수를 따라 흐른다.

물라다라 차크라에서 이다는 왼쪽으로, 핑갈라는 오른쪽으로 올라가면서 스와디스타나 차크라에서 세 흐름이 만난다. 스와디스타나에서 이다는 오른쪽으로, 핑갈라는 왼쪽으로 교차하여 흐르고 마니푸라 차크라에서 만난 세 나디들은 다시 똑같은 과정을 거친다.

이다와 핑갈라는 각 차크라에서 만날 때마다 좌우를 교차하여 흐르면서 아즈나 차크라에서 만난다. 아즈나 차크라를 뛰어넘은 이다와 핑갈라는 각각 왼쪽 콧구멍과 오른쪽 콧구멍에서 끝나게 된다. 숨을 쉴 때 콧구멍을 관찰해 보면 어느 한 콧구멍은 호흡이 원활하지만 다른 한쪽은 막혀 있는 것을 알 수 있다. 왼쪽 코가 뚫려 있을 때는 이다 나디 즉 음 에너지가 흐르고 오른쪽 코가 열려 있으면 핑갈라 나디 즉 양 에너지가 흐른다. 오른쪽 코로 숨을 쉬면 두뇌의 왼쪽 반구가 활성화하고 왼쪽 코로 숨쉬면 오른쪽 반구가 활성화한다. 이것은 에너지 통로인 나디가 두뇌의 감정과 의식을 조절하고 있음을 의미한다.

생기인 핑갈라와 심기인 이다가 동시에 작용하면 생명과 의식이 함께 작동하여 직관적인 능력이 배양된다. 이런 현상은 일반적인 사람들에게는 나타나지 않지만 쿤달리니가 각성되고 이다와 핑갈라가 작동하여 쿤달리니에 연결되면 가능해지는데 이때 두뇌 세포가 활성화하여 새로운 육체 구조가 창조된다.

이다와 핑갈라의 성격을 비교하면 이다는 태음기류의 전달자로 여성적이고 생식력을 가진 모성 에너지이다. 스바라 요가에서는 이다는 왼쪽 콧구멍으로 흐르는 호흡을 지칭하는데, 왼쪽 고환에서 시작하여 왼쪽 콧구멍에서 끝난다.

핑갈라는 태양기류의 전달자로 남성적이며 파괴적 에너지를 지니고 있다. 이다와 마찬가지로 핑갈라도 정화작용을 하며 성격이 불같다. 스바라 요가에서 핑갈라는 오른쪽 호흡으로 지칭하며, 핑갈라 나디는 육체를 더욱 역동적이고 효과적으로 만들어 주며 생명력과 남성적 힘을 부여한다.

요기들은 이다, 핑갈라의 작용이 수슘나와 균형을 이루면 몸, 마음, 영혼과 비슷하게 대응한다고 말한다. 그러나 대부분 사람들은 이다와 핑갈라만 작용하고 수슘나는 막힌 채 잠자고 있기 때문에 영적 차원의 감각이 눈을 뜨지 못하고 있다고 하였다.

이다와 핑갈라가 상승할 때 각 차크라마다 좌우로 교차한다는 점에 대해 내 체험을 밝힌다. 이다와 핑갈라로 생각되는 흐름의 감촉을 느낀 것은 단 한 번으로 쿤달리니가 아나하타 차크라를 지나 상승할 때였다. 척추를 중심으로 좌우 1~2cm 간격을 두고 골반 부분에서 시작하여 등과 목 뒤쪽으로 상승하여 귓바퀴 가운데쯤의 뒤쪽 두뇌 속으로 들어갔다. 요가경전에서는 이다와 핑갈라가 모든 차크라에서 만날 때마다 위치를 교차하면서 상승한다 하지만 내 경우에는 꼬리에서 목뒤까지 순식간에 두 줄로 수슘나 양쪽에서 쭉 뻗어 상승하였다.

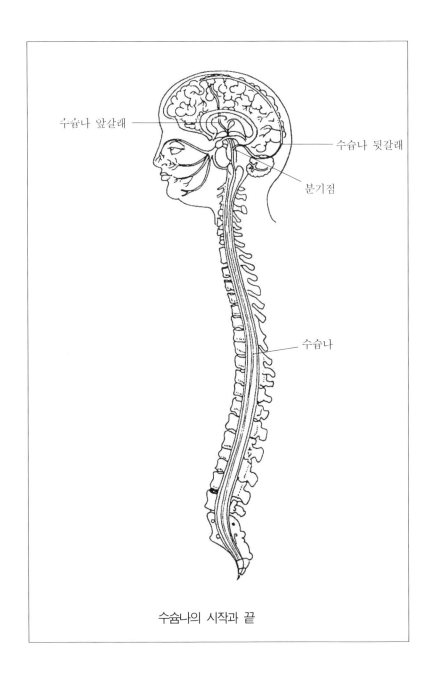

수숨나 앞살래

수숨나 뒷갈래

분기점

수숨나

수숨나의 시작과 끝

쿤달리니 각성 후에 어떤 시점에서 어떻게 이다와 핑갈라가 상승하는지는 각성 후에 겪게 되는 쿤달리니 후유증과 직접 관련하여 상당히 중요하다. 쿤달리니가 각성되고 난 후 이다와 핑갈라, 이 두 나디가 상승을 빨리하면 할수록 고통이 그만큼 줄어든다고 여겨지기 때문이다.

두 나디는 한꺼번에 상승해야 한다. 각각 올라가면 효과가 없다. 이 두 나디는 의학계에서도 교감신경과 부교감신경으로 인정한다 하는데 두 신경계가 조화를 이루면 함께 빨리 올라가고 조화가 이루어지지 않으면 하나씩 각각 올라가 고통이 길어짐을 체득하였다.

자연 각성자 중 상당수가 부조화를 이뤄 나디 상승이 별도로 이뤄지고 더뎌지는 것을 경험한 반면 인위적 각성자들은 나디 상승이 비교적 빠르고 함께 이뤄지는 것을 볼 수 있었다. 자율신경 조절법을 수련한 결과로 추측하는데 이 경우 완성이 순조롭고 빠르며 고통도 경미하였다.

4. 쿤달리니

진아를 구현하기 위해 수행하는 도상에서 쿤달리니 각성이 어떤 비중을 차지할까. 현존하는 모든 명상서적이나 종교, 그리고 영적 스승들은 진아를 구현하기 위해서 한결같이 명상을 권한다. 물론 예외는 있어 크리야 요가나 쿤달리니 요가에서는 쿤달리니의 각성이 우선이라 주장하기도 한다.

이들이 쿤달리니 각성을 우선으로 주장하지만 그 각성법이 효과적인 방법이 아닌 탓인지 이를 수행해서 각성하는 사례는 거의 없다. 따라서 명상을 수행함으로써 각성하는 요행을 바라는 수밖에 없는 실정이었다.

명상 수행으로 쿤달리니가 각성되는 예가 물론 없는 것은 아니다. 앞서 언급했다시피 고피 크리슈나와 지리산 자락에서 20여 년을 참선 수행한 비구의 경우가 있고 내가 만난 여섯 명의 여성들이 있다. 석가모니 이후 중국이나 한국 불교에서 과연 몇 사람이나 각성하였을까. 조사들의 어록이나 관련 서적에서 천재적인 두뇌와 번뜩이는 기지, 그리고 카리스마는 쉽게 볼 수 있지만 쿤달리니의 감각과 같은 흔적은 찾기 어렵다. 결국 불교에서 쿤달리니라는 단어가 실종되어 버린 연유인 것이다.

쿤달리니 각성은 엄격한 의식과 조직적인 수행으로 되는 것이 아니고 강철 같은 의지로도 접근할 수 없는 성역이었다. 이 때문에 진아를 탐색하는 도상에서 명상이 차선의 방법으로 채택된 듯하다. 쿤달리니가 각성되지 않은 상태 즉 오감을 초월하지 못한 의식과 육체로는 아무리 명상을 많이 수행해서 영감과 영지가 수승하고 건강하고 건전하다 해도 비물질 차원의 여행에는 적응할 수 없으며 감당하지도 못한다. 이 때문에 선과 관련된 서적들은 겨우 오감을 넘어서는 수준에서 맴돌고 있다.

쿤달리니 각성이 이처럼 어려운 것은 기(氣)를 전달하는 방법을 이제까지 발견하지 못한 데 이유가 있다. 기를 일으키고 모으고 보내는 것은 모두 단전호흡법으로 행해지는데 단전호흡이라면 우리나라에서도 널리 알려져 있다. 전국 도처에 웰빙과 건강을 내세워 수많은 도장들이 단전호흡을 상표로 내걸고 있어 친숙하다.

물론 내가 채택한 단전호흡은 도장에서 가르치는 단전호흡과는 달라 쉽게 아무나 할 수 있는 방법이 아니다. 힘도 많이 드는데다 자율신경 조절법을 수련하지 않고 행하면 상기할 위험이 크다. 따라서 상기할 우려가 없다면 쿤달리니 각성은 누구에게나 가능해질 것이다. 쿤달리니만 각성한다면 참 나를 구현하는 데 힘은 들지만 실현 가능성이 아주 높아진다.

쿤달리니에 대해 다시 돌아보자. 쿤달리니는 산스크리트어로 '감겨있는' 이란 뜻이며 똬리를 틀고 앉아 잠을 자면서 휴식을 취하는 뱀의 형상으로 표현된다. 쿤달리니는 척추 뼈의 기저인 꼬리뼈 부위에 있는 물라다라 차크라에 존재한다고 알려져 있다. 육체와 연결은 되어 있지만 육체에 속한 기관은 아니다. 사라스와티는 "쿤달리니는 심체(心體 : mental body)나 유체(幽體 : astral body)에서는 발견되지 않으며 시간과 공간, 대상이 완전히 사라지는 원인체(原因體 : causal body)에 근거를 두고 있다"라고 하였다.

요가의 고전에는 쿤달리니를 여신 즉 빛과 향기가 가득 찬 에너지로 표현하며, 정신집중이나 프라나야마(호흡수련)를 통해 각성하면 여신은 머리 정수리에 있는 지고의 자리로 올라가 쉬바신과 합일하면서 수행자에게 한없는 행복을 느끼게 한다고 하였다.

척추 끝에 있는 여신의 자리에서 척수를 따라 정수리에 이르는 도중 여신은 여섯 개의 연꽃에 감로를 흘려주어 각각의 기능을 활성화시키고 최후로 천 개의 꽃잎으로 이루어진 정수리에서 하늘이 정한 남편과 황홀한 포옹을 하게 된다. 이때 여신은 자신을 지상에 동여매고 있던 사슬이 풀리면서 오랜 세월의 속박에서 벗어나 쉬바와 합일하고 영혼은 무한한 높이로 비약하여 진아를 현현하고 불사(不死)를 실감한다 하였다.

그 후 여신은 아래로 내려오면서 올라갈 때 열어놓았던 여섯 개의 연꽃잎(차크라)을 차례로 닫으면서 척추 하부의 제자리로 돌아온다. 이에 따라 잠시 동안 열려 있던 진아와 육체를 얽어매는 사슬 고리가 다시 하나씩 채워지면서 원래의 상태로 되돌아오기 때문에 일시적으로 해방되었던 의식은 다시 수축되고 차츰 현실을 의식하게 된다. 그러나 마음속에는 잠깐이지만 무한으로 비약했던 선명한 기억이 남는다.

이상은 쿤달리니가 각성되어 각 차크라를 활성화시키고 사하스라라 차크라에 도달하였다가 다시 제자리인 물라다라 차크라로 돌아온다고 하는 요가 서적이 묘사한 내용이다. 쿤달리니에 대한 기존의 상식을 살펴보자.

쿤달리니 각성은 크게 두 가지 방법으로 나뉜다. 첫째 자연적 방법으로 명상이나 기도, 헌신 등의 갖가지 수행 결과로 각성하거나 전생에 수행한 공덕으로 현생에서 갑자기 각성하는 경우로 이를 자연 각성이라 부른다. 두 번째 내가 창안한 방법에 의해 각성하는 인위적인 각성 방법이 있고 셋째 물리적인 접촉이나 불의의 사고에 의한 각성이 있지만 세 번째 계기에 의해 각성하는 경우는 여기서 다룰 성질이 아니므로 제외한다.

자연적인 각성에 대해서는 어떤 수행단체도 현재까지 그 요체가 무엇인지 밝혀낸 사례가 없다. 또한 각성하여 상승한다는 개념만 인식할 뿐 상승시키는 방법 없이 스스로 올라가는 것쯤으로 인지하고 있다. 그러므로 쿤달리니에 관해서는 비전이나 전설에서 전해지는 내용이 전부일 뿐 거기서 한 걸음도 앞으로 나아가지 못하는 실정이다.

인위적으로 각성하는 방법이 나옴으로써 쿤달리니에 대한 수수께끼가 상당 부분 해소되었다고 여겨지지만 아직도 의문은 많이 남아 있다. 인위적 각성 방법은 쿤달리니의 각성이나 상승 등의 모든 것을 호흡을 통해 단전에서 발생하는 기의 에너지 작용에 의해 이루어진다. 이 방법에서 느끼는 것은 일반적으로 복식호흡 등의 저출력 호흡법이나 정신 집중 등의 명상수행으로는 쿤달리니의 각성이 불가능하다는 점이다. 더구나 쿤달리니 상승에는 전혀 영향을 미칠 수 없다.

다음에는 요가에서 말하는 쿤달리니가 사하스라라 차크라까지 상승했다가 제자리로 돌아온다고 하는 부분이다. 사하스라라에서 합일을 마친 쿤달리니 샥티가 다시 물라다라 차크라로 돌아온다는 내용은 요가 서적들이 공통적으로 소개하고 있다.

쿤달리니의 샥티는 이름 그대로 쿤달리니에서 발산하는 기(氣)일 뿐 쿤달리니 자체는 아니다. 발전기가 발전하여 전기 에너지를 외부로 발산하는 것과 같다. 또한 소방차가 물을 뿜는 것처럼 나가 버릴 뿐 사하스라라 차크라까지 올라갔다가 내려오는 것이 아니다.

쿤달리니는 꼬리뼈에서 상주하며 에너지를 일으키는 발전기와 같은 역할을 한다. 따라서 샥티는 수행자의 경지에 따라 가능한 만큼 올라가면 거기서 제 몫을 다 하고 소진한다. 다만 기가 사그라져 감각을 느끼지 못하므로 꼬리뼈에서 올라온 쿤달리니가 일이 끝나면 다시 미저골로 돌아간다고 착각할 뿐이다.

쿤달리니는 한두 번 잠깐 동안 움직이는 것이 아니라 일단 각성되면 평생 동안 움직인다. 각성한 이후의 쿤달리니 활동에 대해서는 쿤달리니 수행편에서 기술하므로 여기서는 생략한다.

오랫동안 명상을 하지 않을 때 명상할 만한 여건이 마련되면 자신을 인식시키려는 듯 꿈틀거리며 움직인다. 때로는 수은주를 추운

곳에서 갑자기 따뜻한 곳으로 옮겼을 때 치솟는 것처럼 척추를 타고 쫙 오르기도 한다. 과로하거나 과음 또는 몸에 이상이 감지될 때에는 쿤달리니가 부지런히 기를 방사하여 치료 내지 예방작업을 한다. 프라나야마, 다시 말하면 단전호흡을 몇 번 거듭하면 힘차게 올라가고 명상에 들면 흔적도 없이 사라진다. 단전호흡을 잠깐이라도 매일 계속하면 쿤달리니의 움직임을 거의 의식하지 못하게 되는데 기의 소통이 원활하기 때문이라 추측한다.

일단 쿤달리니가 각성되면 그 사람의 생명이 다할 때까지 계속 활동한다. 각성되고 완성되지 않은 시점에서 갑자기 쿤달리니의 움직임이 한동안 사라지는 때가 있다. 이는 쿤달리니 샥티가 비쉬누 그란티라고 하여 기가 넘어가기 어려운 자리인 척추 중심 부분의 태양혈 자리에서 뚫고 올라가지 못하고 정지되어 있는 경우이다. 이때는 쿤달리니가 소멸한 듯 한동안 전혀 느끼지 못한다.

제자들을 가르친 경험에 의하면 사람에 따라 비쉬누 그란티에서 막혀 정지되어 있는 시간이 각각 다르다. 부지런히 호흡을 할 경우 3~4개월 걸리지만 호흡이 부족하면 짧게는 1~2년, 때로는 평생 동안 넘어가지 못하고 다음 생을 기약해야 할 수도 있다. 요가 관련 서적에서 쿤달리니 각성자가 아나하타 차크라를 넘었다는 사례를 볼 수 없음은 이 호흡과의 관련성이라고 추측한다.

쿤달리니 각성은 인간으로서는 넘어서지 못할 오감의 벽을 초월하게 하고 공즉색 또는 색즉공의 자리에 들어 세상에서 말하는 견성의 재미를 제공하기도 한다. 나아가 더욱 심오한 공중무색(空中無色)의 무상삼매 경지로 안내할 뿐 아니라 *참 나*를 체현하는 최후의 구경지까지 수행자를 이끈다.

이 구경의 자리에 가기 위해서는 육체가 아주 깊은 명상수행을 감당할 수 있어야 한다. 이 자리는 생각이 지배하는 세상과 생각이 끊어진 세계, 또 생각 자체가 소멸되어 버린 세계들을 감당해야 한다. 의식이 엄청난 진화를 겪는 동안 이를 뒷받침하는 것이 육체다.

오감의 세계에서는 물론 초월의 세계에서도 꿋꿋하게 지탱해 주어야 한다. 현상적인 차원과 초월적 차원에서 의식이 영적 진화를 해가는 동안 육체가 이를 보호하고 지탱하는 데 굳게 버티는 힘을 쿤달리니가 제공해 준다.

이처럼 쿤달리니는 흔히 정신적, 영적 또는 육체적으로 혁명적인 진화를 부여하는 것으로 알려지고 있지만 가장 중요한 역할은 수행자가 명상에 들면 삼매의 경지로 이끌어 주는 것이다. 쿤달리니를 각성한 수행자에게는 두 가지 명상 방식이 있다. 첫째 명상을 경험한 사람이면 다 알고 있는 정신을 집중하거나 관하는 방법이다. 둘째 정신이 갑자기 맑아지면서 깊이 침잠하는 방식으로 높은 곳에서 뛰어내릴 때 느끼는, 부웅하고 밑으로 가라앉는 감각을 수반한다. 이 방법은 쿤달리니 각성자만이 갖는 경험이고 특권이다. 이것이 돈오이고 전의이다.

쿤달리니를 완성하고 난 후에 명상을 하면 삼매로 이끌어주는 모드로 전환한다. 갑자기 밑으로 하강하는 감각이다. 이 모드 전환이 *참 나*의 구현까지 안내하며 봉사한다.

육체는 이로써 질병이란 다만 생각이 일으킬 뿐임을 인식하여 앓지 않게 된다. 즉 질병이 존재하지 않는다는 사실을 인지하게 된다. 또한 마장이나 어떤 영적차원의 변화가 오더라도 심장을 비롯한 육체의 기능과 정신적 작용에 전혀 손상을 입지 않는다.

5. 안타카라나

사람은 누구나 *나*라는 자아의식을 가지고 잠시도 쉬지 않고 머릿속에서 이런저런 생각을 하면서 삶을 영위한다. 이와 같은 의식의 움직임을 사람들은 자연스럽고 당연한 생리현상으로 여긴다. 요가와 불교에서는 당연한 인간의 생리작용인 이 연상(連想)작용을 번뇌라 일컫는다. 명상을 한다는 것은 이처럼 끊임없이 꼬리를 물고 이어지는 생각의 흐름인 번뇌를 차단하는 데 의미가 있다. 연이어 일어나는 생각들을 정신집중의 방법으로 제어하여 정지시키고 무념무상의 경지를 추구하는 것이다.

인도의 요가철학에서는 이미 수천 년 전에 생각의 흐름에 대한 연구가 있었다 하는데 이를 안타카라나라 한다. 쿤달리니가 각성되고 명상이 원활하게 이루어지는 초기단계에서 사하스라라, 아즈나, 아나하타 차크라에 집중하면 그림과 같은 안타카라나의 정신작용을 심안(心眼)으로 보는 경우가 있다.

안타카라나는 진아의 구조가 어떻게 이루어졌으며 관련 기관들이 어떤 상관관계를 가지고 있는지, 또한 어떤 기능을 하는지 그 의문을 유추할 수 있게 한다. 안타카라나는 내부에 숨은 기관이라는 뜻으로 정신작용을 담당하는 심령적인 기관이다. 이 기관은 *참 나*를 둘러싼 자아를 형성하는 조직이고 윤회의 주인공이기도 하다. 물질세계에 속하지 않으므로 해부학적으로 확인할 수 없는 이 기관은 머리 부분의 아스트랄체와 가슴에 있는 코자르체를 지칭하는데, 이 두 기관의 상호 협조 작용이 바로 정신작용이다.

수행자는 쿤달리니 완성단계 전 집중으로써 그림과 같은 안타카

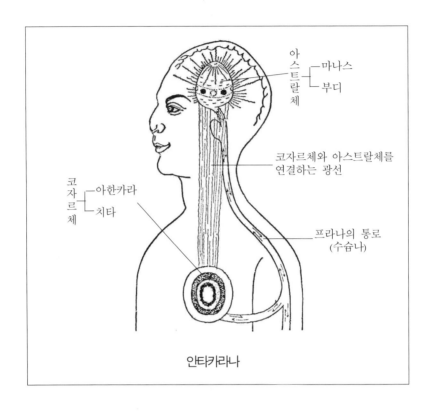

아
스
트 ─마나스
랄 ┤
체 ─부디

코자르체와 아스트랄체를
연결하는 광선

코
자 ─아한카라
르 ┤
체 ─치타

프라나의 통로
(수슘나)

안타카라나

라나의 찬란한 빛의 형태를 관할 수 있다. 초월단계를 지나면 생각
이 끊어지기는 하지만 연상 작용이 아직은 완전히 정지한 상태는
아니다. 무상삼매에 들어서면 감각기관과 두뇌의 판단기관 사이에
틈이 생긴다. 따라서 감각은 사물을 감촉하고 의식은 이를 감지한
다지만 판단이나 해석 작용을 하지 않는 경우가 많아지기 시작한
다. 그리고 연상작용도 더 이상 일어나지 않는다. 이 경우가 '산은
산이고 물은 물이다'라는 선어록처럼 거울에 비쳐질 뿐 행위자가
없는 자리이다.

이때부터 말을 하면서 머릿속에서 말할 내용을 구상할 수 없어 머리에는 생각이 없는 채 말을 하게 된다. 마치 머리의 역할이 전혀 없는 것처럼 보이고 머리를 거치지 않고 마음에서 직접 말이 나오는 것처럼 느껴진다.

이처럼 수행 도상에서 겪는 변화에 대한 이치 즉 생각의 형성과 집행 과정 및 안타카라나를 이해하고 있으면 충격이나 의문을 품지 않은 채 오히려 기쁜 마음으로 공부에 임할 수 있게 된다. 안타카라나는 샹카철학과 요가철학에서는 ①마나스 ②아한카라 ③치타 등 세 기관, 우파니샤드에서는 ①마나스 ②부디 ③아한카라 ④치타 등 네 기관으로 구성된다고 설명하는데, 나는 우파니샤드의 설을 취하기로 한다. 마나스는 마음, 부디는 지성에 해당하며 이 두 기관은 머리의 아스트랄체에 소속되어 있다. 아한카라는 자아로 알려져 있으며 치타는 잠재의식 또는 마음의 자료로서 마음을 구성하는 부품이다. 이 두 기관은 가슴의 코자르체에 속한다.

1) 마나스

마음 또는 생각이라고도 하는데 정보를 받아들이고 주는 두 가지 기능을 한다. 마음은 육체의 감각기관을 통해 정보를 받아들이고 이를 지성(부디)에 전한다. 지성은 그 정보를 판단하여 다시 마음에 돌려주면 마음이 그 판단에 따라 육체로 하여금 행동하도록 명령한다.

육체는 마음의 명령 없이는 아무 행위도 하지 못한다. 마음도 마찬가지로 지성의 도움이 없으면 생각 기능이 이뤄지지 않는다. 마음은 두뇌 최상부의 사하스라라 차크라에 있다고 여겨진다. 여기에는 계란 모양의 부디, 빛의 집단이 있고 그 빛 덩어리 위에 마음의 빛이 있다.

심안(心眼)이나 영안(靈眼)이라고도 불리는 내면의 영적 감각인 마나스는 항상 크기와 색깔을 바꾸는 빛으로 여겨진다. 쿤달리니가 각성되면 등줄기를 타고 오르는 빛이나 소리들을 보거나 들을 수 있다. 쿤달리니와 상관없이 기도나 명상을 할 때도 이 세상의 것이 아닌 영적 차원의 현상들이나 소리들을 보고 들을 수 있는데, 이와 같은 신비로운 현상들을 감지하는 기관이 심안 또는 영안이다. 이런 현상들을 접하는 순간 직접 귀로 듣고 눈으로 보는 것으로 여겨지지만 감각기관을 통하지 않고 바로 마음이 감촉한다. 따라서 귀나 눈으로 보고 듣는 것보다 더욱 분명하고 현란하며 바로 마음에 새겨진다.

마나스의 빛은 심안으로 볼 수 있는데 마음의 상태에 따라 크기나 색채가 변한다. 마음이 안정된 상태면 달빛처럼 온화하고 평화로움을 느끼는 빛으로 나타나고 감각이 억제되고 마음이 내부로 향하는 명상 상태에서는 빛의 크기가 작아지고 감각기관과의 연결이 단절된다. 화가 난 상태에서는 검붉은 빛이나 불타는 듯한 빛이 나타나며 무기력할 때는 안개처럼 회색빛을 띠게 된다. 이와 같은 색깔의 변화는 오오라에도 그대로 반영되므로 영시(靈視) 능력자들은 오오라의 형태나 색깔로 그 사람의 마음 상태를 파악한다.

명상을 통해 상당한 경지에 이르면 수행자 중 일부는 마음이 육체 감각의 도움을 받지 않고도 멀리 떨어져 있는 것이나 미지의 것들을 직접 지각할 수 있는데 이를 투시능력이라 한다.

파탄잘리 라자요가 경전에는 "모든 기관을 지배하게 되면 마음이 내키는 대로의 빠른 운동, 또는 감각을 떠나서 사물을 알 수 있는 힘, 세계의 근원을 지배하는 힘이 발현된다"라고 설파하였다.

이처럼 마음은 물질적 대상뿐 아니라 보다 정묘한 존재도 감지할 수 있으며 또한 눈을 뜨고 있을 때나 꿈을 꾸고 있을 때도 항상 활동하고 있다.

2) 부디

안타카라나의 두 번째 기관인 부디는 지식을 담당한다. 직감, 식별력, 의식의 빛이라 불리는 부디는 모든 체험이나 지식을 받아들여 그것을 분별하고 식별하며 판단하는 역할을 한다. 부디는 마음과 연결되어 심장 부위에 자리 잡은 코자르체와 끊임없이 연락을 취하고 마음을 통하여 육체를 지배한다. 이 관계를 구체적으로 설명하면 다음과 같다.

마음이 육체의 감각들로부터 받아들인 정보를 부디로 보내면 부디는 이 정보들을 분석, 판단하여 코자르체로 보낸다. 코자르체는 현세(現世)뿐만 아니라 전생의 일체의 기억이나 인상들을 간직하고 있다가 부디가 보낸 정보들과 관련된 기억이나 인상 등을 추려 바로 부디에게 보낸다.

부디는 현재와 과거의 정보들을 종합, 판단해서 마음으로 보내고 마음은 부디가 보낸 판단에 따라 육체에 현재 상황에 대응하는 행동을 하도록 명령하며 부디는 이 자료를 동시에 코자르체에도 보내 저장토록 한다. 사람은 상념의 연속 속에서 살아가고 있는데 이는 부디의 기능 때문이다.

마나스(마음)와 부디(지성)의 두 가지 기능을 발휘하는 것은 아스트랄체이며 두뇌 속의 브라마 란트라 또는 사하스라라 차크라에 자리 잡고 있다. 아스트랄체는 스스로 탄마트라라고 하는 영적 감각기관을 가지고 있는데 이것을 통해 육체의 도움 없이 직접 물질의 배후 세계에 대한 지식을 받아들일 수 있다 한다.

이 아스트랄체는 깊은 명상 상태에서 색채의 집단으로 영시(靈視)되고 그 빛의 집단속에는 마음, 지성, 탄마트라 등이 포함되어 있다. 빛의 집단 속에서 부디는 태양광선 같은 평온한 달걀 모양의 빛으로 영시된다. 이 빛의 상태나 변화는 그대로 부디의 상태를 나타내는데, 순수하고 조화로운 상태면 내리쬐는 햇빛 같은 황금색으로 온화하다. 이때는 올바른 식별력을 가지고 있다 한다.

상념이 계속될 때 장밋빛, 황색, 붉은 색 등이 혼합하여 변화하면서 눈부시게 빛을 발한다 한다. 이때는 잘못된 기억이나 지식, 의혹, 노여움, 걱정, 자만심 등 해로운 감정을 유발하기도 한다. 또 나태나 무지에 의해 부디가 영향을 받으면 그 빛은 안개 같은 황색으로 불투명하고 불확실한 상태가 된다. 이 경우 부디는 판단력이 부실하거나 소멸하여 무기력 상태에 빠진다. 이 같은 빛의 무리는 신비가들 사이에서 아스트랄 오오라로 알려져 있으며 그 사람의 정신 상태를 단적으로 표현한다.

3) 아한카라

안타카라나의 세 번째 기관이며 코자르체에 속하고 자아의식이 일어나는 곳으로 알려져 있다. '이것은 내 것이다', '나는 ○○이다'와 같은 나에 대한 주관과 주체의식이 여기에서 일어난다. 아한카라는 치타와 직접적인 관계를 맺고 간접적으로는 진아와 부디에도 관련성을 갖는다. 아한카라는 치타 속에 저장되어 있는 산스카라 즉 과거의 경험이나 인상들을 들춰내 부디로 보내며 부디로부터는 새로운 경험이나 인상들을 받아들인다. 받아들인 새로운 산스카라를 치타에 보내 저장시키는 작용을 한다.

이 자아는 우주 자아와 우주심의 축소판이므로 우주의식 속에 있는 갖가지 기억이나 인상의 흐름을 받아들인다. 아한카라와 치타의 관계는 마나스와 부디의 관계와 유사하다. 마음이 행동을 지배하고 지성이 지식을 장악하듯이 아한카라도 행동을 지배하고 치타는 지식을 장악한다. 아한카라는 치타 속의 산스카라를 끌어내고 새로운 산스카라를 치타 속에 보내주는 식으로 주고받는 기능을 하기 때문이다.

최초로 *나*라고 하는 의식이 아한카라에서 발생한다. 이 나라는 생각을 기초로 하여 사고 작용이 일어나는데 사랑과 미움 등의 모든 감정은 나라는 자아의식에서 비롯한다. 이 나에 대한 집착이 현상세계에서의 탄생과 죽음 즉 윤회를 끊임없이 되풀이하는 원인이기도 하다.

아한카라는 심장 부위의 에테르 공간에 있는 코자르체에 자리하며 푸른 보석 같은 빛을 내고 공 같은 둥근 모양이다. 이 둥그런 아한카라의 빛이 번쩍이는 치타의 빛을 감싸면서 진아를 품는다. 아한카라는 상태에 따라 쉴 새 없이 그 빛의 색채를 바꾼다. 평화로울 때는 투명에 가까운 아름답고 푸른 사파이어색을 드러내 보이며 격정이 지배할 때는 침착성을 잃은 빛의 상태가 되고 나쁜 습관이나 슬픔, 고통 등에 휩싸이면 약간 혼탁한 푸른 색깔로 나타난다.

4) 치타

안타카라나의 네 번째 기관으로 진아를 반영시키는 거울이라 일컬어 왔다. 치타 속에는 수없이 많은 전생으로부터 현재까지의 일체의 경험이나 인상 등이 간직되어 있기 때문에 마음의 자료라고도 하고 잠재의식의 대해(大海)라고도 한다.

사람이 깨어 있는 상태에서는 치타에 잠재하는 산스카라(업)에 의해서 기호, 개성 등이 좌우된다. 치타는 깊은 수면 상태에서도 활동하고 있어 잠들어 있는 동안에도 자신이 계속 존재한다는 의식을 한다. 눈을 뜸과 동시에 잠자는 동안의 인상을 표면의식에 전하기 때문에 가능한 현상이라 한다.

이 치타의 본질을 요약하면 현세뿐만 아니라 전세에서 무수히 경험한 사건 등의 기억이나 인상을 정묘한 파동으로 보관하고 있다는 것이다. 마치 세상의 모든 지식들이 종이에 기록되어 보관되는 도서관과 같은 역할이다.

이와 같은 산스카라들은 치타에서 추출하여 아한카라의 활동에 의해 비즈나나마이 코샤(지성의 층)로 옮겨져 의식화한다. 이것이 상념(想念) 또는 사고파(思考波)라 일컫는 것인데 치타에서 생긴 것이든 감각에 의해 외부로부터 얻은 지식이든 지성의 기능은 모두 상념이라 할 수 있다.

*나*에 대해 다시 정리해 보자. 아한카라에서 *나*라는 자아의식이 발생한다 하였다. 그리고 치타에는 *나*를 *나*라고 주장할 만한 자신의 과거와 현재의 일체의 기록이 저장되어 있다. 아한카라와 치타는 둘이 모여 코자르체를 구성하므로 코자르체가 바로 *나*의 실체다. 그러므로 코자르체는 *나*라는 생각 그 자체이다.

마하리시의 말을 들어보자. "어디로부터 이 *나*가 일어나는가. 그것을 내면에서 찾으면 곧 사라진다. 이는 현명한 추적 방법이다. 스스로의 본성을 계속 규명해 들어가면 결국 마음 같은 것은 존재하지 않는다는 사실이 드러난다"라고 말한다. 마하리시는 계속 "마음이란 생각의 집합에 불과하며 *나*라는 생각이 모든 생각의 뿌리이기 때문에 마음은 결국 나라는 생각일 뿐이다. 이와 같이 *나*라는 생각이 곧 한 개인의 탄생이며 *나*라는 생각의 죽음이 그 개인의 죽음이다. 또 *나*라는 생각이 일어난 다음에 육체와의 그릇된 동일 시가 시작된다"라고 말한다.

마하리시는 바로 *나*라는 생각을 없애라고 역설한다. "*나*라는 생 각이 있는 한 고통이 따르며 그것이 없으면 고통도 없다"고 말한다.

치타는 깊은 명상 속에서 희게 빛나는 빛이 퍼져 있는 상태로 심 장부 위에 나타나거나 또는 황금색으로 빛나는 둥근 모양에 그 둘 레에는 녹색 빛이 두르듯 싸고 있다. 보드랍고 반짝이는 흰빛 속에 자신이 감싸여 있음을 경험한다고 하는데 이런 경우 지고의 행복 감을 느낀다.

나는 쿤달리니 완성 전에 심장 부위와 머릿속을 번갈아 관하다 가 달걀 모양의 찬란한 빛덩이인 아스트랄체와 원반형의 역시 찬 란한 빛덩이인 코자르체가 수많은 밝은 색깔의 실타래 같은 빛의 줄에 연결되어 있는 현상을 심안으로 체험하였다. 이 현상은 그림 안타카라나와 동일한 형태였다.

한 요기는 이 현상을 이렇게 표현하였다. "사하스라라 차크라와 아나하타 차크라가 연결되는 현상을 체험하면 물질적 현실을 초월 하며, 영적 황홀감과 함께 모든 차원들을 향한 영적 사랑을 하나로 묶을 수 있다. 이처럼 인류애와 영적 황홀감이 하나로 합치는 일은 우리에게 무조건적인 사랑을 경험하게 한다."

4부
쿤달리니 수행편

1. 쿤달리니 각성의 요체

앞서 설명한 바와 같이 인도의 요가철학은 명상이나 기도, 헌신 등 모든 종교 수행의 정점에 쿤달리니 각성이 있다고 주장한다. 따라서 쿤달리니가 각성된 수행자를 깨달음을 성취한 아라한이라고 칭송하는 것은 당연하다 하겠다. 그러나 쿤달리니 각성만으로 깨달음을 성취했다고 인정하기에는 문제가 적지 않다는 것이 내 소견이다. 물론 수없이 많은 수행자 중 한 세기에 두세 명 정도 각성을 한다면 각성만으로도 높은 평가를 받기에 충분하다. 각성하지 못한 수행자들에 비하면 큰 차이가 있기 때문이다.

요가 측의 관점을 면밀히 검토해 보면 요가의 수행법에 쿤달리니를 각성시키는 방법들의 명칭은 발견되지만 사실상 각성 방법은 아직 만들어내지 못한 것 같다. 수천 년 동안 동서양을 불문하고 헤아릴 수 없이 많은 수행자들이 피눈물을 흘리며 쌓아 왔던 각고의 노력이 참으로 공허하다. 쿤달리니 각성이 이처럼 희귀하고 어려운 이유가 무엇일까. 인간이 자신들의 자리를 넘보는 것이 싫어진 신들의 질투 때문일까. 아니면 인류가 쿤달리니의 방정식을 아직 풀지 못한 때문일까.

세계의 모든 종교가 그 창설 단계에서는 쿤달리니가 근간이었다고 고피 크리슈나가 주장한 적이 있다. 나도 이 주장은 설득력이 충분하다고 생각한다. 종교를 구성하는 영적 구조가 쿤달리니 공부를 통한 체험과 상당히 유사하므로 이해하고 공감할 수 있기 때문이다.

종교의 상층부를 이룬 명상이나 기도의 핵심 조직들마저 해결할 수 없었던, 그래서 포기하고 잊혀진 쿤달리니 각성의 핵심이 무엇일까.

쿤달리니는 현재까지 각성만을 강조한 것이 전부였다. 그러나 각성도 중요하지만 쿤달리니 샥티가 머리의 사하스라라 차크라를 거쳐 가슴으로 내려가기까지의 완성 과정도 절대적으로 중요하다는 점을 강조하고 싶다. 완성 과정을 원활하게 마치지 않으면 명상에 든다 하여도 몰입 상태가 쉽지 않기 때문이다.

쿤달리니를 각성하지 않고도 얼마든지 명상을 할 수 있는데 각성하고도 명상에 몰입하기 어렵다는 설명에 궁금증을 가질 것이다. 완성을 한 후 명상을 하면 삼매로 진입하는 모드 변환작용이 새롭게 만들어져서 작동하게 된다. 이 변환작용이 각성만 한 상태로는 원활하게 제 기능을 발휘하지 못하므로 완성이 반드시 필요하기 때문이다.

쿤달리니를 각성하기 위해서는 첫째 단전에 기를 축적하여 열기를 발생시킬 수 있어야 하고 둘째 그 기를 미려로 보낼 수 있어야 하며 셋째 미려에서 각성한 쿤달리니 샥티를 수슘나를 통해 머리로 올리고 가슴으로 끌어내려야 한다.

이 방법은 단전호흡을 이용한 것으로 요가나 밀교에서는 각성 방법으로 사용하지 않고 있다. 사라스와티의 말에 따르면 이와 같은 호흡 방법은 '신속하지만 폭발적이고 위험이 따른다.' 단전호흡을 통한 각성 방법은 요가철학이 이미 오래 전에 알았던 것으로 추측한다.

그러나 단전호흡에 의한 방법은 상기(上氣)하는 현상을 벗어날 수 없다는 문제점이 있다. 상기란 단전에 응축한 기가 많아지면서 마땅히 가야 할 방향을 잡지 못하면 가슴을 타고 머리로 올라가는 현상을 말하는데 가슴이 답답하고 얼굴이 붉어지면서 두통이나 이명 등이 일어나는 증상으로 심각한 단계에까지 이르게 된다.

단전에 기를 모으는 첫째 과정에서 대부분의 수행자들이 상기되고, 설령 상기 현상을 피하더라도 쿤달리니가 각성된 순간 난동에 가까운 폭발적인 기의 횡포를 감당할 수 없어 결국 호흡법 사용이 불가능하기 때문에 채택하지 않은 것 같다. 따라서 각성이 되더라도 두 번째나 세 번째의 문제는 당연히 도외시할 수밖에 없었을 것으로 추측한다.

이상의 내 생각을 바탕으로 한다면 세상에는 쿤달리니를 각성시키는 방법이 명상, 기도 등 매우 많다. 그러나 말과 명칭이 방법일 뿐 성공률이 희박한데다 다행히 각성하였다 해도 자신만이 홀로 누린 특별한 요행이어서 사실상 현재까지 각성하는 효과적인 방법은 존재하지 않았다 하는 편이 옳을 것이다.

현재 쿤달리니로 인한 문제점들이 몇 가지 알려져 있다. 첫째 상기 현상의 방지이다. 내가 만난 한 도가 고수의 설명에 따르면 상기 현상의 대책을 제시하였지만 이는 상기하였을 때 쓰는 방법일 뿐 상기를 예방하는 방법은 아니므로 진정한 의미의 대책은 아니었다.

두 번째 문제점은 단전에 형성한 기를 미저골로 보내는 방법이다. 보내도 단순히 가기만 해서는 효과가 없고 강한 압력을 동반한 에너지여야 한다. 그나마 몸속에서 어떤 기운을 원하는 대로 어느 부분으로 보낸다는 것은 모든 사람에게 불가능한 일이다.

세 번째 쿤달리니 각성 후에 일어나는 기(氣) 작용으로 인한 여러 병적 증후군(症候群)이다. 여러 가지 증상들이 복합적으로 얽힘으로써 현대의학으로도 전혀 해결하지 못할 정도의 병적 현상이다. 완성단계까지 이어지는 이 현상은 상당한 고통으로써 각성한 수행자를 괴롭히지만 사실 육체의 병적 요인을 제거하기 위한 치료 행위인 것으로 알려져 있다.

한의학에서는 이와 같은 상황을 명현(瞑眩)현상이라 한다. 발병하여 치료하는 중 예기치 않게 일시적으로 병세가 악화하거나 또는 예기치 못한 다른 증세가 유발하였다가 결과적으로 완쾌하는 현상이다. 쿤달리니 증후군도 명현현상의 의미와 마찬가지로 진행된다.

마하리시나 사라스와티 등 요가의 대가들도 이 고통을 두려워하여 제자들에게 쿤달리니 각성을 장려하지 않을 정도였다. 따라서 이상의 문제점을 제거하거나 완화시킬 수 있다면 성자의 길로 들어설 수 있는 쿤달리니의 각성을 회피하거나 주저할 이유가 없을 것이다.

이상 세 가지 문제점들 중에서 수행자들이 불안해 하는 것은 상기 현상과 각성 후의 기 증후군으로, 이 두 가지 우려할 만한 기의 현상들을 자율신경 조절법이 해결해 준다. 상기 현상은 완전히 제거할 수 있고 병적 증후군은 상당히 경감시킬 수 있다. 고통을 완전히 없애는 것이 아니라 두려울 정도의 고통은 아니라는 의미이다. 기의 병적 증후군은 완전히 제거시키기보다 감당할 정도에서 보다 강한 편이 오히려 공부하는 데 훨씬 도움이 된다는 것이 십여 명의 자연 각성자와 인위적 각성자들을 지도하면서 절실하게 느낀 사실이다.

이상 세 가지 기 현상 외에도 샥티가 사하스라라 차크라까지 올라갔다가 가슴으로 내려갈 때까지의 완성 과정 동안 사실상 기 증후군과 작용을 함께한다. 각성된 이후 완성까지 기 증후군이 계속된다는 의미이기도 하다.

요가 서적에서는 "나디가 정화되어 있으면 쿤달리니가 상승할 때 부작용이 최소화된다"라고 밝히고 있다. 나디는 앞서 설명했듯이 신경, 동맥, 정맥 등 가시적 나디와 물질적인 형태를 갖추지 않은 불가시적인 나디로 구성된다.

불가시적 나디에는 열네 개의 중요한 종류가 있는데 그 중 이다와 핑갈라, 수슘나가 대표적이다. 사라스와티는 핑갈라가 자율신경계의 교감신경을 지배하고 이다는 부교감신경을 지배한다고 설명한다. 현대의학도 나디가 자율신경계임을 긍정한다.

요가 서적이 말한 나디 즉 자율신경계가 정화되어 있으면 부작용이 최소화한다는 의미도 이미 제자들을 지도하면서 나 스스로 인정하고 확인한 사실이다. 인류 정신사상 전무후무한 신비로운 쿤달리니가 바로 자율신경계 뒤에 숨겨져 있다는 것이 나의 발견이라 자부한다.

건강을 위해 시작했던 자율신경 조절법이 결국 수천 년 동안 수행자들의 염원이었던 쿤달리니 각성을 해결할 수 있는 열쇠가 되었다. 만약 내가 신심이 두터운 종교인이었거나 어느 단체에 속한 수행자였더라면 결코 해결의 열쇠를 발견하지 못했을 것이다. 당연히 그 울타리 안에서 고착되고 한계 지어진 사고와 그로 인해 파생하는 유연성 없이 굳어진 모든 행동들로 인해 이처럼 엉뚱한 결과를 초래할 수는 없었을 것이다.

신과의 합일이나 공(空)에 이르는 길은 인간의 오감의 한계를 넘어서야 가능하다. 이는 비몽사몽간이나 부지불식간에 이루어지거나 일회성의 특수 체험으로 체득하는 일이 아니다. 한마디로 사람의 통상적인 영육(靈肉)의 체제로는 불가능한 일이다. 그러나 영과 육의 무게 중심을 쿤달리니를 통해 혁명적으로 바꾼다면 그 목적은 어렵지 않게 이루어질 것이다.

참선이나 명상을 수행하는 사람들은 당면 문제 중 건강이 차지하는 비중이 상당히 큼을 느낀다. 선방생활 몇 년이면 건강에 이상 신호를 느낀다며 수군대거나 불안해하곤 한다.

불교는 마음을 밝히는 가르침이어서 무엇보다 마음을 중시하는 반면 육체는 인간이 가지는 집착의 근원이고 실체가 없는 허깨비로 취급하여 푸대접하는 경향이 있다. 그래서 참선 수행을 고찰하면 건강에 대한 배려를 발견하기 어렵다.

도가의 윤진인의 제자가 쓴 성명규지(性命圭旨)를 보면 불교와 도가의 수행법에서 도외시할 수 없는 문제점을 지적한 내용이 있다. "노자의 가르침을 따르는 집안에서는 기를 생명이라 하고 생명을 닦는 것을 최고로 알아서 오행의 수(水)에 해당하는 곳에서 현관(玄關)을 찾는 것만으로 교(敎)를 세우니 생명은 자세하게 말하지만 본성은 대충대충 넘어가게 되었다. 이는 본성을 알고자 하지 않는 일이고 결국은 생명조차 모르게 되었다."

상기 현상 때문에 도가에서 쿤달리니 개념이 사라지고 그 자리를 소주천, 대주천이 들어서면서 영적 체험이 제외되어 결과적으로 기를 앞에 내세울 수밖에 없었다는 설명이다. 따라서 도가는 영적 진화보다 장생불사(長生不死)를 추구하게 되었다고 한탄하고 있다.

성명규지는 불교의 수행에 대해서 "석가의 가르침을 따르는 집안에서는 그저 신(神)을 본성이라 하고 생명을 닦는 것을 최고로 알아서 이괘(離卦 : 上丹田)에 해당하는 곳에 마음을 집중하여 모아 놓고 있는 것만으로 교를 세우니 본성은 자세히 말하지만 생명은 대충 넘어가게 되었다. 이는 생명을 알려 하지 않는 일이고 결국은 본성조차도 모르게 된다."

화두선보다 묵조선을 지적한 것 같다. 참선 행을 '미간(眉間)에 집중하여 참선' 하는 것으로 표현하면서 육체 즉 건강에 대해서는 관심을 두지 않아 건강 때문에 결국 참선 수행을 할 수 없음을 지적하였다.

"그러니 어찌 본성과 생명이 서로 별다른 것이 아니고 도교와 불교에 원래부터 두 방향으로 목적지가 갈라지는 것이 아님을 알 수 있겠는가. 신과 기에 비록 각각의 쓰임이 있기는 하지만 본성과 생명은 둘 다 함께 닦아야 하는 것이다."

성명규지는 수행하는 데 있어서 불교나 도교 모두 성(性)과 명(命) 즉 본성과 건강을 함께 연마해야 한다는 성명쌍수(性命雙修)를 주장하는 것으로 결론 내리고 있다. 내가 개발한 자율신경 조절법은 그 자체로도 건강에 기여하는 바가 크므로 이 조절법을 익히고 쿤달리니를 각성한다면 윤진인의 제자가 의도한 성명쌍수와 크게 부합할 것이라 확신한다.

2. 자율신경 조절법(自律神經調節法)

미국의 많은 개인병원과 종합병원에서는 바이오피드백 요법으로 편두통과 스트레스를 치유하고 만성적 통증을 완화 또는 완치시킨다. 이 요법을 통해 심장병의 경우 의도적으로 몸의 생리현상을 조절하거나 고혈압을 내리고, 코카인이나 크랙산 같은 약물과 알코올 중독에서 벗어나는가 하면 악성 종양을 자가 치유하기도 한다.

놀라운 일은 9세 소년의 뇌종양을 완쾌시킨 치료 방법이다. 게릿이란 소년은 단층촬영으로 오른쪽 뇌에 종양이 있다는 판정을 받았는데 수술이 불가능한 종양의 위치 때문에 방사선 요법만이 유일한 치료법이었다. 마침 의료기관에 근무 중이던 부모가 바이오피드백을 개발한 심리학자 페트리시아 노리스 박사와 상의했다. 모든 치료 프로그램이 어른에게 맞춰져 있어서 어린이를 위한 바이오피드백 연습 프로그램을 게릿과 함께 새로 짰다.

게릿은 당시 은하계에서 새로운 모험을 찾아 떠도는 TV 연속극 〈스타 트렉〉의 팬이었다. 이미지 형상화 연습을 위해 게릿은 노리스 박사와 함께 우주 시나리오를 만들었다. 게릿은 전투기 편대의 *블루 리더*가 되고 아이의 뇌는 태양계로, 종양은 태양계를 침입한 소혹성으로 정했다. 노리스 박사는 블루 리더와 계속 연락을 주고받는 지상본부 임무를 맡았다. 다음은 우주 공상만화에서 보듯 전투가 일어나고 게릿이 깊은 명상 상태에서 암세포를 공격하여 섬멸한다. 그것으로 뇌종양에서 벗어났다는 꿈같은 스토리이다.

노리스 박사는 "면역체계를 강화하는 것이나, 혹은 종양의 파괴와 같은 특수 임무에 자신의 면역 체계를 집중시키는 일 등에는 일반적으로 바이오피드백을 활용한다는 것을 생각하기 어렵다. 그러나 손의 체온이나 심장의 활동을 조정하고 근육을 이완시키는 등 사람들이 마음대로 조절할 수 없는 여러 가지 현상을 바이오피드백을 통해 한번 배운 사람에게는 전혀 불가능한 얘기가 아니다"라는 의견을 피력했다.

노리스 박사의 다음 말은 수행자들에게 시사하는 바가 크다. "깊은 명상에 들어간 상태를 체험하는데 이런 의식의 층에서는 훨씬 더 많은 몸의 생리 현상을 조절할 수 있다. 편안하게 이완된 의식 상태에서 사람들은 생각이 떠오르면 영상으로 보게 된다. 환자는 이런 의식 상태에서 자신의 몸속을 자유자재로 돌아다닐 수 있다. 자신의 장기(臟器)를 찾아 상태를 직접 살펴보는 것도 가능하다."

노리스 박사는 이상과 같은 현상이 "생각을 통해서나 의식적으로 조정해서 아는 것이 아니라 그곳에 가는 순간 그냥 자연스럽게 알아진다"라고 말했다. 의학치료와 달리 바이오피드백 요법은 환자가 몸의 생리 현상을 의도적으로 조절하거나 바꾸고 조종하면서 약이나 의사 대신 자신을 직접 치료한다.

노리스 박사는 "바이오피드백으로 효과를 보는 환자들 중에는 중환자들도 아주 많다. 이 요법은 누구나 쉽고 빠르게 배울 수 있어서 매력적이다"라고 자랑스럽게 말한다.

위에 실린 내용은 정신세계사의 잡지가 2000년 봄 독일잡지

《에조테라(esotera)》의 기사를 번역, 게재한 일부분이다. 이 기사는 "독일에서 개발한 아우토게네 트레이닝을 발전시킨 바이오피드백 요법은 여러 연구 실례를 통해, 특히 미국에서는 의학과 심리학 등의 학문 분야에서도 자리를 굳혔다"라고 소개하고 있다.

이 기사는 바이오피드백의 기본원리는 간단하다고 설명한다. "기계들의 도움을 받으면서 여러 가지 깊은 명상을 배우는 것이다. 이를 통해 우리가 조종할 수 없는 몸의 여러 생리 현상을 자의식으로 의도적인 영향을 미치는 것이 가능하도록 만든다." 이 기사는 사람의 육체 기능을 생각으로써 조절할 수 있음을 설명하고 있다. 바이오피드백 요법이 생리현상을 의도적으로 목적하는 방향으로 전환시켜 일반적으로 병원에서 고치기 어려운 질병을 치료한다고 하였다. 게다가 의학과 심리학 분야에서도 그 효용성을 인정받고 있다 한다.

의식으로써 육체에 영향력을 행사하는 일은 누구나 할 수 있는 능력이 아니어서 이와 같은 상황을 일반 사람들은 상상하기 어렵다. 바이오피드백 요법에 참여하기 위한 요건은 환자가 의도적으로 자기 손의 체온을 올리는 방법을 익히는 것이다. 자기 손의 체온을 올린다는 것은 생각으로써 집중하는 작업이다. 집중이 바로 명상의 기본이고 육체의 한 부분에 집중하므로 바로 내관(內觀)의 시작이다. 쿤달리니를 각성하기 위해서도 바로 이와 같은 집중과 내관이 필요하다.

쿤달리니를 호흡법으로 각성시키기 위해서는 앞에서 설명했듯이 두 군데에 함정이 도사리고 있다. 첫 번째는 단전호흡으로 생성된 기가 상기되는 현상이고, 두 번째는 쿤달리니가 각성해서 완성할 때까지의 샥티로 인해 발생하는 병적인 증후군이다. 나는 스승도 없이 또한 변변한 책 한 권도 없이 수련하였지만 상기를 경험하지도 않았고 의식하지도 못했다. 여덟 명을 내 방식대로 각성시켰지만 상기된 적이 없었고 한 사람도 상기될 만한 징후도 없었다. 노리스 박사가 말한 생리현상을 의도적으로 목적하는 방향으로 전환시켰다는 내용과 일치하는 부분이다.

각성 후에 나타나는 고통을 위주로 한 증후군의 경우 나를 비롯한 여덟 명의 제자들이 당연히 상당한 고통을 느꼈다. 그러나 고피 크리슈나가 당한 극심한 고통은 누구도 겪지 않았고 종사하던 직업을 포기하거나 일을 못할 정도의 고통을 겪은 사람은 아무도 없었다. 나를 찾은 자연 각성자들은 상당한 고통으로 시달린 경우가 대부분이었지만 다행히 고피 크리슈나처럼 극심한 사례는 없었다. 그러나 그들에게 자율신경 조절법을 시행하는 순간 당장 고통이 현격히 경감하는 상황을 경험했다.

나는 쿤달리니 각성에서 통증이라는 현상에 대해서 별다른 관심이 없었는데 약간의 고통은 있었지만 참을 만했기 때문이다. 제자들도 불편을 느낄 정도의 고통으로 여기며 잘 참아냈다. 그 고통은 각성으로 인한 효과나 변화의 가치에 비하면 아주 사소한 부분으로 간주하여 무난히 넘겼던 것이다.

자연 각성자들은 병원에서도 원인을 찾을 수 없어 신경성으로 진단받은 각성 증후군으로 인해 고생하기도 하였지만 자율신경 조절법을 이용하면서 증상을 완화시킬 수 있었다. 그 결과 관련 서적을 접하면서 요가에서 우려하는 위험성에 상당한 의문을 갖게 되었다. 고피 크리슈나의 경험을 의심치는 않았지만 병원에 입원할 정도의 고통을 느끼는 각성자를 접하지는 못했다.

이 의문에 대해 98년 이후 발간된 요가 서적들에서 단편적으로

나마 단서를 발견한 것은 참으로 다행이었다. 사라스와티가 나디 중 핑갈라를 교감신경계, 이다를 부교감신경계라고 지적한 것이다. 하리쉬 요하리는 나디가 경혈과 일치하고 자율신경계라고 주장하였다. 미국의 대체 의학자인 브레넌이 차크라가 자율신경의 신경총이라 지적하면서 차크라의 위치와 척추에 분포되어 있는 신경총들이 일치한다고 주장한 점, 쿤달리니 샥티가 상승하면서 일으키는 부작용을 최소화하려면 나디를 정화시켜야 한다는 내용 등 제법 많은 자료를 발견할 수 있었다.

이와 같은 자료들을 참고하고 직접 각성을 지도하면서 내가 고안한 방법들이 자율신경계를 정화하여 고통을 경감시킨다는 사실을 깨닫게 되었고 자율신경을 조절하는 능력이 바로 쿤달리니를 각성시킴과 동시에 고통도 줄이는 비법이라는 결론을 얻게 되었다.

자율신경 조절법에 대한 설명이 필요하다고 생각한다. 내가 처음 접한 이 방법은 독일 베를린대학 정신과 교수인 슐츠 박사가 창안한 훈련법으로 노리스 박사가 바이오피드백으로 발전시켰다는 바로 아우토게네 트레이닝 즉 자율훈련법이다. 자율훈련법은 스트레스나 노이로제성 등 정신적 질환을 치료하기 위한 요법이다. 이를 개량 발전시킨 것들이 세상에 잘 알려진 심리요법인 셀프컨트롤이나 노리스 박사의 바이오피드백이고 내가 지칭한 자율신경 조절법이다. 내가 구태여 명칭을 바꿔 자율신경 조절법이라 명명한 데는 이유가 있다.

처음 내가 알고 있던 자율훈련법은 앞서 언급한 《명상입문》이란 책에 수록된 여섯 페이지에 불과한 자율훈련법을 소개하는 정도의 내용이었다. 요즘 발간되는 명상 서적에서 자율훈련법을 발견할 수 없듯이 그 책도 중요성을 인식하지 못한 채 명상에 도움이 되는 개요만 삽입시킨 수준이었다. 77년 당시에는 자율훈련법에 관한 서적은 시중에 없었다.

나는 건강을 위한 자율훈련이 목적이었으므로 그 개요에 의존하여 수련하였는데 그 과정에서 문제가 발생하였다. 즉 자율훈련법을 수련하는 방법이 상세히 소개되었더라면 슐츠 박사가 의도했던 그 차원에서 끝났을 것이다. 상세한 설명이 없었으므로 무겁고 따뜻한 감촉을 넘어 아플 정도, 그리고 뜨거울 정도까지 진전하게 되었다. 슐츠 박사의 의도에서 크게 벗어난 이 변형된 수련방법이 자율신경을 조절하는 방법이며 자율훈련법과 구별하기 위하여 변형된 이름인 자율신경 조절법이라 명명하였다.

이 자율신경 조절법을 수련하면 실생활이나 명상에서 어떤 효과가 있는지 고찰해 본다. 우선 심리치료 방법으로 널리 행해지고 있는 셀프컨트롤의 효과에서 시작해 보자. 셀프컨트롤은 자율훈련법을 바탕으로 명상법을 가미하여 재편성한 방식이므로 자율신경 조절법과 같은 개념으로 볼 수 있다. 셀프컨트롤을 간단히 설명하면 열등감 극복, 강한 의지 고취, 원만한 대인관계, 공포심 제거, 나쁜 습관 제거, 심리적 갈등 해소, 창조력 개발 등 긍정적 심리를 총망라해서 고양시키는 심리 조절법이다.

바이오피드백 요법은 자율훈련법의 '따뜻하다'는 감각 하나를 개발함으로써 깊은 명상 상태로 유도하고 그 속에서 생각만으로 모든 난치병을 고치는 방법을 개발하여 미국과 유럽에서 새로운 의료체계로 진입한 혜성 같은 존재다.

자율신경 조절법으로 지난 5년 동안 남자 여섯 명과 여자 두 명 등 수행자 여덟 명의 쿤달리니를 각성시켰고 일곱 명의 자연 각성자들의 고통을 경감시키고 공부를 도왔다. 지금도 쿤달리니 각성을 위해 여러 명이 노력하고 있다.

내가 생각하는 긍정적 효과 몇 가지를 더 소개한다. 우선 근육 이완이 언제든지 자유로워 명상하기 위해 자리를 잡으면서 생각만으로 몸을 이완시킬 수 있다. 과도한 운동이나 노동으로 근육에 경직이 올 경우라도 생각만으로 이완이 가능하고 바로 정상적으로 활동을 계속할 수 있다. 숙달이 되면 평생 근육통이나 신경통에서 해방된다.

둘째 몸의 내부 장기(臟器)에 대한 감독권을 행사할 수 있다. 황당한 이야기로 여길 수도 있지만 바이오피드백 요법은 주로 난치병이나 고질 치료에 사용한다 하였고 그 원리는 바로 내관(內觀)에 있다. 물론 쿤달리니를 각성하면 몸속을 관찰하는 능력이 커짐으로써 이 치유력이 확실시되지만 각성되지 않아도 자율신경 조절법에 숙달되면 질병으로부터 상당히 자유로워진다.

셋째 추위와 더위에 강해지고 환경변화에 잘 적응한다. 불안이나 초조, 긴장을 스스로 해소할 수 있다. 넷째 이 수련은 처음부터 끝까지 정신집중 훈련이므로 2~3년쯤 부지런히 연마하면 상당한 경지의 집중력을 구사할 수 있다. 이 정도의 집중력이라면 이미 자신의 육체는 어느 정도 조정이 가능하며 다시 명상으로 발전시킨다면 큰 진전을 보게 된다.

자율신경 조절법과 쿤달리니 각성 수행 중 발생하는 두 가지 부작용과의 연관성도 인지해야 한다. 도가나 단학의 서적에 기(氣)는 생각을 따라간다는 내용에서, 기에 대한 수련이 되어 있는 수행자들은 모두 익히 알고 있는 사실이다. 그렇다면 기를 자유자재로 운행하는 수행자와 일반 사람과는 어떤 차이가 있을까. 집중력의 정도 차이에 불과하다.

　정신 집중력이 어느 정도 단일해지고 정밀해지면 몸 안에서 움직이는 기를 느끼게 되고 이를 의도하는 곳으로 끌고 다닐 수 있다. 몸 밖으로 보내기도 하고 밖에서 안으로 끌어들이는 것도 물론 가능해진다. 이것은 기의 일반적인 성질이다.

　쿤달리니가 각성되기 위해서는 단전호흡을 하여 단전 부위를 뜨겁게 만들어야 한다. 이때 단전 부위에 형성된 기를 의도한 대로 처리할 수 있느냐 없느냐가 첫째 관건이다. 자율신경 조절법을 알면 에너지로 바꿔 미저골에 충격을 가하게 하므로 당연히 상기를 면하게 된다.

　두 번째 문제는 각성하여 완성할 때까지 수행자를 괴롭히는 기의 흐름 즉 몸의 취약한 부분을 치료하는 작용이 감당할 수 없는 고통으로 다가오는 일이다. 이 부분도 자율신경 조절법을 수련하면서 부실한 몸의 조직이 호전되어, 각성 시에 쿤달리니의 기가 할 일이 그만큼 줄어듦으로써 고통도 경감된다고 여겨진다.

　이제 자율신경 조절법의 수련 방법을 알아보자. 이 수련은 자기 암시와 정신 집중을 함께 사용하므로 우선 조용하고 사람들의 출입이 없는 장소여야 한다. 춥거나 덥다고 느껴지면 좋은 조건이 아니다. 밝은 것보다는 어두운 편이 좋으며 밤에도 방의 불은 반드시 끄도록 한다. 집중을 방해하는 요인이 있어서는 안 된다는 뜻이다.

　자세는 누워서 수련하는 방법과 앉아서 하는 방법이 있는데 누워 시행하는 방법은 주로 잠자기 직전 이불을 펴고 누운 채 실시하고 아침에는 눈을 뜨자마자 이불에 누운 그대로 시행한다. 누운 채 팔을 몸에서 약간 벌리고 다리도 약간 벌려 자신에게 가장 편한 자세를 취한다. '편한 자세를 만들어라' 함은 일단 자세를 취하면 의식이 자세에 머물지 않아야 하기 때문이다.

앉아서 수련할 경우 몸을 약간 뒤로 젖히고 편하게 감싸일 수 있는 소파나 안락의자가 적합하다. 머리는 등받이에 기대고 손은 팔걸이 등에 올려 손이 몸에 닿지 않게 한다. 다리는 뻗거나 세우는데 편하고 의식이 가지 않도록 하며 넥타이나 혁대는 풀거나 느슨하게 한다. 이 수련을 위해서 가장 중요한 점은 가급적 신경이 방해받지 않도록 자기 나름의 자세를 창안하는 것이다.

나는 자율신경 조절법을 수련하는 동안 주로 잠자기 직전과 아침에 잠이 깨는 시간을 이용하였다. 잠자기 위해 이부자리를 펴고 누운 상태와 눈을 뜨자마자 이불속에서의 자세가 가장 마음 편한 시간이었고 이완이 쉬웠기 때문이다.

이 수련은 6단계로 편성되어 있는데 순서대로 수련해야 한다. 2단계의 경직훈련이 가장 핵심이므로 이것을 충분히 익히지 않으면 다른 단계를 마스터했다 하여도 자율신경 조절법을 제대로 수행했다 할 수 없다.

제1단계: 심신(心身) 이완(弛緩) 훈련

첫 번째 단계는 몸과 마음의 긴장을 푸는 이완 훈련이다. 몸과 마음의 긴장을 해소하고 이완시키는 능력은 명상수련의 목적달성에 가장 중요한 전제이다. 뿐만 아니라 자율신경 조절법을 효과적으로 수행하기 위해 피로나 경직된 근육을 풀어주고 마음을 평안하게 안정시키게 하는 준비훈련이다. 이 1단계가 숙달되면 몸에서 흐르는 기감(氣感)을 느끼게 된다. 눕거나 앉아서 자세를 취하면 눈을 감는다. 생각을 멈추고 정신을 집중한다.

'아! 편하다. 편하다. 점점 편해진다. 아주 편해진다.'

라는 생각만으로 머리에서 발끝까지 천천히 살피고 내려가면서 계속 암시를 준다. 암시는 소리를 내지 않고 마음속으로만 읊조린다. 암시를 계속 주면 몸이 약간 나른해지면서 편해지고 마음도 안정이 된다. 그러면 암시하는 말을 바꾼다.

'머리의 피로는 양 팔로 빠져 나가고, 몸의 피로는 양 다리로 주욱 빠져 나간다.'

라고 생각하며 머릿속의 피로가 양팔로 흘러내려가는 것을 그린다. 몸통의 피로도 마찬가지로 가슴, 배를 지나 양쪽 다리로 내려와 흐르는 것을 상상하면서 훑어 내려간다. 다시 말하면 몸속의 피로한 기운이 시냇물이 흐르듯 손과 발을 거쳐 손끝과 발바닥으로 흘러 빠져나가는 것을 상상해야 한다.

처음에는 자각하지 못하지만 일주일에서 열흘쯤 지나면 팔과 다리의 내부에서 무언가 흐르는 느낌이 온다. 이 흐름을 기감(氣感)이라고 하는데 쿤달리니를 각성해서 완성하는 동안 긴요하게 사용되므로 이 훈련을 게을리해서는 안 된다. 기를 몸에서 밖으로 빼내고, 밖에서 몸으로 들여오는 등의 모든 기의 운용이 이 방법처럼 생각에 의해 행해진다.

1단계 이완 훈련을 1분에서 2분 정도 실행하고 바로 2단계 경직 훈련으로 넘어간다. 즉 1단계와 2단계는 처음부터 동시에 실시해야 한다. 사람이 정신을 집중할 때 대체로 5~7초 정도일 뿐 그 이상은 지속하기 어렵다 한다. 집중 시간이 극히 짧은 것은 연상 작용에 의해 다른 생각이 끼어들기 때문이다. 다른 생각이 들면 그대로 그 생각에 묶여 조금 전에 집중했던 내용을 의식하지 못한다.

정신집중 훈련에 온 신경을 모음과 동시에 집중훈련을 제대로 하는지 감시하는 두 가지 의식이 살아 생생하게 작용하지 않으면 이 연습에서 성공하기 어렵다. 집중과 동시에 다른 생각이 떠오르는 것을 철저히 감시해야 한다. 다른 생각이 스며들면 즉시 몸을 약간 추스르고 다시 처음부터 시작한다. 5초 단위로 다시 자세를 취할 경우 몸을 추스를 시간을 주어도 1분이면 약 7~8회 연습할 수 있고 5분 동안에 35~40번 수련하게 된다. 이같이 짧은 시간에도 주의를 기울이면 충분한 연습을 할 수 있으므로 환경이나 시간 등의 여건을 잘 활용하여야 한다.

이 훈련에서 정신집중은 반드시 눈을 감고 시행해야 한다. 눈을 감으면 우선 눈에 대상이 나타나지 않으므로 집중하는 데 도움이 되기 때문이다. 집중은 마음을 어떤 자리에 고정시키는 것이 일반적이지만 생각 따라 움직이면서 할 수도 있다. 이때 눈은 감았지만 눈동자는 정신을 집중하는 자리를 향해 고정되어 있거나 집중을 따라다니는 것이 보통이다.

눈동자가 집중하는 자리를 따라다니거나 고정되어 있으면 불과 5분이나 10분 만에 눈이 상당히 피로해진다. 정신집중을 하더라도 눈동자의 처리를 해결하지 못하면 이 훈련뿐 아니라 명상수행도 매우 어려워진다. 이 수련을 시작하면서 눈동자의 처리도 동시에 수련해야 하는데 의식이 어디로 가더라도 눈동자는 눈 한가운데 멈춘 상태 그대로 유지하는 연습을 해야 한다. 원래 눈은 생각이 가는 대로 눈동자가 따라다니면서 감촉 행위를 하도록 만들어진 것이지만 이 훈련법을 공부하면서부터는 마음과 눈을 분리시켜야 한다.

앞으로 수행해야 할 공부나 명상에서 모든 행위는 감각이 아닌 생각으로 행해진다. 보고 듣는 감각의 대상이 물질세계의 존재가 아니라 영적 차원의 비물질적 차원들이다. 따라서 사람이 사람이게 하는 오감의 존재나 기능이 여기서는 의미가 없다. 듣고 보고 느끼는 모든 감각은 오로지 마음이 수행한다. 눈동자는 감은 눈꺼풀 속에 가만히 움직이지 않은 채 있어야 한다.

제2단계: 경직(硬直) 훈련

2단계의 경직 훈련은 팔을 굳히는 훈련이다. 약 1~2분 동안 이완훈련을 한 뒤 아주 편안하고 나른하게 이완된 자세 그대로 경직 훈련을 시작한다. 오른손잡이면 오른손을, 왼손잡이면 왼손을 대상으로 삼는데 이는 항상 사용하는 손을 집중하는 것이 효과가 빠르기 때문이다. 팔을 굳히는 훈련은 팔에 힘을 꽉 주었을 때나 쥐가 났을 때 단단하고, 튀어나오고, 울퉁불퉁한 상태의 근육 모양을 마음속에 그리면서

'팔이 무거워진다. 무거워진다. 점점 더 무거워진다.'

라고 암시하면서 온 신경을 팔에 집중한다. 이때 팔에는 의식적이든 무의식이든 전혀 힘을 가하지 않은 완전히 이완된 상태에서 시작하여 끝까지 이 상태를 유지하여야 한다. 오로지 생각의 힘만으로 힘을 꽉 준 상태를 지탱해야 한다.

집중하는 시간은 1단계의 요령과 같다. 이 훈련을 실시하는 시간에는 집중도 중요하지만 다른 생각이 끼어드는 것을 빨리 알아차려야 한다. 시간은 처음 시작 단계에서는 하루 5분 정도, 역시 잠자기 직전과 잠에서 깨는 순간을 이용한다.

효과적으로 수련하기 위해 시간을 늘리는 것은 상관없지만 한꺼번에 집중적으로 많은 시간을 할애하는 것보다 5분 또는 10분씩 자주 하는 것이 효과적이다. 앞에서 설명한 바와 같이 집중 중 다른 생각이 끼어들 경우 몸을 약간 꿈틀대거나 팔을 가볍게 흔들어 주위를 환기시킨 뒤 다시 암시를 준다.

팔이 무겁다는 감각이 어느 정도여야 성공으로 간주하는지 알아보자. 슐츠 박사의 자율훈련법에서는 팔이 무겁다는 의미를 '팔이 나른하다'는 느낌이라면 성공으로 본다. 내 경우 이 같은 감각적인 설명을 담은 서적이나 조언을 접하지 못해 팔이 아플 정도까지 진행했다.

나른할 정도의 감각만으로도 최면술계나 정신과에서는 경증의 정신과적 치료에 효율적으로 활용된다고 한다. 그러나 육체속의 자율신경계를 나름대로 움직이기 위해서 나른하다 정도의 감각으로 가능할지는 의문이다. 확실하고 분명히하기 위해서 최면술계에서 시술하는 방법보다 강화시킬 필요가 있다.

손에 힘이 들어가는 감각을 느끼는 시점은 사람에 따라 차이가 많다. 6~7년 동안 단학을 수련한 사람은 바로 다음날 손이 굳어졌고 무도 고단자인 경찰관은 이틀 만에 가능하였다. 보통 사람들은 1~2개월 정도 소요되고 내 경우는 석 달이나 걸렸다. 70대의 노인이 두 달 걸리는가 하면 40대의 남자는 특히 늦어 5개월이 지나서야 성공하는 사례를 보기도 했다. 따라서 초조해 하거나 조급하게 생각하지 말고 매일 꾸준한 연습이 무엇보다 중요하다.

일단 팔에 힘이 들어간 느낌이 오면 더욱 열심히하여 힘을 꽉 준 상태처럼 되도록 노력해야 한다. 경직시키는 강도를 바짝 올리면 팔이 굳어서 통증을 느끼는 상태에까지 이른다. 이는 정신 집중도

가 상당히 조밀한 경지에 이르렀다는 의미로 힘을 전혀 주지 않고
도 팔의 근육과 신경을 긴장시켜 통증을 느끼게 된 것이다. 일반
사람이 팔에 아무리 힘을 주어도 팔이 아파오는 경우는 없다.

오른팔이 굳어지면 이제 왼팔에 무겁다는 암시를 준다. 오른팔이
굳어졌으면 왼팔은 암시와 동시에 경직이 오는 것을 느끼게 된다.
경직이 과다하여 통증을 느끼는 경험은 오른팔 한 번 정도로, 생각
의 힘이 어떠한지 아는 것만으로 충분하다. 다른 곳에도 시험할 필
요는 없다. 순조롭지 않을 때 오른손에서 왼손으로 바꾸는 것은 가
급적 삼가야 한다.

양팔이 모두 경직되었으면 이번에는 오른발과 왼발에 차례로 암
시를 주어 본다. 양쪽 발도 암시를 주자마자 바로 굳어지는 것을
느끼게 된다.

팔이나 다리에 부상을 입었거나 수술한 경험이 있는 사람은 이
훈련이 여간 어렵지 않다. 신경이 손상을 입었기 때문인데 그럼에
도 불구하고 꾸준히 노력하면 성공하는 사례를 보았다. 만약 대충
하여 쿤달리니를 각성하겠다면 어떤 상황이 될까. 자율신경 조절법
이 완전하지 못하면 우선 상기의 위험이 있다. 상기를 겨우 면하고
각성하였다 하여도 몸의 불완전한 곳을 치유시키는 기의 작용으로
인해 상당한 고통을 겪어야 한다.

자율신경 조절법을 착실히 연마하면 이 조절법만으로도 손상된
신경이 많이 복원될 수 있어 각성 이후 고통을 훨씬 가볍게 하면서
완성할 수 있다. 처음 시간이 얼마가 소요되든 일단 팔 하나가 굳
어지면 다른 팔다리는 용이하게 경직이 되지만 잘 숙달시켜야 한
다. 그런 다음 팔과 다리를 차례로 한꺼번에 경직시켜야 한다.

다음 훈련은 누운 채 이완된 상태에서 다리 중 하나만 위로 들어

올리면서

'발이 위로 천천히 올라간다.'

라고 암시를 준다. 암시를 받으면 발이 올라가는 데 필요한 근육과 신경들이 저절로 수축되고 끌어당기는 등의 작용을 하다가 다리가 흔들흔들 움직이며 올라간다.

만약 다리가 바로 올라간다면 자신도 모르게 의지가 작용하고 있는 것이다. 90도 정도로 올리는데 두 발을 따로 올려 본 뒤 한꺼번에 올린다. 팔도 마찬가지 방법으로 들어 올린다. 팔과 다리가 마음대로 경직되면 이번에는 몸 전체를 경직시켜 보자. 이때부터 육체의 어떤 부분도 생각이 가는 대로 굳혀진다.

먼저 팔과 다리를 경직시킨 다음 엉덩이, 배, 등, 가슴, 목, 머리까지 밑에서부터 차례차례 경직시키고 마지막에는 얼굴을 포함한 몸 전체를 굳힌다. 생각만으로 몸이 굳혀지고 얼굴의 피부가 당겨지거나 오므라드는 경이로운 경험을 할 것이다.

자신의 육체가 생각만으로 경직과 이완이 가능하다는 것은 그 자체만으로 대단한 초능력이 아닐 수 없다. 이 육체가 내가 아니라는 것은 앞으로 쿤달리니의 각성과 완성 그리고 명상을 통해 저절로 인식되는데 이 경우는 시초에 불과하다.

이완시킬 때는 경직된 부분 모두가 동시에 풀린다 생각하고 순간적으로 풀어진다는 암시를 줌으로써 풀린다. 그러면 다시 이완된 상태로 돌아가는데, 그 시원하고 편안함은 말로 형언키 어렵다.

종종 "몸이 굳었다가 풀리지 않으면 어떻게 해야 하느냐"라고 질문하는 사람들이 있다. 자신이 스스로 자기에게 명령한 암시는 그 암시를 해제하겠다는 생각만으로 바로 풀린다. 따라서 자율신경 조절법을 수련할 때는 항상 자신의 의도를 암시함으로써 시작하고 수련이 끝나면 즉시 그 상태를 해제시켜 주어야 한다.

해제할 때는 처음 주었던 암시의 반대말이나 풀린다라고 생각하고 몸을 약간 흔들거나 움직여 준다. 경직훈련을 수련하면 언제든지 생각만으로 몸의 굴신이 자유로워지므로 적어도 근육통, 신경통으로부터 해방된다.

제3단계: 따뜻한 감[溫感] 훈련

손이나 발이 차다면 손발 경락의 말초 어느 부분의 부조화로 혈액순환이 제대로 이뤄지지 않고 있다는 의미이다. 잠깐 앉아 있었는데 다리가 하얗게 변하거나 저리는 것도 같은 현상이다. 일상생활에서는 별 문제가 안 되는 이런 자질구레한 현상들도 명상수행을 하는 데는 큰 장애가 아닐 수 없다. 당연히 혈액순환의 문제도 스스로 컨트롤하는 것이 중요하다.

온감 훈련에서 자신의 체온을 생각으로 조절하는 방법을 연마하게 되는데 실제로 0.3~2도 정도의 체온을 상승시켜 혈류량을 증가시킨다. 3단계 온감 훈련부터는 훈련에 들어가기 전 이미 배운 전 단계의 훈련을 반드시 복습해야 한다. 따라서 우선 1단계 심신 이완훈련과 2단계 경직 훈련 복습이 끝나면 이완된 상태에서 3단계 훈련을 시작한다.

1, 2단계의 훈련이 어느 정도 만족스럽게 이루어지면 나머지 단계의 훈련은 별 어려움 없이 이루어진다. 불과 2~3일 정도 연습하면 흔히 다음 단계의 시초의 증후가 나타난다. 혹시 징후가 예정된 시간을 초과하더라도 꾸준히 연습해야 한다.

이제 1, 2단계의 복습이 끝났으면 3단계의 온감 연습에 들어가

보자.

'오른팔이 따뜻해진다. 따뜻해진다. 점점 따뜻해진다.'

라고 암시를 준다. 처음에는 팔 전체로 하면 늦어질 수 있으니 손바닥으로 범위를 좁혀서 시작해도 좋다. 손바닥이 따뜻해지면 팔 전체로 넓혀 간다. 오른팔이 따뜻해지면 왼팔로, 그리고 양쪽 다리로 따뜻한 감각을 전이시켜 본다. 바이오피드백은 손바닥의 온감을 2도 정도 높이는 집중력을 이용하여 고질과 난치병을 고치는 원동력으로 삼는다.

따라서 따뜻한 감각만으로도 상당하지만 사실상 체온이 약간 올라가는 수준이 되어야 한다. 물론 온도계를 손에 잡고 이 훈련을 할 수는 없으므로 시술자는 손바닥을 기준으로 더워진 감촉이 상당히 올랐다고 느끼면 성공한 것으로 간주한다.

다음은 복부(腹部)의 온감 훈련이다. 배를 따뜻하게 하여 위(胃) 뒤쪽에 있는 태양 신경총의 기능을 향상시킨다는 데 목적이 있다. 자율신경인 교감신경과 부교감신경은 전신에 빈틈없이 뻗어 있다. 특히 뱃속에는 수많은 신경 섬유가 태양 광선처럼 내장 구석구석까지 펼쳐져 있어 그 복잡함이 대뇌의 신경총에 비교될 정도여서 제2의 뇌 또는 복뇌(腹腦)라고도 일컫는다. 이 신경섬유가 뭉쳐진 곳을 태양 신경절이라 하며 그 주위의 광선처럼 뻗어 있는 신경들을 포함하여 태양 신경총이라 한다. 우리 몸의 위, 간, 심장, 간장 등 장기(臟器)들은 모두 태양 신경총이 관장한다.

복부의 온감 훈련은 위가 위치한 윗배를 포함해서 배 전체를 대상으로 하고, 따뜻한 감각이 배 전체를 덮고 있다는 느낌이면 성공이다. 사람에 따라서는 배 전체로 온감이 퍼지지 않고 위장 뒤쪽에 국한되는 경우도 있는데 그 역시 성공으로 간주한다. 복부의 온감 훈련에 성공하면 소화기능을 비롯한 모든 장기의 기능이 크게 향상하여 뱃속 장기의 기능에 대한 감각이 자연히 해소된다.

나디가 정화되면 쿤달리니 각성으로 인한 후유증을 최소화한다 하였는데 이 훈련이 이와 관련이 있는 것으로 여겨진다. 온몸을 굳힐 때 척추 부위의 근육이 경직되는 형태가 쿤달리니 각성 후 이다와 핑갈라의 움직임과 상당한 유사성이 있는데 나디 정화에 어느 정도 역할을 하는 것으로 추측된다.

제4단계: 찬 감각[寒感] 훈련

머리는 차게 발은 따뜻하게 관리해야 한다는 말이 있다. 머리가 시원하고 차면 판단이 냉철하고 감정을 쉽게 억제할 수 있기 때문이다. 이 단계의 훈련은 '이마가 시원하다' 든지 온몸이 시원하거나 서늘한 감각을 느끼는 것이 중요하다.

이완한 자세에서 이마에 정신을 집중하고

'시원하다. 시원하다. 점점 시원하다. 점점 시원해진다.'

라는 요령으로 암시를 준다. 서늘한 기운을 느끼거나 찬바람이 스치는 것 같은 기분이 느껴지면 일단은 성공이다. 다음에는 몸 전체를 대상으로 '시원하다' '서늘하다' 또는 '춥다'는 기분을 느끼도록 집중한다.

3, 4단계가 성공적으로 수련되면 여름에는 더위를 겨울에는 추위를 덜 느끼게 되어 계절 변화나 환경변화에 대한 적응력이 강화되었음을 인지하게 된다.

제5단계: 심장박동 조절 훈련

4단계까지 훈련이 성공적으로 마무리되면 이미 정신 집중도가 상당한 경지까지 상승하였다. 사람은 누구나 끊임없이 이어 일어나는 연상 작용에 사로잡힌다지만 이 경지에 이른 수행자는 자신도 모르는 사이 상념이 상당히 줄어든 것을 느낀다.

심장박동의 조정 수련은 우선 심장이 뛰는 상태의 감지에서 시작하므로 약간의 시간과 노력이 필요하다. 심장병 환자가 아니라면 평상시 자신의 심장박동 소리를 들어본 사람은 별로 없을 것이다. 또한 아무리 조용한 곳에 있다 하여도 별일 없는 평상적인 상태라면 고동소리를 의식하는 것은 쉽지 않다.

처음에는 심장 부위에 손을 얹고 맥박을 확인한 다음 정신을 심장에 집중한다. 그리고 심장이 뛰는 소리를 스스로 느낄 수 있도록 노력하는데 몸을 통해 전해지는 맥박의 진동을 통해 느껴야 한다. 맥박의 진동이 느껴지면 손을 떼고서도 느껴지도록 손을 '올렸다 내렸다'를 반복하면서 집중한다.

심장이 건강하다면 이완 상태에서도 맥박의 간격이나 진동소리의 높낮이가 일정하고 규칙적이어야 한다. 맥박의 파장으로 미루어 약간의 이상이 있다고 느껴질 때 교정하려고 노력하면 교정이 가능해진다. 다만 심장병이라고 판정이 난 사람까지 고쳐진다는 의미는 아니다. 이 경우는 나로서는 모르는 영역이고 이와 같은 체험을 한적이 없어 위험할 가능성이 있으므로 수련하지 않도록 권고한다.

이제 수련을 시작하자. 먼저 1단계부터 4단계까지 복습한다. 이완된 상태에서 왼손을 심장 부위의 가슴에 얹고 심장의 박동을 확인한다. 손이 진동에 의해 느낀 감각을 집중으로써 심장의 장소와 연계시킨다. 그러던 중 진동의 감각이 끊어지면 다시 손을 얹고 반복하는 방법으로 계속 고동소리를 감지할 수 있도록 한다. 심장의 소리는 육체를 통해 진동하는 파장을 느끼는 것이므로 귀로 들으려 해서는 안 된다.

손을 가슴에 얹지 않고도 맥박을 느끼게 될 때 암시를 준다. 이 경지에서는 직접 심장을 쳐다보면서 박동 소리를 듣는 것 같은 기분을 갖는다. 우선 심장이 활동하는 현상을 잘 살핀다. 조금이라도 이상한 현상 즉 불규칙하게 심장이 뛰거나 하는 경우 정상적으로 뛰도록 암시로써 교정시킨다.

교정하는 방법은 쳐다보면서 '정상적으로 뛴다'라는 암시다. 심장에 약간의 이상이 있었다면 자율신경 조절법을 수련하면서 이 단계까지 오는 과정에서 정상을 회복했을 가능성이 크다. 만약 이상을 발견했다면 그것은 이상 현상이 아니라 심리적 요인 때문이므로 간단하게 암시를 하여 무시하면 된다.

'심장이 빨리 뛴다. 빨리 뛴다. 점점 빨리 뛴다. 점점 빨리 뛴다.'라고 암시한다. 이때 암시와 동시에 등산이나 달리기 등 심장이 빨리 뛸 수 있는 영상을 연상하면 매우 좋은 효과가 나타난다. 심장의 박동이 약간 빨라졌다고 느껴지면 성공이다. 심장은 예민한 장기이므로 과도하게 빠르거나 늦게 뛰도록 해서는 안 된다.

다음 똑같은 요령으로 천천히 뛰도록 암시를 주어 본다. 심장은 고동 소리를 들을 정도가 되면 빨리 뛰게 하든 천천히 뛰게 하든 순순히 따라준다. 심장의 박동에 따라 호흡도 보조를 맞추는 것을 인식하게 된다.

이 5단계 심장조절 훈련과 6단계인 호흡조절 훈련은 명상 수행에서 절대 필요한 요소라는 것을 쿤달리니가 완성된 다음 명상수련에서 절실히 깨닫게 될 것이다. 번뇌의 척결을 지향하는 수행자는 특히 유념할 부분이다.

제6단계: 호흡조절 훈련

5단계까지 수련하는 동안 이미 호흡조절은 사실상 완성된 상태다. 호흡은 철저히 심장의 움직임과 연계되어 있어 심장이 빨리 뛰면 호흡의 양이 많아지고 소리도 가팔라진다. 그러나 심장의 박동이 미세하면 호흡도 흡입량이 적어지고 소리도 아주 미세해진다.

자율신경 조절법을 공부하는 목적은 생각만으로 몸을 조율할 수 있는 능력을 배양함과 동시에 명상 수행 시 필요한 몸을 새롭게 정비하는 데 있다. 또한 명상의 목표점에 성공적으로 도달하기 위해 반드시 필요한 조건을 만들기 위함이다.

명상을 수행하기 위해 중요한 조건들은 우선 건강해야 하고 언제든지 자유자재로 심신의 이완이 가능해야 하며 생각이 떠오르는 것을 어느 정도 정리할 줄 알아야 한다. 더욱 중요한 것은 호흡법이다. 심장조절이 가능해지면 그것만으로도 호흡의 조절은 어느 정도 가능하다.

그런데도 호흡을 강조하는 것은 명상은 호흡 자체라고 말할 수 있기 때문이다. 아직 세상에는 쿤달리니에 대한 현실적인 접근법이나 지침서가 없으므로 따라서 적합한 수행법도 없다. 쿤달리니에 대한 전문가들이 많다고 하지만 그들 모두 쿤달리니 샥티가 가슴에 도달하는 완성 정도가 공부의 끝으로 이해하고 있다. 그러므로 그 다음 단계의 공부에 대해서는 당연히 세상에 알려진 바가 전혀 없다.

쿤달리니가 완성되고 그 때부터 조건이 갖춰졌을 경우 이전에는 상상하지 못했던 깊은 명상에 들 수 있는 환경을 맞이하게 된다. 이 깊은 명상의 환경이란 '정신은 맑고 총총한 가운데 생각이 끊어지면서 내면에 집중된' 정도로 표현할 수 있을까. 마치 백척간두에서 갑자기 밑으로 곤두박질치듯 떨어지는 것 같은 기분이 들면서 침잠된 환경으로 전환된다. 이를 견성 또는 돈오라고 부르는데 삼매 모드로의 전환이라 이름 붙이는 것이 적합할 듯하다.

수행자가 쿤달리니를 완성했다고 해서 모두 이 침잠 모드로 들어가는 것이 아니고 조건이 갖춰져야 하는데 그 조건이 호흡이다. 이 호흡은 지극히 조밀하여 자신의 호흡을 느끼지 못할 정도가 되어야 한다. 그런 다음에야 모드가 전환된다.

모드가 전환이 되어야 고도의 경지 즉 초월이나 무상삼매의 경지를 맛볼 수 있다. 사람의 몸으로는 갈 수 없는 자리다. 쿤달리니 완성단계에서 절실하게 필요한 요소인 숨을 쉬는지 안 쉬는지 모를 정도의 미세한 호흡 방법을 터득하는 것이다. 이 단계에서 그 기초가 다져지므로 열심히 훈련해야 한다.

이제 수련에 들어가자. 호흡훈련은 누워서 하는 것보다 좌선작법을 하고 실시하는 것이 효과적이지만 지금까지의 눕거나 기대는 자세로 해보자. 호흡훈련에 들어가기 전 1단계부터 차례로 복습을 하고 이완된 자세로 자신의 호흡 속도나 흡입하는 공기의 양이 어느 정도인지 인식하도록 한다.

이미 5단계까지 마스터하여 이완된 상태이므로 숨결이 상당히 가늘고 느려져 있을 터이지만 그 상태의 호흡을 더욱 가늘고 느리게 해야 한다. 호흡하는 상태를 주시하면서

'천천히, 천천히, 점점 더 천천히. 더욱 천천히.'

라고 암시를 준다. 암시를 계속 주면 들여 마시는 공기의 양이 서서히 줄면서 마치 갓난아이 호흡처럼 쌔근거린다고 느껴진다. 즉 흡입하는 공기의 양이 줄어들면서 호흡이 얕아짐을 느낀다. 이때

심장으로 마음을 돌려보면 심장박동이 호흡과 보조를 같이해 아주 약하게 뛰는 것을 인식하게 된다.

갓난아이의 숨결같이 느껴진다면 좌선작법을 하지 않은 자세로는 성공이다. 그러나 갓난아이의 숨결처럼 미약한 호흡도 '깃털을 코앞에 대도 흔들리지 않는 호흡'과는 거리가 멀다. 다만 그렇게 미세한 호흡을 할 수 있는 가능성을 스스로 인지했다는 점에서 성공으로 간주한다.

여기서 주의할 점이 있다. 호흡을 *천천히* 한다는 의미를 호흡을 일부러 천천히 들여마시고 천천히 내뱉는 동작으로 생각하기 쉽지만 인위적으로 호흡을 통제하는 행위는 인체의 본래의 기능이 아니므로 문제를 일으킬 소지가 있다.

*천천히*의 의미는 자율신경의 조절능력 양성에 의미가 있다. 의지로써 하려 하지 말고 암시만을 주고 변화를 기다린다. 다만 자율신경 조절법을 마스터하고 쿤달리니 각성을 위해 단전호흡을 시행할 때는 내뱉을 때 의지로써 하게 된다. 이때는 조절능력이 있으므로 부작용의 사례를 발견하지 못했다.

수행자가 명상하는 목적은 진아를 구체적으로 감촉하고 인지하는 데 있다. 그러기 위해서는 무종삼매 이상의 깊은 삼매에 들어야 하고 삼매에 들려면 무조건 육체의식을 초월해야 한다. 명상을 하다 보면 보통 사람도 장님 문고리 잡기 식으로 초월상태를 일회성의 특수한 경험으로 감지할 수는 있을 것이다. 그렇지만 초월의 입구에서 겨우 한 번 맛보는 정도로는 별 의미가 있을 수 없다. 이와 같은 초월상태가 어쩌다가 이루어져서는 소용없고 원하면 수시로 들어갈 수 있어야 한다. 이를 위해 필요한 조건의 기본이 자율신경 조절법에서 길러진다. 우선은 갓난아이의 *쌔근*호흡에서 만족하고 더 깊은 호흡은 쿤달리니 각성을 통해 육체와 영적인 도약이 이뤄지고 난 다음을 기약하자.

　이상 자율신경 조절법의 여섯 단계의 훈련에 대해 설명하였다. 이 훈련을 할 때는 항상 전체를 반복해서 복습해야 한다는 점을 명심해야 한다. 어느 단계는 순조로워서, 또는 잘 안 되어서 건너뛰거나 생략하지 말아야 한다.

　일단 마스터한 단계는 생각과 동시에 이루어지므로 단계 모두를 연습하여도 5분이면 족하다. 경직훈련이 이 수련에서 가장 어려우면서 핵심이므로 이 단계만 잘 마스터하면 나머지 훈련은 아주 쉽게 이루어진다. 경직훈련의 감각이 오면 그날부터 나머지 훈련을 포함, 모두 마치는 데 2개월 정도면 충분하다. 문제는 경직훈련의 최초의 감각이 오는 데 걸리는 시간인데 평소 집중력이 잘 배양된 사람이라면 바로 경직이 된다. 내 경우 석 달 가까이 걸렸으므로 초조해하거나 조급해하지 말고 꾸준히 노력하기를 권유한다.

　이 수련을 하고자 하는 수행자는 반드시 주의해야 할 두 가지가 있다. 첫째는 대변을 본 후에는 바로 물로 세척하여야 한다. 물은 찬 수돗물을 원칙으로 하고 날씨가 영하 5도 이하일 때는 따뜻한 물을 섞되 따뜻한 감이 있을 정도여서는 안 된다. 우리나라 인구의 약 80퍼센트가 치질환자거나 예비 환자라고 할 정도로 치질은 흔한 병이라 한다. 환자들은 따뜻한 물을 사용해야 하지만 수행하려는 사람은 수돗물을 기준으로 하기 바란다.

　두 번째는 복근(腹筋)운동이다. 수행을 하면서 음식의 양이나 질의 조절은 수행자라면 모두 염두에 두고 있는 사항이다. 그래서 배가 항상 편하면 다행이지만 그렇지 못한 경우가 대부분인 듯하다.

하루 1~2회 배의 근육을 앞뒤로 움직이는 운동을 약 10분 정도 실시한다. 앞뒤 운동이 되면 좌우로도 움직이도록 한다. 이 두 가지는 자율신경 조절법을 마스터하고 쿤달리니를 각성하고 완성해도 저절로 해결되지 않는 명상을 방해하는 요소들이다. 반드시 생활화하여야 한다.

자율신경 조절법을 마스터하고 계속 수련을 하면 건강문제에 대해서는 전과 달리 불편한 점이 별로 없을 것이다. 컨디션이 나쁘거나 찌뿌둥한 기분도 줄어들면서 상쾌한 상태를 유지하게 된다. 이 상태가 쿤달리니를 각성할 수 있는 여건이 마련된 것이다.

파탄자리 요가경전에 "마음이 몸의 모든 기관을 지배하게 되면 마음이 하고 싶은 대로, 감각을 떠나 사물을 파악하는 힘과 세계의 근원을 지배하는 힘이 발현된다"라고 하였다. 바로 오감을 초월하면 세상의 바탕을 근본적으로 이해하게 되어 모든 번뇌로부터 벗어날 수 있는 가능성이 갖추어진 것이다. 이 훈련이 끝났다고 하여 여기서 졸업했다고 생각하지 말고 적어도 3년 동안 꾸준히 연습한다면 건강은 물론 윤회를 벗어날 좋은 인연이 될 것이다.

3. 자세와 제 요건

쿤달리니를 각성하기 위해 입문하는 수행자들이 다잡아야 할 마음가짐이나 명상의 자세 등 수행하는 데 필요한 여러 사항들이 있다. 쿤달리니 각성이나 명상 방법들은 수행하는 단체마다 나름대로 자체의 방법을 가지고 있다.

여기 소개하는 각성 방법과 명상 방법은 내가 지난 30년에 걸친 수행과 제자들을 교육한 경험을 바탕으로 만들어진 것으로 주위 명상 집단의 방법과 많은 차이가 있다.

요가서에 따르면 쿤달리니를 각성한 것만으로도 아라한이라고 칭송하며 성인으로 대우하고 쿤달리니가 완성하면 요기의 삼매가 영원하다 하여 수행자로서 공부가 모두 끝나 해탈하였다고 주장한다.

명상이든 참선이든 수행단체들은 오감이 정상적인 일반사람들을 대상으로 삼는다. 쿤달리니를 각성한 수행자를 대상으로 하는 것이 아니라는 의미이다. 쿤달리니는 인간에게 비장되어 있는 제 3의 영적 감각이다.

쿤달리니가 각성되고 완성되면 영적인 초감각 기관을 새롭게 갖추게 되어 초월의 문턱에 서 있는 것과 같다. 외모는 일반사람들과 차이가 없지만 내면은 초월자이다. 공부 방법이 당연히 현존하는 수행단체들의 것과 달라야 한다.

다음에 제시한 방법들은 자율신경 조절법을 마스터하여 쿤달리니를 각성하고 참 나를 구현하고자 하는 수행자들만이 걸어가야하는 길이기도 하다. 자신의 몸과 마음을 조절할 수 있는 최소한의 능력인 자율신경 조절법이 준비되지 않은 사람은 상기, 탈장 등 여러 가지 위험에 빠질 염려가 있으므로 실행해서는 절대 안 된다.

1) 마음가짐

명상을 하는 단체에서 수행을 하려면 우선 출가해야 하고 지켜야할 일이나 금기시하는 일 등 여러 가지 계(戒)들이 있어 이를 감내하고 올곧게 나아가기가 결코 쉬운 일이 아니다. 재가자(在家者) 역시 소속된 단체의 규율을 준수하고 수행해야 하므로 마찬가지로 힘들다.

수행자들이 감당해야 할 불교나 기독교 등 세계 종교들의 계율은 신과의 관계를 규정하는 조항들을 제외하면 개인의 행동을 제약하는 부분은 거의 공통적이다. 즉 살생하지 말라, 도적질하지 말라, 남의 것을 탐내지 말라, 부부 이외의 성행위를 금하고, 거짓말하지 말라는 것 들이다.

이와 같은 종교의 요구는 사람이 사람과 더불어 공동체를 형성하여 살아가는 데 필수불가결한 서로 간의 약속이기도 하다. 따라서 수행자들 사이에서도 수행하는 데는 물론 사회생활에서도 역시 절대 필요한 요건들이다. 이 약속들이 지켜져야 안심하고 살 만한 사회가 된다. 이 계율과 도덕률을 어렸을 때부터 종교와 상관없이 누구나 배우고 익힌다. 그러나 쉽고도 당연한 규칙이지만 항상 지키기는 어렵다. 수행자들도 사람이므로 이 규칙을 당연히 지켜야 하지만 쉽지 않다. 이 규칙 이외에도 수행자로서 지켜야 할 계율들이 몇 가지 더 있다.

그런데 이 계율들은 사회나 수행단체의 구성원으로서 당연히 지켜야 할 기본적인 양보나 이해, 협조의 측면도 있지만 일반사람보다 과도한 감각의 억제를 요구하는 경우도 많다. 수행하기 위해 과도한 의식이나 감각의 억제가 당연한 일인지 의문이다. 모든 수행은 감각을 철저하게 통제하고 억제해야 이루어진다는 것이 현재까지의 수행 방법이었다. 감각을 억제해야 감각으로부터 해방될 수 있다는 관념 때문이다. 이보다 더 효과적인 방법이 없었으므로 당연하다고 여겨졌다. 그리고 수행자는 사람들과 비교하여 보다 높은 차원의 모습을 보여야 한다는 차별성에 대한 고정관념이 그 요인이기도 하다.

그러나 쿤달리니를 각성하고 시행하는 수행에는 감각을 과도 하게 억제할 필요가 없다. 감각을 억제해서 필연적으로 발생하는 스트레스는 도움이 되기는커녕 구도에는 큰 해악이 된다고 여겨진다. 사회 구성원으로서 보편성 있는 정도의 절제와 준법 정도면 충분하므로 구태여 집을 떠나야 할 필요도 없고 가족을 버리거나 멀리 할 이유도 없다. 자신의 모든 인연과 더불어 함께하면서도 구도생활은 얼마든지 가능하다.

물론 현재 수행단체에 속해 있는 수행자들이 쿤달리니 공부를 할 경우 그 단체의 습속의 틀에 맞춰서 공부해도 얼마든지 가능하다. 다만 이 방법들을 염두에 두고 참조하면서 공부한다면 현상의 변화 없이도 좋은 결과를 가져올 수 있다.

과거의 수행방법은 극도의 자제와 극한의 고행을 통한 수행만이 깨달음을 얻는 방법으로 알았으므로 출가를 전제로 했다. 출가하기 위해서는 우선 부모형제나 처자식 등 가족을 등져야 했을 뿐 아니라 자신의 권리와 의무를 모두 포기해야 했지만 불필요한 방법이라는 점을 강조하고자 한다.

화두에 방하착(放下着)이란 말이 있다. '내려놔라' '잊어버려' '그만 둬'라는 말이다. 세존이 오동나무를 보시한 흑씨범지에게 사용하였고 조주(趙州)가 사용해 화두가 된 말이다. 이 방하착이 의미하는 것은 욕망, 신념, 사랑, 증오, 불안, 공포, 행복, 부모와 형제자매, 자녀 그리고 친구 등 세상에서 나라는 상을 만드는 유형무형의 모든 애착의 대상이다. 그러므로 이 같은 애착의 대상을 버리면 세상의 나가 지워지고 본래의 참 나가 구현된다는 뜻이다.

이 *참 나*가 수행의 최종 목표다. 따라서 애착의 짐만 내려놓으면 수행을 마친다는 의미이기도 하다. 이 짐을 어떻게 내려놓을까. 수양(修養)이나 수행(修行)을 말하는데 수양과 수행은 같은 말이나 다름없다. 심신을 단련하여 지덕(知德)을 계발한다는 수양은 동양의 성인이나 고고한 선비들의 전유물이었고 모두가 본받고자 하는 교범이다. 수행은 깨달음을 찾는 마음을 내어 그 목적을 달성하기 위해 실천하는 행을 말한다.

수양과 수행은 대체로 출가 여부로 나뉘는 듯한데 실천 내용은 둘 다 마음 닦기이다. 어떤 결과를 앞에 두고 그렇게 되도록 생각하고 행동하면서 노력하면 그렇게 된다. 그러나 그렇게 된 것처럼 보일 뿐이다. 응시하는 눈길이 없거나 주위를 의식할 필요가 없거나 혼자 있게 되는 등 조건이나 환경이 바뀌면 일시에 다듬기 전의 본래의 모습으로 회귀할 수 있다. 노력으로 어느 정도 마음과 얼굴을 바꾸거나 화장으로 가꾸는 것이 가능하지만 언제든 무너져 본능이 표출될 수 있다는 뜻이다.

이 짐들은 내려놓고 싶다고 해서 내려놓을 수 있는 것이 아니다. 바로 *나*일 수밖에 없는 감각들의 발현 때문이다 이 짐들에 대한 가치관이 변해야 마음도 그에 따라 바뀌게 된다. 어떻게 마음을 바꿀 수 있을까.

오감을 초월하는 경험을 해야 마음이 바뀐다. 감각은 대상이 있어야 *나*를 의식하고 거기서 모든 가치가 발생한다. 이원적인 체제에 갇혀 있는 것이다. 그런데 오감을 벗어나면 대상이 없는 일원론적인 세상이다. 어떻게 한두 번으로 쉽게 이 새로운 세상에 적응할 수 있겠는가.

오감을 벗어나기 위한 방법은 수행단체마다 다양하다. 수행을 통해 쿤달리니가 각성되면 오감을 초월하기가 쉽다. 그래서 숙성되면 짐이 저절로 어깨에서 빠져 흘러 내려가게 된다. '놔라' 하지만 표현일 뿐 사실은 '저절로 밑으로 흘러내리게 하라'가 적합할 것이다.

그 상태에 이르면 대부분 '가치를 가늠하지 않는' 보는 일만 남는다. 그래서 '내려놔' '잊어버려' '내버려둬' '관둬' '쳐다봐'와 같은 표현이 나온다. 수행자는 무엇을 버리겠다고 의도할 필요 없이 공부가 되면 저절로 버리고 놓게 된다. 그렇다고 세상의 가치가 송두리째 무너지는 것이 아니다. 육체를 끌고 다니는 동안은 절묘하게 융합하여 필요한 만큼 그 의미를 파악하므로 불편이 없다.

수행자로서 지켜야 할 계(戒)와 마음자세를 설명하였다. 요컨대 수행한다고 다른 사람의 눈에 띄게 수행하는 척하지 말아야 한다. 버려야 한다고 해서 일부러 버리려고 해서는 안 된다. 공부가 진전되어 놓을 때가 되면 저절로 놓게 된다는 점을 명심해야 한다.

2) 음식 조절

음식 조절은 수행자가 취해야 할 당연한 조건이다. 과식은 배가 불편해지고 잠이 많아져 공부에 큰 해악이 된다. 음식을 줄이는 것도 현명치 못하다. 음식의 조절은 수행하는 정신 자세와 건강, 환경을 조성하는 데 중요하므로 스스로 적당한 양을 취하고 때에 따라 그 증감 조절에 힘써야 한다.

다음은 음식을 가리는 문제이다. 불교에서는 고기나 생선 등 육류와 부추, 파, 마늘 등 오신채(五辛菜)의 섭식을 금한다. 나를 찾은 수행자들은 불교 신자가 아닌데도 대부분 육류를 피하는 경향이었다. 수행자들은 자신의 의지와는 상관없이 불교 수행의 습식을 따르고 있었다.

고기나 생선을 먹지 말라는 가르침은 생명을 죽여서는 안 된다는 자비에 근원을 둔 것으로 파악된다. 살아 있는 소, 돼지, 물고기와 이들을 재료로 한 음식이나 반찬들을 동일시하는 것은 불교의 교리 측면에서는 옳을 수도 있다.

그러나 참으로 단순해 보인다. 사람이 먹는 음식은 모두 생명을 통해 자란 것들이어서 생명 아닌 것을 먹는 경우는 거의 없다. 그 시대의 여건에 의해 정해진 공부 방법들을 세상이 바뀐 지금까지 고수하는 것은 현명하지 못하다. 시대와 여건이 많이 변화하였으므로 수행자의 마음도 바뀌어야 마땅하다.

수행자가 직접 도살하거나 낚시하여 먹는 경우는 지금도 아마 없을 것이고 물론 그래서는 안 된다. 다만 통상적으로 음식이라 여기는 음식은 그냥 음식일 뿐이다. 한 대상을 여러 각도로 생각하는 것은 수행자로서 공부하는 자세가 아니다. 현상을 있는 그대로 보는 것이 바람직하다. 또한 결국 그렇게 된다.

수행자들이 단식(斷食)을 하거나 생식(生食) 또는 벽곡(辟穀)을 하는 경우가 있는데 생식은 곡물을 익히지 않고 물에 담갔다가 불려 먹는 방법이고 벽곡은 곡식은 피하고 솔잎이나 대추, 밤 등 견과류만을 조금씩 먹고 삶을 영위하는 것이다.

생식이나 벽곡은 수행자들이 산속에서 혼자 지내려면 여건상 그럴 수밖에 없었는데 최근에도 큰 스님이 생식과 벽곡을 혼식하면서 수행하여 청정 비구로 이름을 날렸다. 수행자들이 수행선배들의 경험을 체험해 보겠다는 의지라면 7일이나 10일 정도 생식이나 벽곡을 시험해 보는 것도 좋을 듯하다.

단식은 1년에 한두 차례 봄가을로 시행하면 참으로 상쾌하다. 컨디션 조절을 위해 7일 정도 1년에 한 번씩 몇 해 동안을 계속했다. 수행에 유익하고 권장할 만하다. 그 외에도 소식(小食)이 있다. 소식은 하루 사시(巳時)에 한 끼를 먹는데 한 끼마저 밥의 양이 적다.

3) 수행 장소

수행자에게 수행하는 장소는 참으로 중요하다. 공부할 수 있는 여건이 모두 갖춰졌다 하더라도 공부할 마땅한 장소가 없으면 모든 것이 공염불이다. 선가(禪家)에서는 "조금만 좌선에 힘써 본 사람이면 무리하여 조용한 곳을 찾을 필요가 없음을 알게 된다"라고 말한다.

'시장바닥에서도 선정에 든다'고 하는 선가이므로 나올 수 있는 말이다. 선가에서는 화두가 중심에 자리 잡으면서, 호흡법을 빼고 소란스런 것은 싫다면서 조용한 것도 배척한다. 오직 화두만 올곧게 잡으면 다른 어떤 상황이라도 상관없다는 뜻이다. 쿤달리니 수행자는 이 말에 조금도 관심을 보여서는 안 된다. 쿤달리니를 각성한 뒤에 명상할 경우 대기 중에서 움직이는 기의 작용까지 의식하게 되어 명상이 쉽지 않다. 그래서 장소를 까다롭게 찾게 된다. 더구나 완성하게 되면 명상하는 방법이 선가의 방법과는 엄청난 차이가 있다. 그 상세한 내용은 명상수련 편에서 설명했다.

지난 30년 동안 명상수련을 하면서 산하를 따라 물처럼 흐르면서 많은 세월을 헤맸다. 그 헤맨 시간의 상당 부분이 장소에 대한 열망 때문이었다. 좀 더 나은 자리를 밖에서 찾으려고 했던 결과였다. 그러나 산에서의 밤은 시냇물 소리와 철따라 바뀌는 새소리, 바람소리, 풀벌레 소리의 한마당이었다. 흙집이어서 덜 덥고 덜 춥다 하지만 방바닥만 뜨겁고 방 공기는 싸늘하다. 창호지 한 겹 창문으로는 항상 숲속의 하모니와 함께한다. 시끄러운 도심이라지만 난방이나 방음이 탁월한 아파트와 비교할 바가 아니다.

내가 원한 조건을 갖춘 장소는 우선 일체의 소음이 없어야 하고 춥거나 더워서는 안 된다. 얼핏 상당히 어려운 조건 같지만 아주 간단하고 쉽다. 이 정도의 조건이라면 전국 어디나 흔한 아파트의 작은 방이면 그럭저럭 조건을 충족시킨다. 뒤늦게 깨달은 일이지만 그런 자리라면 내가 앉은 자리에 이미 마련되어 있었다. 뿐만 아니라 그 자리에서 내가 지나온 모든 과정의 공부가 이루어졌다. 도움 없이 혼자 하는 공부가 얼마나 힘든 일인지 새삼 깨닫게 된다.

집에 작은 방이 있어 사용이 가능하다면 다행이지만 별도의 방이 허락하지 않는다면 식구들이 잠들기를 기다려 수행한다. 이 경우 수면, 출근, 근무 등의 일상생활이 가능할까 하는 의문이 들 수 있다.

쿤달리니가 각성하면 기의 움직임에 민감해져 자시(子時 : 밤11시~새벽 1시) 이외 시각에는 명상하지 못하게 된다. 단전호흡을 하고 쿤달리니가 각성되고 나면 수면시간이 하루 4~5시간이라도 피곤한 줄 모른다. 자시는 해가 선 자리의 반대 방향에 위치하여 태양기의 영향력을 가장 적게 받는 시간이다.

작은 방에서 밤 12시에 앉아 미세한 호흡으로 어떤 소리가 들리는지 청각의 볼륨을 올려보자. 외부에서 소리가 들어오거나 벽을 통해 소리가 전해질 것이다. 그 소리에 걸맞게 마음을 쓰면 된다. 가급적 소리가 작아지도록 만들어야 한다.

난방은 겨울에 윗옷을 다 벗고 앉아도 등에 춥거나 따뜻한 감각을 느끼지 못하면 아주 이상적이다. 그렇지 못할 경우 개선하면 좋지만 안 되면 겨울 동안의 명상은 강도를 줄이면 된다. 명상하는 사람이 자리를 언급하면서 미세한 소리나 춥고 따뜻한 감각까지 거론하는 일이 생소할 것이다. 쿤달리니를 각성하고 실행하는 명상은 일반 명상 기법이나 참선 방법과는 매우 달라 감각이 아주 예민해져 있기 때문에 몸 내부나 외부의 작용에 감응이 크다.

몸 내부의 부조화는 자율신경 조절법이나 쿤달리니 각성과 완성을 통해 치유되었으므로 문제가 없다. 몸 표면의 피부도 항문을 잘 씻고 몸을 깨끗이 하면 역시 감촉되는 점이 없을 것이다. 문제는 밖에서 들리는 소리와 육체의 한온(寒溫) 감각이다. 이 두 가지 문제가 원만히 해결되어 사람의 오감이 대상이 없어 쉬게 되면 깊은 침잠상태에 들게 된다. 이를 요즘 말로 명상 모드 또는 침잠 모드라 하지만 쿤달리니를 모르는 수행자는 이해할 수 없는 경지이다.

명상이나 참선은 집중이 수행의 전부라 알고 있지만 쿤달리니를 통한 명상은 생각이 쉬는 자리가 명상이 시작되는 곳이라는 차이점을 가진다. 그래서 방음과 보온이 중요하다.

4) 수련 시간

수련하기 적당한 시간은 언제일까. 명상 단체들 나름대로 수련하기 적당한 시간이 있을 것이다. 쿤달리니 각성자들에게 명상하기 가장 좋은 시간은 밤11시부터 새벽 1시까지이다. 앞서 말했듯 지구에 가장 큰 영향을 끼치는 해가 우리와 반대 방향에 위치하여 해에서 발산하는 기의 영향을 가장 적게 받는 시간이기 때문이다.

둘째 사람을 비롯해서 생물들이 거의 잠자는 때여서 하루 중 가장 조용한 시간이다. 이처럼 수련 시간을 중시하는 것은 쿤달리니 각성으로 인해 예민해진 감각이 그 첫째 이유이고 둘째 오감이 대상을 인식하지 못하면 생각이 일어나지 않게 되면 침잠 모드로 바뀌어 깊은 명상에 들 수 있기 때문이다.

그 이외의 시간은 어떨까. 해뜨기 전후를 선호하는 경우는 정신적 차원보다 기를 섭취하기 위한 육체적 차원을 염두에 둔 수련이라 추론된다. 대부분의 명상단체들은 일정한 시간을 정하여 집단으로 명상을 한다. 불규칙한 시간에 수행하는 것보다 이처럼 규칙적으로 시간을 정하여 수행할 때 훨씬 효과적이다. 쿤달리니가 완성된 수행자는 자시(子時) 이외의 시간대에는 정에 들 수 없다.

5) 명상 자세

명상의 자세는 반드시 앉은 자세를 취한다. 선가(禪家)에서는 특별한 자세가 없다. 좌와행주(坐臥行住)에 어묵동정(語黙動靜) 즉 어떤 자세, 어떤 상태에서도 화두만 성성하면 참선을 잘하고 있다는 설명이다. 불교의 영향을 받아 쿤달리니 각성자 중에도 편안함 때문에 선가의 방식을 차용하는 경우가 가끔 있다.

쿤달리니가 완성되기 전에는 선가와 같은 방법을 택하더라도 용인할 수 있다. 그러나 완성 이후에는 철저히 가부좌나 반가부좌를 선택해야 한다. 화두처럼 집중이 아니라 생각이 끊어진 빈 공간을 유지해야 하기 때문이다.

요가에는 앉아서 명상하는 방식이 많다. 상체가 길고 하체가 짧은 중국이나 우리나라 사람의 체형에 비교적 적합한 방식은 반가부좌이다. 이중에서도 다리가 길면 가부좌, 다리가 짧고 다리통이 굵으면 반가부좌를 선택한다.

(1)가부좌(跏趺坐) 부처나 보살들의 상은 모두 가부좌 좌법을 취한다. 왼발을 오른쪽 허벅지 위에 올려놓고 오른발은 왼쪽 허벅지에 올려놓은 자세다. 이 자세는 허리가 곧게 서고 안정된 자세지만 다리가 길고 장딴지와 허벅지에 살이 없는 사람에게만 적합하다. 요즘 젊은 사람들은 체형이 바뀌어서 하체가 길어졌으므로 가부좌가 어울릴 수 있다. 그렇지만 스스로 불편하다고 느끼면 구태여 억지로 채택할 필요는 없다.

가부좌 자세

(2)반가부좌(半跏趺坐) 이 자세는 오른발을 왼쪽 다리 위에 올려
놓거나 혹은 반대로 왼쪽 발을 오른쪽 다리 위에 올려놓는 방식으
로 우리 체형에 가장 알맞은 자세이다. 손은 엄지와 집게손가락을
맞대고 양발 무릎 위에 살며시 올려놓거나, 양손의 엄지를 맞댄 채
둥글게 손을 모아 포개진 다리 위에 놓는다.

손을 놓는 방법은 두 가지를 제시하였는데 두 가지 모두 사용해
본 후 보다 자연스러운 방법을 선택한다. 명상 수련은 한두 해 하
다 그치는 훈련이 아니라 사는 동안 생활의 일부가 되어야 한다.

세월이 흘러 경지가 깊어질수록 명상할 때 손의 처리가 매우 어
렵다는 점을 때때로 느낀다. 무릎 위에 올리거나 두 손을 둥글게
모은 자세 모두 마땅치 않은 경우가 있다. 손과 다리의 닿는 감각
이 아주 신경에 거슬리기 때문이다.

부처의 상들을 자세히 살피면 손 처리가 제각각이다. 이를 수인

반가부좌 자세

(手印)이라 하는데 불보살의 서원의 표시라 한다. 손 처리가 신경 쓰일 때는 여러 가지 수인들의 손 처리를 따라해 보는 것도 효과적이다. 처음에는 좌법을 제대로 지키다가 경지가 높아지면서 자신의 몸의 요구에 따라 가장 알맞은 방법을 스스로 찾아야 한다.

4. 호흡법

　자율신경 조절법을 익히면 소화기 계통, 순환기 계통, 배설기관, 생식기 계통뿐 아니라 분비샘이나 신경계통의 활동이 원활해지고 자동으로 균형 있는 몸의 조절이 이루어짐을 의식하게 된다. 젊은 사람들은 건강하므로 이 변화에 둔감하지만 나이가 많을수록 변화에 민감하다. 70대의 한 수행자는 이 조절법만으로 회춘하였다고 신통해하였다.

　이처럼 경이로운 변화는 신체 각 기관에 대한 통제력과 조절 기능을 확보함으로써 육체적·정신적 기능들이 정화되었다는 데에서 비롯한 것 같다. 이 능력은 나아가 단전호흡을 할 때도 생성된 기를 상기시키지 않고 에너지화하여 미저골로 보내는 동력원이 된다.

　쿤달리니를 각성하고 완성하며 참 나를 구현하기 위해서는 두 가지 특수한 호흡법이 필요하다. 단전호흡법과 수직호흡법이 그것이다. 단전호흡법은 쿤달리니를 각성하고 완성시키며 이후 몸의 건강을 증진시키고 활력을 불어넣기 위해 사용한다.

　수직호흡법은 쿤달리니 완성 후 명상하는 시간에 한해서 사용하는 호흡법으로 깊은 삼매에 들기 위해 반드시 필요한 호흡법이다. 쿤달리니를 완성하였다고 해서 모두 깊은 삼매에 들 수 있는 것이 아니다. 이 호흡법을 알아야 초월의 경지나 무상삼매의 경지, 진아 구현의 최상의 경지로 나아갈 수 있다.

1) 단전호흡

시중에 있는 수련장들은 대부분 단전호흡을 간판으로 내세우고 있다. 단전호흡이란 반드시 이렇게 해야 한다는 절대적인 형태는 없는 듯하다. 그런데 쿤달리니를 각성하기 위한 단전호흡은 일반 수련장에서 말하는 단전호흡법과는 다르다. 시중의 단전호흡법은 누구나 배울 수 있다. 그러나 여기서 지칭하는 단전호흡법은 자율 신경 조절법을 익히지 않고 수련하면 상기하는 등 상당한 위험이 도사리고 있으므로 준비된 상태가 아니면 단전호흡 수련을 시도해서는 안 된다.

가부좌나 반가부좌의 두 좌법 중에서 우선 앉기 쉬운 방법을 선택해서 앉는다. 호흡을 시작하기 전 준비와 반드시 유념해야 할 사항이 있다. 가능하면 폭이 넓고 구멍 뚫린 혁대를 준비하여 배꼽 위에 단단히 맨다. 두 손을 단전 부위에 대고 호흡을 하여 호흡이 단전 자리에 잘 들어가는지 체크한다. 호흡이 단전에 잘 들어가면 손을 뗀다. 이 같은 행위를 반복하여 호흡의 기가 내려가서 정확하게 단전의 자리에 머물도록 숙달시켜야 한다.

앉을 때는 방석을 준비해서 앉되 엉덩이와 다리까지 모두 앉을 것인지, 아니면 엉덩이 부분만 앉을 것인지 판단한다. 수행하는 날의 컨디션에 따라 변할 수 있으므로 마음이 내키는 대로 앉는다. 우선 허리를 반듯이 펴고 생각만으로 몸을 이완시키는 동시에 팔과 다리로 피로를 분출시킨다.

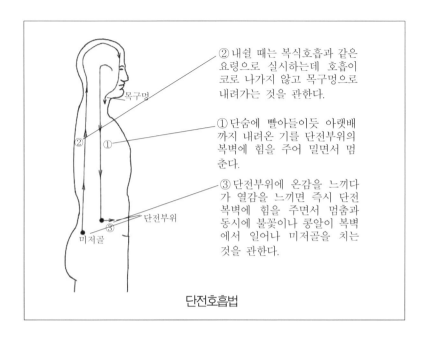

    자율신경 조절법의 1, 2단계를 활용하면 전혀 몸을 움직이지 않은 채 생각만으로 전신 이완이 가능함을 알게 된다. 호흡은 코로만 하고 혀끝은 입천장 움푹하게 들어간 지점에 약간 힘주어 밀착시키고 입은 가볍게 닫는다. 호흡량을 정상 호흡의 반 정도만 들여 마신다.

    호흡이 직선으로 단전 부위까지 내려가는 훈련은 처음에는 시행착오를 거쳐야 한다. 흡입하는 공기는 내려간다 해도 폐 아랫부분이 고작이다. 그러나 자율신경 조절법을 수련했으면 내관이 가능하므로 하루 이틀 만에 호흡이 단전까지 내려가는 현상을 확인하게 될 것이다. 이때 아랫배까지 내려온 것은 흡입된 공기가 아니라 프라나[氣]이다.

호흡이 단전 부위의 아랫배까지 내려오면 그대로 호흡을 멈춘 채 참을 수 있을 때까지 참는다.

참을 수 있는 한계에 도달하기 전에 내쉬면 편하기는 하지만 공부가 안 된다. 그 한계를 지나면 참기 어려운 고통을 느끼게 되고 호흡이 한꺼번에 터져 나온다. 호흡을 한 번만 하는 것도 아닌데 호흡할 때마다 고통을 느끼면 이것 역시 공부가 아니다. 다음 호흡에 무리 없이 연결될 수 있도록 스스로 잘 가늠해야 한다. 모든 것을 자신의 육체에 알맞도록 스스로 조절하고 정리해서 터득해 나가야 한다.

내쉴 때는 입천장에 붙인 혀끝에 힘을 실어 콧소리를 내면서 천천히 일정하게 뿜어낸다. 마치 오페라 가수가 노래 끝에 한 음계로 고저 없이 30초 정도 길게 뽑아내듯 콧소리를 내면서 천천히 길게 일정하게 내쉰다. 혀끝을 입천장에 붙이는 것은 내쉬는 호흡을 콧소리에 실어 천천히 그러나 일정하게 뿜어내도록 억제하고 그것을 자신이 바로 감지하고 인식하도록 하기 위함이다.

내쉴 때는 들여마실 때와 같은 통로로 내뿜는다. 들여마시고 참고 내쉬는 세 가지 동작이 한 호흡이다. 처음 시작하는 사람은 한 호흡에 30초가량 걸린다. 물론 사람에 따라 더 길거나 짧을 수도 있다. 처음에 시간이 짧고 긴 것은 별 의미가 없다. 짧더라도 호흡하는 요령에 따라 시간은 늘어난다.

자율신경 조절법은 쿤달리니를 각성한 뒤에도 일과처럼 매일 잊지 않고 착실히 익혀야 한다. 2~3년 계속 수련하면 이 조절법이 몸에 익숙해져 외부의 불미한 작용이나 내부의 부조화가 있더라도 자동으로 최상의 컨디션을 유지하도록 조절해 준다. 더욱 중요한 역할은 쿤달리니의 각성과 완성 과정에서 신경조직의 정화 때문에 일어나는 고통을 반감시켜 준다. 명상 과정에서는 이 조절법이 없다면 깊은 삼매에 들어가는 것이 거의 불가능하다. 공부하는 데 쿤달리니의 역할도 중요하지만 조절법도 이에 못지않은 역할을 한다는 점을 명심해야 할 것이다.

호흡을 순간적으로 들여마시면서 기가 아랫배까지 수직으로 주욱 내려오면 호흡을 멈춤과 동시에 직각으로 단전 부위의 뱃가죽에 강하게 밀어붙인다. 그러면 배꼽과 성기의 중간 지점의 아랫배가 불룩해지는 모양이 된다. 여기서 불룩해지는 아랫배에 대해서 부언할 필요가 있다. 단전호흡을 착실히 수행해서 1~2개월이 지나면 남녀 구분 없이 모두 아랫배가 불룩해진다. 수행자의 아랫배가 불룩하지 않으면 호흡을 게을리하였다는 증거다.

단전호흡을 시작해서 쿤달리니가 각성되려면 1~2주 정도 소요되므로 각성한 사람도 각성하였다고 만족한 채 호흡을 미루면 아랫배가 나올 리 없다. 이 같은 사람은 쿤달리니를 완성할 가능성이 전혀 없다.

강하게 힘을 준 채 숨을 멈추고 있다가 내쉬기에 적당하다고 여겨지는 시점에서 천천히 토해 낸다. 콧소리에 호흡을 실어 천천히, 높낮이 없이 일정하게 내쉰다. 호흡에서 이 과정이 가장 중요하다. 단전호흡에서 주의해야 할 사항은 기가 단전에 형성되기 전과 기가 형성되어 단전이 따뜻해지면 사용하는 호흡법에 약간의 차이가 있다는 점이다.

단전이 따뜻해지기 시작하면 내쉴 때 반드시 꼬리뼈를 통해 척추를 타고 머리 쪽으로 기가 진행하도록 관해야 한다. 상기를 방지하고 쿤달리니를 각성시키기 위해서다. 단전에 따뜻한 열기가 느껴지면 호흡을 더욱 열심히 한다.

2~3일이 지나면 뜨거워지는 감을 느낀다. 이때부터 호흡을 멈춤과 동시에 단전에서 스파크가 일어나면서 불똥이 튀어 미저골을 때린다고 생각한다. 이것이 프라나를 에너지화하여 쿤달리니를 각성시키는 방법인데 자율신경 조절법을 익히면 불꽃이나 콩알 같은 형태의 형상화 작업도 가능해진다.

제자들을 교육하면서 참으로 희한한 경험을 하였다. 세상 공부가 아닌 탓일까. 수차례 반복해서 가르쳐도 돌아서면 엉뚱한 방법으로 수행하는 경우가 있었다. 단전호흡법을 열심히 내 앞에서 연습하던 사람이 자신도 모르는 사이 도가식 호흡을 하고 있는 경우도 있었다. 그는 배운 대로 호흡했다고 천연스레 말하였고, 미저골에 충격을 가하는 방법도 호흡이 멈출 때가 아닌 내쉴 때 화염방사기의 분출법을 사용하는 경우도 있었다.

이 호흡법은 4~5번을 1회 묶음으로 하여 한 번만 해도 상당히 힘들다. 따라서 아무리 열정적으로 수행하고 싶어도 1회를 하면 20~30분 이상 쉬고 난 다음 다시 계속해야 한다. 열심히 하되 무리해서는 안 된다.

단전이 뜨거워지면 호흡을 멈추면서 단전에서 불똥이 튀어 꼬리뼈를 강하게 가격하도록 관하라 하였다. 그리고 내쉴 때는 호흡이 미려를 거쳐 척추를 통해 머리 쪽으로 올라가는 것을 관해야 한다. 단전호흡을 처음 시작하면 한 호흡이 30~40초에 불과하다. 그 짧은 호흡으로는 머리까지 끌고 갈 수 없고 적어도 1분은 되어야 가능하다. 머리 쪽으로 올라가는 것을 관하라 한 이유이다.

호흡을 하는 데는 앉은 자세와 서서하는 자세 두 가지가 있는데 그 차이는 다음과 같다. 쿤달리니를 각성하기 위해서는 상당히 강한 호흡이 필요하다. 단전에 기의 형성이 빠르기 때문이다. 수행자는 직접 실험을 통해 어떤 방식이 효과적인지 당장 파악할 수 있다.

앉은 자세보다 선 자세가 힘이 훨씬 많이 들어간다. 쿤달리니를 각성하려면 호흡 횟수가 많아야 하는데 앉은 자세로는 여건상 감당할 수 없다. 따라서 쿤달리니의 각성과 완성까지는 호흡량이 많아야 하므로 어디서나 가능하고 주위의 시선을 의식하지 않아도 되는 선 자세의 단전호흡을 선택하는 것이 좋다.

앞에서도 경고하였지만 자율신경 조절법을 충분히 소화시키지 못한 사람은 단전호흡에 절대 도전해서는 안 된다. 단전이 뜨거워지고 난 다음 이를 에너지화시키지 못하면 가슴속에서 마치 수증기처럼 증발하면서 위로 솟아오르게 된다. 이 현상을 상기라고 한다. 상기되면 즉시 호흡을 중단하면 회복되지만 상당한 시간이 소요된다.

2) 수직호흡

쿤달리니를 통한 수련에서 사용하는 호흡은 단전호흡과 수직호흡 두 가지라 소개하였는데 명상을 하는 동안에는 오직 수직호흡만을 사용한다. 이 호흡은 스스로도 호흡을 한다고 느끼지 못할 정도의 미세한 호흡으로 오감의 초월을 가능하게 하는 호흡이다. 이 호흡은 쿤달리니 완성 단계까지는 사용하지 않으며 완성 후에 사용하게 된다.

수련에 들어가면 가부좌나 반가부좌를 한 채 허리를 반듯이 펴고 앉은 뒤 우선 몸의 피로와 긴장을 생각으로 푼다. 자율신경 조절법에 숙달하면 근육을 경직시키지 않고도 생각으로 몸을 점검함

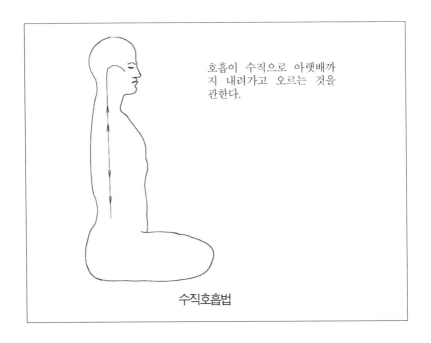

호흡이 수직으로 아랫배까
지 내려가고 오르는 것을
관한다.

수직호흡법

으로써 전신 이완이 가능하다.

　단전호흡이나 수직호흡은 입을 사용하지 않고 코로만 숨 쉰다. 수직호흡에는 혀를 입천장에 댈 필요 없다. 공기를 코로 천천히 들여마시면서 공기가 수직으로 아랫배에 내려가는 것을 관한다. 들여마신 공기가 마치 곧은 쇠 파이프처럼 반듯이 서는 형태로 내려가고 내쉴 때도 천천히 쉬면서 수직으로 올라와 코로 나가는 것을 관한다. 그러면서 자율신경 조절법의 호흡조절에서 익힌 대로 암시를 준다.

　'천천히, 천천히, 점점 천천히, 점점 천천히, 더욱 천천히…'
하면서 호흡을 주시한다. 자율신경 조절법의 6단계 호흡 조절에서 갓난아이의 쌔근거리는 수준이면 성공이라 하였다. 이 호흡의 목표는 호흡을 관하면서도 호흡한다는 생각이 들지 않는 수준까지 진행해야 한다. 6단계 호흡 조절이 잘된 수행자라면 관하면서도 자신의 호흡을 느끼지 못하게 되는 경지가 실제로 이루어진다.

수직호흡을 하게 되면 명상할 때 '허리를 펴라'는 말의 필요성을 이해할 수 있다. 앉아 있다 보면 허리가 굽는데, 구부러지는 즉시 호흡이 거북하다는 것을 느끼게 되어 허리를 펴야 다시 명상을 계속할 수 있다.

사람의 육체의 한계를 넘어서는 이 호흡은 시도하는 첫날 가능해질지도 모른다. 쿤달리니가 완성된 상태라면 첫날이 아니라도 염려할 필요 없다. 2~3일이면 가능하므로 요령껏 착실하게 노력하면 된다.

5. 쿤달리니 각성 요령

쿤달리니를 각성하기 위한 여러 조건들에 대해 설명하였다. 우선 쿤달리니의 각성 수련에 앞서 요가의 쿤달리니 각성에 대한 견해를 참조해 보자.

스와미 사티아난다 사라스와티의 말을 들어본다. "쿤달리니를 각성시키는 데는 두 가지 방법이 있는데 하나는 직접적인 방법이고 또 하나는 간접적인 방법이다. 프라나야마(호흡법)는 직접적인 방법에 해당된다. 이 방법은 폭발적이고 효과는 매우 빠르다. 팽창이 신속하게 진행되고 마음의 변형이 빨리 온다.

그러나 엄청난 체험에 심적, 철학적, 육체적, 정서적으로 준비되어 있지 않은 사람이 각성되면 축복이 아니라 오히려 두려움만 느끼게 될 것이다. 따라서 프라나야마는 매우 빠른 결과를 가져오지만 위험하고 어려운 방법이다.

각성 방법으로는 조용하고 시원한(특히 높은) 곳에서 생명을 유지시킬 수 있을 만큼만 먹고 프라나야마를 수련하면 쿤달리니 각성은 폭발적으로 일어난다. 요가호흡으로 너무 빠르게 각성된 쿤달리니는 곧 바로 사하스라라 차크라로 올라간다. 두 번째의 간접적인 방법은 라자요가, 크리야요가 등 아홉 가지가 있다"

사라스와티가 말하는 쿤달리니에 대한 개념은 수천 년 동안 요가 측이 일관되게 유지해 온 생각인 것 같다. 간접적 방법인 라자요가나 크리야요가 등의 각성 방법은 엄격한 섭생이 요구되고 큰 위험이 수반되며 순조롭게 성취되는 일이 매우 드물어 점차 사람들의 관심에서 멀어졌다고 말한다. 직접적 방법인 프라나야마 방법은 효과는 매우 빠르지만 폭발적이고 위험해서 채용할 수 없었다고 실토한다.

두 가지 각성 방법이 모두 어렵고 위험해서 사실상 수행에서 채택하지 못하고 있다 한다. 인도에서는 쿤달리니에 대한 기대와 향수로 아직 명맥은 유지하고 있으나 사회적으로나 종교적으로 그 중요성이나 영향력이 현저히 떨어졌다. 다만 일부 구도자들에게는 커다란 매력으로 받아들여지고 있다 한다.

물질적 차원을 초월하여 의식을 영적 차원으로 확장, 승화시키는 쿤달리니는 이제 더 이상 신비의 대상이 아니다. 폭발적이고 위험하지도 않고 엄격한 계율도 없다. 집단적인 또는 은둔적인 수행생활이 필요하지 않아 자신의 인연들과 더불어 함께하면서도 각성이 가능하게 되었다.

이제 쿤달리니의 각성 수련에 들어가자. 단전호흡을 착실히 연마하면 하체의 배설기관에 특별한 이상이 없는 한 7일 내지 10일 정도면 단전이 따뜻해진다. 단전의 따뜻한 감촉은 며칠 지나면 뜨겁다는 감이 든다. 이때부터 숨을 멈춤과 동시에 단전에서 스파크가 일어나면서 불똥이 튀어 꽁무니뼈를 강하게 친다고 관해야 한다. 단전에 생성된 에너지가 미저골을 두드리기 시작하면 3~5일 정도 지나서 꼬리뼈 부분이나 엉덩이 밑이 뻐근하거나 평소와 다른 익숙하지 않은 감각을 느끼게 된다.

이런 초기 감각을 느끼면서 열심히 호흡을 진행하면 아래의 예와 같은 상황을 하나 둘 체험하게 된다.

1. 꼬리뼈 언저리에 열기를 느끼고 무엇인가 척추를 따라 올라가는 듯한 감각

2. 척추를 따라 개미가 올라오는 듯한 감각

3. 짜릿하게 감전되는 듯한 감각

4. 척수 속을 열탕 또는 냉수가 올라가는 듯한 느낌

5. 천둥소리, 새의 지저귐, 북이나 심벌즈를 두드리는 소리, 매미나 벌레 우는 소리 등

6. 전신이 불에 감싸인 듯 대단한 열기를 느끼는 발열현상

7. 척추를 따라 희게 빛나는 섬광이나 전신이 불꽃에 싸인 환영을 보거나 또는 영적차원의 환상을 봄

8. 갑자기 신체가 공중으로 부양하거나 몸을 들어 올리는 것 같은 현실감을 수반하는 감각

9. 척수 속에서 뱀처럼 꿈틀거리는 듯한 움직임 감지

쿤달리니를 각성하려는 수행자가 평상시에 전혀 예상할 수 없는 이상과 같은 체험을 하게 되면 희열을 느끼거나 공포감에 사로잡힐 수 있다. 이런 현상에 접하면 각성이 시작된 것이다.

쿤달리니가 눈을 뜨는 과정은 사람마다 다른 형태로 나타난다. 아마 사람마다 전생의 업이 다르고 현생의 여건이 다르듯, 또는 개성과 인체의 조건에 따라, 그리고 자율신경 조절법의 수련 정도에 따라 모두 다르게 표출되는 것 같다.

이 같은 현상을 하나 혹은 둘 체험하고 나면 쿤달리니 샥티가 움직이기 시작한다. 요가 서적에서는 쿤달리니가 각성되어 사하스라라 차크라를 향하여 올라가는 현상에 대한 설명을 찾아보기 어렵다.

고피 크리슈나는 자신의 각성 경험을 쓴 책에서 각성으로 인한 후유증에 대한 고통을 구구절절 설명하지만 샥티가 상승하는 모습이나 과정에 대한 설명은 없다. 그동안 후학들을 가르친 경험에 의하면 각성되는 현상에는 많은 차이가 있지만 상승현상은 척추를 통해 올라가기 때문에 거의 비슷하다.

여기서 설명이 필요한 부분이 있다. 그동안 자신의 쿤달리니 각성 여부를 상담하거나 질문해온 사람들이 많았다. 기가 꽁무니에서 머리 위까지 두세 번 올라간 현상에 대한 의문이다. 쿤달리니의 각성은 꼬리뼈에서 기가 분명히 연속적으로 움직이고 상승해야 한다. 한 번이나 두세 번 머리 위로 올라갔다고 하면 이것은 *프라놋타나*라고 하는 기의 일시적인 방출 현상으로 쿤달리니 각성은 아니다.

쿤달리니 각성 체험을 간단히 설명하면 단전호흡을 일주일에서 열흘 정도하면 꼬리뼈 부근의 엉덩이 밑이 뻐근해진다. 이로부터 며칠 후에는 뱀이 꾸불꾸불 움직이는 것과 같은 현상이나 불기둥이 척추를 쫙 뻗쳐오르는 것 같은 현상 등이 나타난다. 뱀의 형태일 경우 상승도 빠르고 후유증도 작지만 불기둥의 경우 상승이 늦고 후유증으로 인한 고통이 크다고 한다.

자연 각성자들은 불기둥 현상, 인위적인 각성자들은 뱀 움직임형이 대부분이었다. 인위적 각성자들은 자율신경계를 비롯한 몸의 상당 부분이 정화된 상태기 때문에 각성 후에 드러난 후유증이 경미한 것으로 추측한다. 자연 각성자들은 나를 찾기 전에는 병원이나 약국을 전전하면서 기를 억누르고 있었으나 고피 크리슈나처럼 심한 고통을 당한 사람은 없었다.

내 경우는 뱀이 움직이는 형태였는데 미저골이 뻐근한 감을 감지하고 난 일주일 정도 뒤 수면 중에 척추에서 움직이는 쿤달리니 샥티를 처음 느꼈다. 등 뒤 척추 아래쪽에서 마치 뱀이 지그재그 형태로 꿈틀거리는 현상이 나타나 깜짝 놀라 잠에서 깨었다.

이렇게 각성된 쿤달리니 샥티는 조용한 상태에서 앉아 있을 때 활발히 움직였으며, 걷거나 활동 중에도 움직이는 경우가 있었다. 누워 있으면 등 뒤에 무엇인가 괴어 있는 듯한 감각에 상당히 불편함을 느꼈다. 쿤달리니를 계속 상승시키기 위해서는 호흡법으로써 밀어주고 집중으로써 위에서 끌어당겨야 하므로 틈만 나면 호흡을 하였다.

호흡 시행 시 참고할 사항이 있다. 쿤달리니 우파니샤드에는 배꼽 아래 부분을 제어하는 아파나 기를 상승시키는 과정에서 괄약근(括約筋) 수축이 도움이 된다는 내용이 있다. 기를 올리기 위해 호흡을 멈추면서 항문의 근육을 수축하는 방법인데 도가에서도 수련에 긴요하게 사용한다고 한다. 각성 후 기를 상승시키기 위해 이를 원용하면 물론 도움이 되지만 단전호흡 자체도 힘겨운데 게다가 괄약근까지 수축하려면 상당한 집중과 에너지가 필요하므로 반드시 따라야 하는 수행법은 아니라 생각한다.

쿤달리니 완성 전에는 오로지 하루 빨리 완성해서 고통으로부터 벗어나야 한다는 일념뿐이다. 그래서 무리하게 호흡하면 얼굴이 검붉은 색으로 변하게 된다. 주위에서 얼굴이 검어졌다는 지적을 여러 차례 받은 탓에 깨달은 사실이다. 호흡하다가 얼굴색이 이전과 달리 검붉은 색을 띠면 호흡의 횟수와 강도를 조절해야 한다.

쿤달리니 샥티가 허리까지는 그런대로 호흡만 잘하면 쉽게 올라간다. 태양 신경총 부위에 다다르면서 이곳에 머물러 움직이려 하지 않는다. 이처럼 태양 신경총에서 쿤달리니의 샥티가 상승하다 장애를 받아 지체하는 것을 요가서는 결절(結節)이라 기록하고 있다. 탄트라 용어로 세 개의 결절이라 하는데 (1) 브라마 그란티 (2) 비쉬누 그란티 (3)루드라 그란티이다.

브라마 그란티는 물라다라 차크라에 위치하는데 인간의 야망과 욕망 등 현재의식이 덫을 치고 있다 한다. 이 결절이 풀리면 인간은 집착의 굴레에서 벗어날 수 있지만 풀지 못하면 명상의 효과는 나타나지 않는다고 한다.

비쉬누 그란티는 아나하타 차크라 즉 심장 부위에 있는 결절로 지식과 전통, 법과 정신적 질서를 보존하려는 욕망이 만든 장애물이라 한다. 다시 말하면 경전이나 지식에 대한 봉사와 정신적 질서에 대한 지나친 존경심이 구속을 만들어낸다 하였다. 오직 진정한 지식과 믿음과 식별만이 이 장애를 넘을 수 있으며 이를 통과하면 자신의 유전적 바탕 안에 깊숙이 뿌리박힌 전통적 구속으로부터 벗어나게 된다.

루드라 그란티는 양미간에 자리하며 이 결절이 해체되면 인간은 비로소 행복의 장으로 들어설 수 있다 하였다. 도가(道家)에서도 삼관(三關)이라 하여 미려관(꼬리뼈 부위), 협척관(태양 신경총 부위), 옥침관(뒷머리 부위) 등 세 곳에서 소주천의 기가 상승하다가 통과하기 어렵다고 하였다. 요가나 도가에서 밝히는 위치가 완전한 일치는 아니지만 유사하다.

이 결절에 대해 사라스와티의 견해를 들어보자. "쿤달리니가 물라다라 차크라에서 일어난다고 바로 상승하지 않는다. 일어났다가 다시 드러눕기를 되풀이한다. 때로는 스와디스타나나 마니푸라까지 올라갔다가 다시 물라다라로 돌아와 잠든다. 그러나 마니푸라 차크라를 넘어가면 다시 되돌아오지 않는다. 수슘나의 차크라에 방해물이 있을 때 한 차크라에 정체한다. 쿤달리니는 여러 해 동안

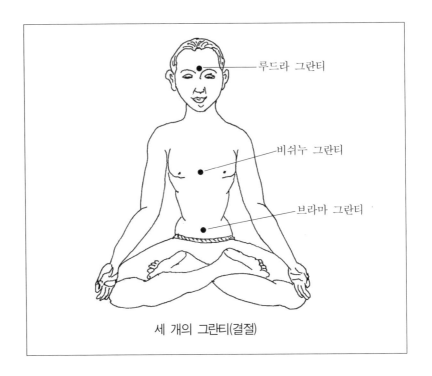

세 개의 그란티(결절)

한 차크라에 머물 수 있으며 일생 동안 머물기도 한다.”

　이 말은 쿤달리니 완성을 영원한 삼매에 드는 수준으로 간주하는 의미 같다. 세 군데에서 지체한다는 내용은 그 동안 내가 직접 체험으로써 확인하였다. 사라스와티의 ‘여러 해 동안 한 차크라에 머물 수 있으며 일생 동안 머물기도 한다’라는 언급에 수행자들은 각별히 주목하기 바란다.

　일단 결심하여 쿤달리니를 각성하였으면 더욱 정진하여 완성을 해야 수행자가 진실로 바라는 깊은 명상에 침잠할 수 있다. 호흡이 어렵고 번거롭다고 방임하면 잠깐의 실수로 인해 다시 어느 생에서 쿤달리니를 깨워 일으켜 열반의 꼬투리나마 잡을 수 있겠는가.

참으로 안타까운 일이 아닐 수 없다. 쿤달리니를 완성하고서도 갈 길은 아직 멀기 때문이다.

세 개의 결절 또는 삼관에 대한 내 의견도 요가나 도가와 다를 바 없다. 물라다라[尾閭骨] 차크라에서 잠자는 쿤달리니는 단전의 집요한 공격으로도 쉽게 문을 열지 않는다. 시작 단계이므로 쉽지 않다고 말할 수 있고 본래 상당한 시간이 소요된다.

아나하타 차크라 또는 태양 신경총 부위라고 하는 비쉬누 그란티는 수행자들이 가장 주의를 기울여야 하는 곳이다. 어느 정도의 호흡만으로는 이곳을 돌파하기가 쉽지 않다. 비쉬누 그란티를 넘어가지 못한 채 샥티가 움직이면 그 기의 여파가 머리에까지 미친다.

잘 집중하면 기가 세게 움직인다고 느껴지는 지점의 밑 척추 부위에 무엇인가 조금 막힌 듯하거나, 꽉찬 듯, 빈 듯한 감각이 느껴지는 지점이 있다. 이곳이 쿤달리니 기의 중심이 머무르는 지점이다. 열심히 풀무질 하여도 4~5개월은 소요된다.

양미간(兩眉間) 또는 후두부(後頭部)로 표현된 루드라 그란티도 비쉬누 그란티와 비교해서 만만하지 않다. 이곳이 쿤달리니 기의 운행로에서 보면 정점(頂点) 또는 반환점이라 할 수 있는데 이곳에 이르면 기로 인한 고통을 상당히 느끼게 된다. 이때 종교적 차원 또는 영적차원의 초현상, 예컨대 천인합일, 신인합일이나 영계 체험 등의 경험을 하게 된다.

이곳에 정체되는 기는 비쉬누 그란티보다 시간적으로 빨리 해소가 가능하다. 쿤달리니 각성 이후 처음으로 의지대로 기를 운행하는 최초의 지점이기도 하다. 단전호흡과 기를 끌어내리려는 의지가 잘 조합되면 시간을 크게 단축할 수 있다.

태양 신경총을 벗어나면 샥티는 목 밑의 척추 끝 부분까지는 호흡만 해주면 순조롭게 올라간다. 목에서부터 쿤달리니 샥티는 약한 전류의 형태로 변하면서 머릿속으로 스며들어 머리 전체에 가득 채워진다. 약전(弱電) 같은 지글거림이 가득 차서 머리는 엉망이 된다. 그러나 내관을 해보면 머리가 아프거나 괴로운 것이 아니다. 각성되기 이전에는 느껴 보지 못한 특이한 현상으로 마치 지글거린다는 느낌의 감각이 멀쩡한 감각 위에 덧씌워져 있는 것처럼 여겨진다.

각성된 뒤에는 명상을 하기가 쉽지 않다. 기가 머리로 올라오기 전 쿤달리니가 척추에서 움직이거나 몸 구석구석을 누비므로 신경이 거슬려서 명상을 제대로 하지 못한다. 머리 위로 올라오면 명상하기가 더욱 어렵다.

이 같은 나쁜 조건에서도 명상을 주저해서는 안 된다. 이때의 명상은 주로 기의 움직임을 주시하거나 몸 상태의 관찰로 만족해야 한다. 그러면서 완성단계에 가까워지면 정신세계의 여러 신비한 현상들을 접하게 된다.

먼저 만나는 현상이 마장(魔障)이다. 오감의 한계점에 다다르면 영적 차원과 일맥상통해지므로 영적세계의 존재들을 인식하게 된다. 이런 현상들을 사람들은 깨달음을 얻었기 때문에 시험을 당한다는 개념으로 인식하고 있다. 그러나 명상 중 영적차원의 존재들을 접하는 것은 끝이 아니라 겨우 공부가 시작하는 단계임을 기억해야 한다. 쿤달리니를 통한 수행에서는 인간의 한계를 넘은 단계가 공부의 끝이 아니라 시작임을 인지해야 하는 것이다. 따라서 모든 종교 행위의 최상층에 쿤달리니가 있다는 요가의 가르침이 바로 쿤달리니는 곧 초월이라는 의미이기도 하다.

공부의 시작이라는 증거가 첫째 영적 존재와의 접촉이고 둘째 천인합일 또는 신인합일이라는 빛과 하나가 되고 함께 하는 현상들이다. 이후로도 *참 나*를 구현하는 시점까지의 명상수행은 빛과 함께하는 여행이다.

나는 머리가 지글지글 엉망인 어느 날 명상을 하다가 갑자기 눈앞이 환해지면서 무지개 같은 현란한 빛기둥이 하늘과 머리에 연결되는 현상을 보았다. 그 빛기둥이 하늘에서 시작되었는지 아니면 머리에서 쏘아져 하늘과 연결되었는지 알 수 없었다. 그 순간 머리 윗부분은 두개골이 벗겨져 개방된 듯 뻥 뚫린 기분을 느꼈다.

정수리까지 올라와 지글대는 샥티의 다음 행보를 알아보자. 요가 서적은 사하스라라 차크라까지 올라온 샥티는 공중으로 방사된다는 관점과 밑으로 내려가 가슴에 닿아야 공부가 끝난다는 두 가지 견해로 분류된다. 그러나 공중으로 방사되는 방식과 가슴으로 내려가는 방법이 별개의 것이 아니라 두 가지 현상을 한 수행자가 모두 겪게 된다. 우선 머리 뚜껑이 뻥 뚫리면서 공중으로 기(氣)나 빛을 방사한다. 그렇다고 쿤달리니의 기가 해소되는 것이 아니어서 머리에는 여전히 많은 기가 남아 있다가 나중에 가슴으로 내려간다. 가슴으로 내려가면 쿤달리니가 완성되어 기로 인해 시달리는 현상은 사라진다.

지글거리며 머리에 가득 찬 쿤달리니 샥티는 양미간에 있다는 삼관중의 마지막 관문인 루드라 그란티에 걸린 탓인지 요지부동 움직이려 하지 않는다. 척추에서는 계속 기가 밀고 올라오는데 머리에 가득한 기는 무엇엔가 막혀 내려가지 못하므로 결국 넘치는 형태로 얼굴 피부를 타고 꾸역꾸역 내려온다. 얼굴 표면을 타고 내려오면 얼굴 전체의 피부에 전류가 흐르는 듯 간지럽고 기묘한 감각을 갖게 된다. 그리고 눈이 충혈되고 항상 피로감을 느낀다.

기의 운행법을 알지 못하면 위의 설명처럼 얼굴로 내려오는 불쾌감을 모두 감수할 수밖에 없다. 도가(道家)에서는 공부를 시작하면서 기 운행 방법을 배운다. 그러나 쿤달리니의 운기(運氣)는 기가 사하스라라 차크라에 도달한 이후 시작된다.

우선 머리에 꽉 들어찬 기를 깔때기 형태로 말아서 머리통 중앙을 내려와 식도(食道)를 통해 가슴으로 내려 보낸다. 이 작업은 단전호흡과 연결해서 시행해야 한다.

기를 운행하여 기가 밑으로 내려간다는 느낌이 들면 당장 충혈된 눈이 맑아지고 얼굴 피부에서 느끼던 정전기 같은 감각이 사라지면서 피부감촉이 부드럽고 윤택해진다. 기가 두뇌 가운데에서 깔때기 구멍을 통해 직선으로 목으로 내려오기 시작하면 쿤달리니의 완성과정이 시작되었음을 의미한다.

머리에서 기를 일단 밑으로 끌어 내리면 머리가 점점 파란 가을 하늘처럼 한없이 맑아진다. 이후로는 정신적 압박으로 골머리를 앓을 경우가 있더라도 다시 머리가 아픈 고통을 겪지 않는다.

6. 각성에 따른 여러 현상들

쿤달리니가 각성되면 육체적, 정신적, 심령상 갖가지 급격한 변화를 겪게 된다. 이 변화는 초인이나 해탈자의 출현을 예고하는 조짐이고 산통(産痛)이다. 쿤달리니가 각성되어 완성되기까지의 기간은 마치 물질세계와 초물질 세계를 연결하는 어둡고 좁은 긴 터널을 살아 있는 사람의 육체로써 고독과 고난을 뚫고 넘어가야 하는 인고(忍苦)의 세월 같은 것이다. 그 고통은 경우에 따라서는 사람으로서 감당하기에 벅찰 수 있다. 이 길은 아무나 갈 수 있지만 많은 생을 통해 준비되어 있지 않으면 눈이 있어도 보이지 않으므로 찾을 수 없는 길이기도 하다. 준비된 자에게는 고통을 동반하면서도 낯설지 않은 희열과 환희의 길이기도 하다.

요가서들은 참을 수 없는 고통 때문에 쿤달리니의 각성을 두려워한다고 적고 있다. 각성되어 겪는 고통보다 각성되지 못하는 고통이 요기들에게는 더욱 컸을지 모른다. 요기들은 자율신경을 정화하면 각성의 고통을 크게 줄일 수 있을 것이라고 인지하였다. 올바른 생각이고 판단이었다.

우선 항간에서 회자되는 쿤달리니 각성의 이설(異說)에 대한 내 견해를 밝혀 본다. 요가에서는 각성된 실례 중 발에서부터 기가 들어와 미저골을 깨워 쿤달리니가 각성되었다는 설이 있다. 쿤달리니가 각성되고 완성될 때까지 겪는 여러 가지 변화 중에는 접신(接神)이나 신 내림 비슷한 여러 가지 현상들이 있다. 이 변화들은 일반인이 볼 때는 비슷하게 보일지 모르지만 그렇지 않다.

쿤달리니의 각성은 철저히 내부의 작용에 의해서만 일어난다. 그러나 접신이나 빙의는 외부의 작용에 의해 일어나는 현상이다. 발을 통해, 또는 머리 등 신체 부위의 다른 곳을 통해 외부에서 기가 들어왔다면 무조건 내부의 작용이 아니라 외부의 작용에 따른 것이므로 이것은 쿤달리니와는 전혀 상관이 없다. 마찬가지로 처음부터 머리가 열리고 계시를 받아 각성했다는 경우도 영적차원의 상황일 뿐 쿤달리니와는 아무런 관계가 없다.

쿤달리니 각성은 자연 각성이든 인위적 각성이든 그 시작은 철저하게 내부적인 작용에 의해서 이루어져야 하고 미저골이 어떤 형태로든 자극을 받아 거기에서 기가 용출해야 한다. 그리고 쿤달리니 기의 움직임은 각성자가 사망할 때까지 함께해야 한다.

쿤달리니를 각성했는데 지금은 기가 전혀 움직이지 않는다고 말하는 경우가 있다. 또 갑자기 기가 꽁무니뼈에서 머리까지 몇 번 올라갔는데 쿤달리니가 아닌가 묻는 사람도 있다. 쿤달리니 샥티가 각성되어 상승하다가 장애를 받아 멈추는 세 곳 가운데 물라다라 차크라 자리의 브라마 그란티에서는 처음 잠자고 있는 샥티를 일깨워 상승토록 하기에 상당한 시간이 소요된다. 양미간의 루드라 그란티에 걸려 있을 경우 샥티가 그 자리에서 오랫동안 요동을 치므로 각성자는 몇 달 동안 상당한 괴로움을 겪게 된다. 문제는 심장 부위에 있는 비쉬누 그란티이다. 이곳에 걸려 있을 때 적절한 조처를 취하지 않으면 샥티가 더 이상 나아가지 못하고 움직임을 그칠 수 있다.

그렇다고 전혀 의식하지 못하는 것이 아니어서 몇 달에 한두 번 희미하게 느낄 수 있다. 최악의 상황인 경우다. 이 자리를 넘어가는 데 몇 년이 걸리기도 하고 경우에 따라서는 넘어가지 못하고 생을 마감하는 수도 있다.

내가 가장 우려하는 것은 여기서 멈춰 버린 샥티를 그대로 방치하는 우매함이다. 물질세계를 초월하고 윤회의 사슬을 끊어 버릴 수 있는 참으로 희귀한 기회를 쉽게 포기하고 방치해 둔다는 것은 매우 안타까운 일이다. 과거에는 상승을 도울 수 있는 방법이 없었으므로 어쩔 수 없었지만 앞으로는 이 같은 상황이 발생해서는 안 될 것이다.

꼬리뼈에서 머리의 백회까지 두세 번 올라갔다는 경우는 *프라낫 타나*라고 하는 기의 용출현상으로 쿤달리니와는 다르다. 이는 기도수행을 하는 사람들에게서 자주 나타나는 현상이다. 쿤달리니 공부는 철저하게 마음을 통해 수행해야 한다. 앞서 인체의 구조에서 다섯 가지 몸에 대해 설명하였다. 마음은 가시적으로 볼 수 있는 육체와 감촉할 수 있는 몸, 의식할 수 없는 몸 등 우리 몸의 다섯 가지 체제에 영향력을 행사한다. 내적으로 새롭게 개안한 초감각은 쿤달리니 각성으로 인해 우리 내부의 체제에서 벌어지는 놀랍고 기상천외한 변화를 감지하게 된다.

1) 육체적 변화
단전호흡을 시작해서 기를 의식할 정도가 되면 몸의 일부가 물결치듯 부드럽게 움직이거나 경련이 일어나 씰룩거림을 느낄 수 있다. 세포가 가볍게 진동하는 현상도 나타난다. 호흡이나 명상 수련 중 고난도의 요가 자세를 취하는 경우도 있는데 이는 기의 발현으로 인한 현상일 뿐이므로 여기에 가치를 둘 필요는 없다.

간지러운 현상, 뜨겁거나 차가운 느낌 등을 갖거나 자신도 모르게 저절로 소리가 터져 나오는데 울음소리나 웃음소리 또는 다른 소리일 수도 있다. 어떤 형태든 좋거나 나쁘다고 판단할 필요 없다. 이것들은 공부가 진척되면서 그에 맞춰 적절하게 드러나는 기(氣)의 현상이므로 자연스런 과정으로 간주하면 된다.

2) 정신적 변화

미저골에서 시작한 기의 용출이 몸의 곳곳으로 성난 파도처럼 흐르는 모양을 보면서, 또한 그 흐름을 따라 번지는 아픔들을 바라보면서 몸 구석구석을 쳐다볼 수 있는 능력[內觀]이 저절로 성장한다.

새가 재잘거리는 소리, 북을 두드리는 소리, 플루트 같은 소리, 천둥소리 등 갖가지 소리들이 귓가에 맴돈다. 대체로 한두 가지의 소리를 일정 기간 동안 듣게 되는데 이 소리들은 귀로 듣는 것 같지만 사실 마음으로 듣는 것이다.

쿤달리니 각성 이후의 명상에는 빛이 함께한다. 이 빛은 영적 진화의 정도를 표시하는 바로미터 역할을 한다. 쿤달리니 각성 후에 명상을 하면 자주 빛을 보게 되는데 처음의 빛은 대단치 않아 눈이나 몸 주위를 환히 밝히는 정도로 시작하지만 곧 휘황찬란한 복합적 색상으로 나타난다.

쿤달리니 완성단계까지는 휘황찬란한 색깔에 감지할 만한 변화가 별로 없다. 완성단계에서 이마 위쪽 머리에 둥그렇게 뚜껑이 열리면서 방광(放光)하는 현상이나 머리가 열리면서 휘황한 빛이 온몸을 감싸거나 빛기둥이 하늘과 맞닿는 현상이 일어나기도 한다. 이 현상들은 사람에 따라 다르게 나타나므로 경험할 수도 있고 아닐 수도 있다.

쿤달리니 샥티가 심장 부위의 비쉬누 그란티를 돌파해 올라가면 영체(靈體) 즉 귀령들을 본다. 처음에는 잠재의식 속에 저장된 작위적인 무서운 형상의 귀령을 보고 저차원의 혼령들을 직접 경험한 다음 좀 더 향상된 차원의 신들을 보게 된다.

이 같은 체험으로 내 몸이 내가 아니라 내가 타고 있는 자동차 같은 별개의 물질로 보게 되는 계기가 된다. 그리고 사람이 사람이게 하는 다섯 가지 감각기관이 그 기능을 완전히 상실한 차원에서도 내가 생생하게 존재하며 영혼과 신이 나와 다르지 않은 존재라는 사실을 이해하게 된다. 신과 귀령의 차이는 영적 진화의 차이라는 사실도 감지한다. 따라서 나는 영원불멸이며 처음과 끝이 없는 존재라는 사실을 터득하게 된다.

이 정도의 체험으로도 종교에서 말하는 최상의 깨달음을 얻은 것이다. 이 과정을 거치게 된 수행자의 의식이나 생각은 세상 사람과 같을 수 없다. 딱지치기나 구슬치기하던 코흘리개가 한두 살 더 나이들면 이런 놀이에 흥미를 잃듯 현상적인 물질적 위주의 가치 판단 기준이 변하게 되는 것은 당연한 현상이다.

기도를 하거나 명상을 하다 보면 자신이 수행하는 모습을 자신이 쳐다보고 있다는 의식이 든다. 나중에는 자신의 생각이나 감각들까지도 보이게 되는데 자신과 자기를 관찰하는 또 다른 자기로 분리되는 현상이 나타난다. 자신이 분리되는 경험은 자신을 관찰하는 자를 또 쳐다보는 또 다른 나의 셋으로 분리되는 체험까지 진전한다. 이 능력이 고급 명상으로 이끄는 바탕이 된다.

3) 심령상의 변화

세상에서 말하는 소위 유체이탈을 경험하게 된다. 유체이탈이란 사람의 몸을 구성하는 다섯 요소 중 의식체(意識體)인 아스트랄체가 육체를 이탈하는 것이다. 의식체가 육체를 이탈하면 누워 있는 자신의 몸을 내려다 볼 수 있고 심지어 먼 거리로 옮겨가 그 곳의 일들을 목격하는 경우도 있다. 유체이탈이 되면 사람에 따라서는 육체와의 분리를 우려하거나 흥미를 갖고 이탈 상태를 자주 또는 보다 오랫동안 유지하기를 바랄 수 있다. 유체이탈은 육체와 의식체 사이를 실버코드라는 줄에 연결된 채 이뤄지는데 이 줄이 끊어지면 죽는다고 알려져 있다. 쿤달리니를 공부하는 수행자들은 유체이탈이라는 현상이 의식과 육체가 결합하여 나를 이루는 생명실상의 일면임을 체험하는 것으로 만족하면 족하다.

불교에서 6신통(神通)이라 말하는 초능력도 쿤달리니의 완성단계에서 한두 가지씩 경험하게 된다. 이때의 신통들은 사람들의 눈에 띌 정도의 대단한 것은 아니지만 스스로 그 가능성을 확인하게 된다. 이 현상도 인간 내면에 비장되어 있는 신성의 한 단면으로 인식하고 집착해서는 안 된다. 이 신통들이 드러나면 자신이 체득한 것으로 착각하지만 시간이 지나면서 점차 소멸한다.

4) 각성 증후군은 병이 아니다

요가 서적이나 세상에 알려진 요기들의 말에 의하면 쿤달리니가 각성된 후에 발생하는 여러 가지 병적 현상 때문에 각성을 달가워 하지 않는 것 같다. 아쉬람에서 스승이 쿤달리니를 각성하려는 수행자들을 포기하도록 설득하는 경향이 있는 것으로 알려질 정도다.

병적인 후유증에 대해서는 고피 크리슈나가 집필한 자신의 수행기인 《쿤달리니》에서 충분히 설명하고 있다. 아마 각성자들 중 각성 증후군으로 가장 고통스럽고 힘든 경험을 한 경우인 것 같다.

"쿤달리니 각성이 충격과 함께 급격하게 일어나면 매우 위험하다"라고 고피 크리슈나는 경고하고 있다. 급격하게 이루어진 각성이란 갑자기 저절로 일어나는 자연각성을 이르는 말이다. 자연각성은 준비 단계가 없고 물론 예고도 없이 어느 날 갑자기 찾아온다.

크리슈나가 "쿤달리니 각성이 왜 위험한지" 그 이유라고 설명한 내용을 들어보자. "쿤달리니가 갑자기 각성되면 생활태도가 올바르고 정신적 훈련도 빈틈없으며, 두뇌의 신경조직이 성숙한 사람일지라도 몇 가지 어려운 정신적 증상을 체험하고 극복하지 않으면 안 된다"라고 말문을 연다.

"요가경전에 따르면 두뇌 신경조직의 활동은 프라나라고 하는 체내의 생명소에 의존하고 있는데, 통상 뇌에 보급되는 프라나는 일생을 통하여 큰 변화 없이 항상성을 유지하고 있다. 그러나 쿤달리니가 각성되면 체내의 여러 부위에서 추출된 프라나가 농축된 형태로 뇌에 흘러들어 신경조직 전체에 중대한 변화가 일어난다. 그 결과 영능자나 신비가 또는 천재나 광인을 뒤섞어 놓은 듯 이상한 언행이 나타나는 등 합리적으로 설명하기 어려운 매우 기묘한 정신 상태로 되어 간다"라고 쿤달리니 각성으로 인해 인체나 정신 기능이 변화하는 현상을 설명하였다.

여기서 주목할 부분은 쿤달리니가 갑자기 각성되었을 경우를 지적한 점이다. 현재까지 뚜렷하게 각성이 보장되는 수행방법은 없었으므로 각성된다면 어느 날 갑자기 일어나는 자연각성뿐이었다. 그중 쿤달리니에 대한 지식이 있는 수행자가 각성한다면 각성으로 인해 어떤 현상이 나타날 경우 기대와 환희에 차서 이겨낼 수 있을 것이다.

그러나 수행이란 개념을 알지 못하거나 쿤달리니에 대해서 전혀 문외한이 갑자기 각성되었을 경우 문제가 심각해진다. 어느 날 갑자기 등줄기에서 뱀 같은 것이 꿈틀거리면서 무엇인가 척추를 따라 올라간다면 어떤 기분일까. 시뻘건 불기둥이 몸속에서 이글거리며 솟아오른다면 온전한 사람이 없을 것이다. 더구나 혼령 또는 공포의 대상인 마구니들이 나타나 위협하거나, 투시가 되고 미래가 보이며 신통력을 부릴 수 있게 된다면 공황상태에 빠질 것이다. 그럼에도 불구하고 세상에는 쿤달리니 각성자가 상당히 많은 것으로 알려져 있다.

이들은 자연 각성자이거나 불의의 사고로 각성한 사람들이다. 미국에서 쿤달리니 클리닉을 운영하는 리 샤넬라 박사의 설명이다. "갑자기 쿤달리니 각성 증상이 생긴 사람은 공포에 질려 의학의 도움을 청하지만 지금의 서양의학은 불행하게도 이 문제에 대처할 장비도 방법도 없다. 이상하게도 증상은 강렬하고 명백한데도 불구하고 육체적인 병리증세는 발견되지 않는다"라면서 현대의학이 아직 영적차원의 질병에는 전혀 손쓸 수 없는 상황임을 아쉬워했다.

리 샤넬라 박사는 "정신과 의사들과의 토론을 토대로 정신병원에 수용된 환자 중에서 25~30%의 환자가 이 경우에 속한다"라고 말하고 있다. 쿤달리니의 각성으로 인한 증후군은 그 병증에 대해 아무 것도 밝혀내지 못하고 있다. 사람의 인체는 육체를 포함해서 영적차원의 네 가지 몸 등 다섯 겹으로 이루어져 있는데 의학이 분별할 수 있는 병은 다섯 겹 중 표면인, 가장 조잡한 몸인 육체의 병에 국한되어 있기 때문이다.

영적차원의 쿤달리니 각성으로 인한 증후군은 다섯 겹의 껍데기에 불과한 육체가 아닌 네 겹 중 하나인 영적 차원의 몸에 그 병의 원인이 있다. 각성으로 인한 증후군이 어느 정도의 고통을 유발해서 요기들이 두려워하는지 고피 크리슈나의 체험을 참고해 보자. 크리슈나는 공무원으로, 시간이 있을 때마다 오랫동안 명상수행을 하다 어느 날 쿤달리니를 갑자기 각성하게 된다. 크리슈나는 자신의 체험을 다음과 같이 기술하고 있다.

"베개에 머리를 눕히자마자 척수를 따라 커다란 혓바닥 같은 불꽃이 이글거리며 올라왔다. 두개골 속으로 자꾸만 흘러드는 이 빛의 흐름은 마치 살아 있는 듯하였고 어둠 속에서 차츰 빠르게 커져갔다. 눈을 감으면 바퀴모양의 기분 나쁜 빛이 떠오르면서 그 속에서 발광체가 이리저리 떠다니고 있었다.

이 광경은 너무 끔찍스러워 때로는 골수가 얼어붙는 듯한, 이 세상의 것이 아닌 공포감을 일으켰다. 이따금 척추를 따라 올라오는 붉은 쇳물이 두개골 안쪽 벽에 불꽃놀이 때와 같은 불똥 파편들을 소나기처럼 쏟아 부었고, 나는 도깨비에 홀린 듯이 그 광경을 바라보면서 소름끼치는 공포에 몸을 떨었다."

크리슈나는 고통뿐 아니라 식사마저 할 수 없을 정도로 피폐해진 상태로 누워서 지냈다고 한다. 게다가 1년이 지난 후 다시 한번 이와 같은 홍역을 치렀다고 한다. 들은 바에 의하면 외국의 여러 나라 인터넷에 쿤달리니 개인 홈페이지들이 몇 군데 개설되어 있는데 홈페이지를 통해 각성자들끼리 서로 정보를 교환한다고 한다. 병원에 입원해 있는 사람들도 있고 정부에서 장애자 보조금을 받아 생활하는 경우도 있다 하니 그 곳의 각성자들도 신체적 고통을 수반한 각성 증후군으로 시달리고 있음을 추측할 수 있다.

이 정도의 고통이라면 두려울 만하다. 그래서 요기들이 쿤달리니를 언젠가 각성해야 열반을 하는데 다만 고통이 두려워 이번 생에서만은 피하고 싶은 마음일까. 그런데 나는 인도의 요가나 고피 크리슈나가 말하는 후유증을 보면서 의문이 생긴다.

현재까지 나를 찾아온 자연 각성자는 일곱 명이다. 이들 중 후유증으로 병원에 입원한 적이 있는 경우는 두 사람이고 나머지는 약이나 침으로 요양하였다 한다. 나를 통해 각성한 여덟 명은 고통스럽기는 해도 일상생활이나 직장을 오가는 데 크게 지장을 받은 적은 없다. 내 경우도 직장생활에 지장을 초래할 정도는 아니었고 다만 평행감각 이상으로 곤경에 처한 경험뿐이었다.

인도, 미국, 북유럽의 각성자들과 내가 접한 각성자들이 겪은 증후군의 정도차가 매우 큰 것 같다. 나를 통해 각성한 인위적 각성자들은 자율신경 조절법을 익혔기 때문에 신경계가 정화된 덕에 후유증이 적었음은 수긍이 가지만 자연 각성자들 역시 크리슈나처럼 혹독한 고통을 당한 경우는 물론 장애자 취급을 받을 정도로 고역을 치른 사람은 없었다. 이 차이가 무엇 때문인지 아직 미궁이다.

크리슈나는 후유증으로 인해 절망적인 상태에서 스승을 애타게 찾았다. "나는 탄트라에 통달해 있다는 몇 명의 학자와 성자들을 만나 도움이 될 말을 듣고자 하였으나, 체험을 통한 조언이나 근거 있는 지침은 한 마디도 들을 수 없었다. 나는 가르침을 얻을 수 있는 인물을 찾기 위해 내가 아는 모든 방향으로 수소문하였지만 실패하였다."

이처럼 절망에 몸부림치던 크리슈나도 샥티의 움직임이 수그러들자 아픈 과거를 잊고 쿤달리니를 예찬한다. "영적인 개오(開悟) 직전에 일어나는 놀라운 심신의 변화와 거기에 수반하는 시련이 지극히 당연한 것으로도 생각되는데, 그 이유는 이 단계가 티끌투성이 속세에서 벗어나는 인간 상승 과정의 최종 단계이기 때문이다. 이것을 통하여 수행자는 고통과 노고 끝에 육체를 초월한 존재가 누리는 무한한 지복을 죽어서가 아니라 지구상에 살면서 맛보게 된다."

요가 서적에서 쿤달리니 각성이 위험하다는 경고 외에 직접 각성한 사람의 체험담은 극히 드물다. 따라서 현재와 같이 요가 측 견해, 고피 크리슈나, 미국, 북유럽 등의 각성자와 우리 나라 각성자들의 경우를 규합해 보아도 당분간 보편타당한 해답을 얻기는 쉽지 않을 것 같다.

리 샤넬라 박사의 임상 소견을 들어보자. "쿤달리니 각성으로 파생된 증상들은 시간이 흐름에 따라 저절로 사라진다. 쿤달리니가 신경계 전체에 걸쳐 막힌 곳을 뚫으면서 균형 잡는 활동을 하므로, 개인별로 증상의 형태가 다른 것은 막힌 곳이 다르다는 것을 의미한다. 불안 역시 병적인 것으로 보아서는 안 된다. 오히려 그것들은 잠재적인 병적 요소들을 제거하는 것인만큼 치료적이라 할 수 있다."

각성 증후군들이 잠재적인 병적 요소들을 제거하는 치료 행위라 말한 리 샤넬라 박사의 말에 전적으로 동의한다.

인위적인 각성은 이미 사전에 관련 지식이 상당하고 마음의 준비가 되어 있을 때 가능하다. 또한 자율신경 조절법을 통해 신경계를 상당히 정화한 덕에 각성으로 인한 증후군이나 몸 안에서 일어나는 현상들로 인한 고통이나 공포심이 문제가 될 정도는 아니다.

그동안 만난 자연 각성자들에게 자율신경 조절법과 단전호흡법을 적용해 본 결과 인위적인 각성자들의 수준으로 고통이 대폭 완화되고 완성 속도가 빨라지는 것을 확인하였다. 그리고 자연 각성자들은 기의 활동이 인위적 각성자들보다 활발하므로 공부하는 데 오히려 효과적이라는 사실도 파악하였다.

쿤달리니가 각성되어 완성할 때까지 샥티의 역할 중 가장 중요한 점은 신경계를 정화시키는 것이다. 막힌 곳을 뚫고 육체의 균형을 정비하는 작업은 명상할 수 있는 몸 상태를 만들기 위함이다.

쿤달리니가 완성되면 리 샤넬라 박사의 말처럼 신경계가 정화되고 균형을 갖추게 되어 완벽한 건강을 얻는다. 머리는 항상 맑고 깨끗하며 육체는 어느 곳 하나 불편을 의식할 수 없을 정도의 건강을 찾는다. 다시는 건강에 대해 신경 쓸 필요 없는 상태 즉 깊은 명상에 들 수 있는 육체적, 정신적 여건이 갖추어진다. 이는 동적(動的)이 아니라 정적(靜的)인 건강이요 바로 깊은 명상을 위해 필요한 건강이다.

5) 마장(魔障)은 장애가 아니다

명상을 수행하는 과정에서 수행자들은 많은 신비한 현상들을 접한다. 명상 서적에서는 빛에 대한 경험이 많이 등장하는데 이 경우 황홀감이나 행복감에 휩싸인다는 표현으로 묘사된다.

명상 중 황홀감이나 행복감을 느낀다면 다행이지만 항상 긍정적인 감정만을 경험하는 것은 아니다. 오싹해질 정도의 한기를 느끼거나 온몸에 엄습하는 공포감을 주체하지 못하는 경우도 적지 않다. 긍정적 감각인 황홀하거나 충만한 행복의 느낌과 더불어 가슴이 오그라드는 듯한 공포감이 번갈아 교차하는 것이 명상수행이다.

따라서 이 현상들을 어떻게 슬기롭게 대처해야 하는지가 바로 명상수행의 성패를 가름하는 관건이다. 명상을 수행하면서 접하는 현상들은 크게 둘로 나눌 수 있다. 첫째 긍정적인 현상으로 빛이 나타나는 경우다. 빛은 그 수행자의 수행 단계 즉 영적 진화의 정도를 표시하는 지표다. 이 빛은 눈앞에 가득하거나 온몸을 감싸는 형태로 나타나는데 황홀감이나 행복감으로 표현한다. 쿤달리니가 각성된 초기에는 이 같은 감정의 진폭이 크지만 빛을 보는 경우가 많아 육체의식을 초월하는 경지에 들어서면 그저 볼 뿐 현상들에 감정이 별로 발로하지 않는다.

이 빛이 초기 단계에서는 수많은 색깔로 이루어져 형언하기 어려울 정도로 아름답고 황홀하여 더할 나위 없는 충만한 감정에 휩싸이게 하지만 경지가 상승할수록 빛의 색깔은 단순해져 가고 초월단계에 들어서면 황금색 등 단일한 빛으로 바뀐다.

이 노란색의 빛도 무종삼매에 가까워지면서 흰색으로 변하는데 흰색도 여러 가지 상태여서 점점 맑은 빛으로 바뀐다. 이 빛들은 그저 빛으로만 보일 뿐 어떤 형태를 취하지 않는다. 다만 육체의식을 벗어나는 초월 경지와 진아가 현성하는 경지에서만 형태를 갖춘다. 이 경지들에서의 빛의 형상은 수행자가 저절로 터득하게 되므로 문제 삼을 필요가 없다. 이와 같이 물질적인 형태를 갖추지 않아야 긍정적이다.

둘째 형태를 갖춘 모든 현상들은 수행에 지장을 초래할 수 있는 부정적인 사례들로 간주한다. 특히 의사능력을 갖추고 움직일 수 있는 형태에 대해서는 상당한 주의가 필요하다. 불교에서는 이를 마장이라 하여 경계하지만 이중에는 단순한 형태의 환영이나 잠재의식에 축적되어 있던 현상이 돌출하는 경우도 있다. 수행자들이 이런 현상을 접하게 되면 자세를 흩트리기 전 그 현상에 대해 마음을 향해 질문해야 한다. 그 현상이 왜 생겼으며 나에게 그 의미가 무엇인지 꼼꼼히 살펴야 한다. 자신의 현재적 욕망이나 집착에서인지, 아니면 잠재적인 요인에서 파생한 것인지 규명해야 한다.

이런 절차를 거치면 대부분의 현상들은 바로 해답을 찾을 수 있고 해답이 없는 경우에도 경각심을 일깨우므로 효과적으로 대처할 수 있다. 이와 같이 명상이 끝났을 때 점검하는 절차를 습관화하는 것이 명상을 효과적으로 수행하는 데 중요한 요소라는 것을 이해하게 된다.

명상 중 나타나는 모든 현상에 대응하는 감각기관은 눈이나 코, 입 등의 오감이 아니라 마음이다. 명상 속에서 듣고 보고 느끼며 생각하고 말하는 것은 모두 마음이 그 기능을 수행한다.

"마(魔)의 장애가 무엇인지 살펴보자. 석가세존의 경우를 보면, 세존이 고행을 풀고 목욕을 하고 유미죽을 먹은 후 보리수나무 아래로 가서 앉았다. 태자는 눈썹 사이 백호로부터 광명을 내어 제 6천의 마왕궁을 비치니 마왕 파순은 서른두 가지의 악몽에 크게 놀라 태자의 성불을 결사적으로 방해하기로 했다.

마왕은 미녀들을 동원하여 태자의 마음을 흔들어 성도를 깨뜨리려 했지만 태자는 불생불멸의 선정을 성취하였으므로 조금도 마음의 동요가 일어나지 않았다. 마왕은 다시 맹수와 악귀, 나찰들을 수없이 동원하였지만 그들의 신통과 재주는 무참히 스러지고 말았다.

마왕은 악마들을 이끌고 태자를 살해하려 하였다. 그러나 힘이 미치지 못하자 마왕은 세 딸을 보내 애욕으로 유혹하려고 한다. 태자가 흔들림이 없어 실패하자 마왕은 결국 태자에게 항복하였다."

석가모니가 마의 장애를 받았다는 팔상록의 내용이다. 예수도 마귀의 시험에 들었다 한다. 시험 내용을 살펴보면 오감의 대상에서 얼마나 자유스러운지 즉 얼마나 인간의 한계를 초월했는지 시험해 보는 이야기들이다. 다시 말하면 수행을 함으로써 인간의 한계를 돌파했음을 인증 받는 것이다. 그러나 이 시험을 돌파하지 못한 경우가 훨씬 많았으리라 추측한다.

70년대 후반 이곳저곳 기도하러 다니던 중 들은 이야기이다. 해마다 하안거와 동안거를 충실히 시행하여 선방을 찾아 참선을 하고 안거가 끝나면 토굴을 찾아 수행을 하던 청정비구가 있었다. 안거가 끝나 남해 보리암 근처의 토굴에서 또 용맹정진하던 비구는 어느 날 밤 관음보살을 친견하였다.

관음보살은 비구에게 '당신은 성도하였다'라고 선언한다. 그리고 '쓸데없는 살덩이를 무엇 때문에 달고 다니느냐'라고 힐난하며 성기를 없애라는 의미처럼 말했다. 이 말을 들은 비구는 자신의 성기를 스스로 제거하였다.

이 수행자는 자신이 간절히 희구하는 마음의 그림자에 미혹하여 사고판단 능력을 잠시 상실하였던 것 같다. 그는 스스로 불구자가 되어 결국 수행의 대열에서 탈락하였다. 수행자가 공부를 하다 보면 종종 경지에 상응하는 경계가 열린다. 그리고 간절히 구하는 것이 있으면 경계가 생긴다.

경계가 열리는 것을 피할 필요 없다. 어떤 경지에 도달하면 거기에 합당한 경계가 열리는 것은 당연하다. 경계를 보더라도 휩쓸려 정신을 빼앗겨서는 안 된다. 그런데 사람들이 막상 영적 차원의 대상을 보면 대부분 항거할 수 없거나 공포를 느끼게 되는데 이 경우 정신적으로 큰 타격을 받거나 심지어 죽음에까지 이르게 된다.

이런 일들은 수행단체 안에서는 자주 볼 수 있는 사례인 듯하여 이 같은 불상사를 미연에 방지하기 위해 규칙을 만드는 등 예방책 마련에 많은 노력을 기울이고 있다. 예를 들면 혼자서보다 여러 명이 함께, 새로운 자리를 만드는 것보다 사용하던 장소에서, 지도할 스승이나 리더가 있어야 하고, 눈은 반쯤 뜨고, 컴컴해서는 안 되는 등 여러 가지 규칙들이 있다.

막상 명상 중 마를 접하게 되면 자각하면 된다. 그 정도로는 효과가 없을 때 벌떡 일어나 전등을 켜거나 한다. 일반 수행자들은 이 경우 심적, 육체적으로 일종의 자기최면에 의한 마비현상이 일어나기 때문에 문제가 되는 듯하다.

내가 마장을 접하게 된 것은 쿤달리니를 각성하고 집중을 시작하면서부터였다. 처음에는 갑자기 소름이 돋을 정도의 찬 기운을 감지하게 된다. 그리고 어둑어둑한 회색빛 짙은 안개가 낀 듯한 공간에 사람의 얼굴 형체가 드러난다. 영화나 텔레비전에 등장하는 귀령(鬼靈)을 보고도 기분이 언짢은데 명상 첫머리에서 이런 현상을 보면 두려움을 느끼지 않을 수 없다. 이때 감았던 눈을 뜨고 전등을 켜곤 하였는데 이런 일을 한두 번 반복하다 보니 호기심이 일어났다. 끝까지 지켜보면 어떨까.

지켜보기로 마음을 굳히면서 집중하자 윤곽만 보이던 얼굴이 상당히 구체화하였고, 흉악한 형상으로 변하면서 공격성을 띠기 시작하였다. 마치 화면이 클로즈업하는 현상처럼 쏜살같이 달려들었다. 내 면전을 향하여 돌진하던 환상들은 코 바로 앞에서 번번이 스러졌다. 이 현상을 반추하여 본 결과 나의 잠재의식에 심어둔 귀령에 대한 인식이라는 의식이 들었다. 사람은 누구나 어렸을 때부터 귀령에 대한 공포의 경험이나 상상을 차곡차곡 쌓아두고 있다.

따라서 잠재의식의 발현임을 알아차리게 되면 이런 현상은 더 이상 공포의 대상이 아니다. 이후로는 어떤 형태로 나타나든 마치 동물원 철책 속에 갇힌 동물들을 보듯 쳐다보기만 한다. 돌이켜보면 '철책 속에 갇힌 동물을 보듯 쳐다본다'는 식의 자세는 명상을 공부해 가는 동안 줄곧 그리고 내 모든 생활에 그대로 적용되는 좌우명이자 삶의 방식이 되었다.

자세를 잡고 앉아 호흡이 정밀해지면 집중에 들어가는데 항상 집중을 시작하는 단계에서 이 현상이 나타났고 1~2분 계속되다 사라진다. 잠재의식의 발현이 지나면서 영적차원의 현상을 접하게 된다.

잠재의식 차원은 명상 중에만 드러나지만 영적차원의 현상은 명상 중에는 당연하고 평상시에도 언뜻언뜻 보이는 차이가 있다. 잠재의식의 발현은 의사표시가 없으면서 공격적이지만 영적차원부터는 나는 보고 있는데 상대는 이를 감지하지 못하는 것이 차이점이다. 잠재의식의 발현 현상이 잠잠해지면 영적차원의 현상들이 드러난다. 마찬가지로 어둑한 공간을 배경으로 얼굴 윤곽이 뚜렷한 모습인데 이들은 나를 의식하지 못한 채 자기들 나름대로 움직이는 것을 보게 된다. 그러면서도 그들 중에는 나를 의식하고 접근하여 의사를 전달하고 능력이나 사명감 운운하는 경우도 있다.

명상하는 세월이 쌓이면서 전개되는 영적 영상들은 처음보다 점점 진화한 차원으로 바뀌는 것을 감지할 수 있다. 신들의 접근과 유혹, 항상 내 주위에서 나를 보호하고 지켜보는 듯한 신들, 뿐만 아니라 차원 높은 신들의 모습도 체험하게 된다.

수행자의 영성이 점차 진화하면서 영적차원의 상승 즉 저차원에서 고차원의 세계까지 순차적으로 겪는 듯한 체험을 한다. 이러한 영적 경험은 쿤달리니 샥티가 아나하타 차크라 즉 비쉬누 그란티를 넘어서면서 시작하여 대부분 완성 단계까지 전개된다. 고차원의 체험은 완성 이후에도 간혹 이뤄지는 경우가 있다.

수행자들은 명상하면서 서원을 해서는 안 된다. 수행하는 목적이 열반이든 중생제도든 바라는 바가 크면 모두 마가 되어 유혹의 손길을 내민다. 걸봉선사(남악하·23세)의 경고를 들어보자.

"설령 문수가 금색광명을 놓으면서 너의 이마를 만지고 너를 태우러 오고, 관음이 천수천안을 나투며 앵무새가 너의 손에 잡히더라도 이것은 모두 빛을 좇고 소리를 따름이니 너의 본분에는 아무런 이익도 없다. 진실로 자신의 대사를 밝혀서 굳은 관문을 뚫고자 하거든, 먼저 일체의 성(聖)이니 범(凡)이니 하는 허망한 견해를 모두 끊어 버리자."

고봉선사(남악하·22세)는 "팔만사천 마군들이 너의 육근문(六根門) 앞에서 엿보다가 너의 생각에 따라 온갖 기이한 경계를 나툴 것이니 네가 터럭만큼이라도 그 경계를 인정해 주거나 마음에 두면 곧 마의 올가미에 얽히게 되어 너는 마군의 지휘를 받아 입으로는 마의 말을 하고 몸으로 마의 일들을 행하게 되느니라"라고 경고하고 있다.

도가의 참동계에 실린 경구도 참고하자. "증험을 알기 어려우면 따라가지 말라라는 말은 방에서 수련할 때 비몽사몽간에 혹시 마경이 오면 여러 기괴한 현상이 나타나고 갖가지 허망한 증험이 생기는데, 진짜인지 확인하기 어려울 때는 절대로 그 뜻을 옮기거나 좇지 말라는 것을 말한다."

이상으로 쿤달리니의 각성으로 인해 변화하는 여러 가지 현상들을 살펴보았다. 이중 쿤달리니가 각성됨으로써 일어나는 고통은 수행자들이 가장 두려워하는 대상이었다. 쿤달리니의 명맥을 이어오는 인도나 티베트에는 각성하는 수행법이 있다고 하지만 분명하게 각성되는 방법은 내 방법 이외에는 현재까지 없었다.

각성하는 방법이 없었으므로 각성된 샥티를 상승시키거나 제어하는 방법이 있을 수 없었다. 그리고 부작용으로 알려진 고통은 명상을 하기 위해 몸을 만드는 진통이기도 하다. 쿤달리니가 각성하여 고통을 느낀다는 것은 샥티가 할 일이 그만큼 많음을 의미한다. 샥티의 일이 많다는 것은 또 그만큼 신경의 구조가 막히고 끊겨 몸의 기능이 원활하지 않음을 의미한다.

만약 쿤달리니가 각성되지 않은 채 생활한다면 막히고 끊긴 부조화가 병으로 발현하여 상당한 고통과 재물이 소요되었을 것이다. 아무리 치료를 잘 한다 해도 샥티처럼 깔끔하고 깨끗하게 정비하지는 못할 것이다. 병의 요인을 원천적으로 치유하는 것만으로도 대단한 혜택이고 홍복이다.

게다가 이제 샥티를 상승시키는 방법, 나아가 제어하고 운행하는 방법까지도 마련되었다. 또한 쿤달리니의 장래에 대한 예측 가능성까지 한눈에 볼 수 있다. 한마디로 완벽한 건강을 유지하고 윤회의 사슬을 차단하는 더 할 수 없는 기회이다.

쿤달리니를 인위적으로 각성했을 경우 방법이 마련되어 있다 하지만 자연 각성의 경우는 어떠할까. 자연 각성도 인위적 각성과 완성 방법을 함께 수련하면 다행히 같은 효과를 얻을 수 있음을 그동안 자연 각성자들을 지도하면서 확인하였다.

마장이란 쿤달리니가 각성되지 않은 일반적인 감각을 가진 수행자에게 해당되는 장애이고 위험이다. 사람이란 차원이 다른 현상을 접하면 바로 온전한 사람이라 할 수 없을 만큼 심신에 엄청난 타격을 받는다.

사람의 구조로는 오감의 벽을 초월하기가 거의 불가능하다. 높은 산이나 깊은 물속에 사람이 도달할 수는 있지만 아무나 가능한 것이 아니라 장비를 갖추고 충분히 훈련된 숙련가에 한한다. 쿤달리니 각성이 바로 충분한 훈련이며 장비에 해당한다.

쿤달리니가 각성된 수행자에게는 마의 출현이나 유혹이 장애가 될 수 없다. 석가모니가 마의 도전과 유혹을 대수롭지 않게 받아냈듯 공부가 깊어지면 마의 출현이 오히려 공부의 정도를 가늠하는 도구 역할도 한다는 의미를 새길 필요가 있다.

참고 문헌

• 『명상술 입문』 山田孝男 외, 번역 김갑수 (태종출판사 1976. 5. 20)
• 『쿤달리니』 고피 크리슈나, 번역 유기천 (고려원 미디어 1991. 3. 20)
• 『쿤달리니 탄트라』 스와미 사티아난다 사라스와티, 번역 박광수 (양문사 2000. 6. 5)
• 『신비의 쿤달리니』 리 샤넬라, 번역 방건웅 박희순 (하남출판사 1997. 12. 10)
• 『參同契 이야기』 편저자 최창록 (도서출판 살림 1995. 9. 20)
• 『요가난다』 파라마한사 요가난다, 번역 김정우 (정신세계사 1992. 6. 18)
• 『禪關策進』 雲棲株宏, 역주 광덕 (불광출판사 1981. 2. 20)
• 『자기로부터의 혁명』 크리슈나무르티, 번역 권동수 (도서출판 범우사 1999. 6. 10)
• 『나는 누구인가』 라마나 마하리시, 번역 이호준 (도서출판 청하 1991. 3. 30)
• 『차크라』 하리쉬 요하리, 번역 이의영 (하남출판사 1996. 5. 10)
• 『손치유』 바바라 안 브레넌, 번역 김경진 (대원출판 2000. 3. 25)
• 『仙家本經』 편저자 황룡 (도서출판 명문당 1994. 3. 10)
• 『禪門正路評釋』 편역 性徹 (장경각 2002. 11. 20)
• 『六祖壇經』 주해 나카가와 다카, 옮김 양기봉 (김영사 2002. 6. 15)
• 『默照禪 연구』 김호귀 (민족사 2001. 6. 20)
• 『性命圭旨』 尹眞人의 제자, 옮김 이윤희 (법인문화사 1997. 4. 24)
• 『해도 팔상록』 편역 심재열 외 2인 (보련각 1979. 5. 15)
• 『불교철학개론』 方立天, 유영희 옮김 (민족사 1992. 9. 30)
• 『碧巖錄』 이희익 (도서출판 상아 1997. 2. 10)
• 『金剛經 五家解』 한정섭 (법륜사 1980. 9. 10)
• 『명상 그 원리와 수련법』 고목 (도서출판 삼양 2000. 8. 19)
• 『초능력 자기최면술』 능력개발자료실 (서림문화사 2002. 8. 30)
• 『여성주의적 관점에서 본 불교 수행론 연구』 조승미 동국대 박사학위 논문

쿤달리니와 명상

초판발행: 2007. 5. 10
2쇄 발행: 2016. 1. 1
3쇄 발행: 2022. 8. 20

지은이: 김득주
펴낸이: 김득주
펴낸곳: 보문사

출판등록: 1987년 12월 1일 제301-2-383호
          경기도 고양시 일산동구 은행마을로 62 209동 204호(식사동)
          전화 010-5267-4264

값: 25,000원
ISBN 978-89-86662-01-6 03220

※잘못된 책은 바꿔 드립니다.